叢書／現代の社会科学

社会システム論と自然
● ニクラス・ルーマンの思想

庄司興吉

東京大学出版会

凡例

一、引用、参照にあたっては、出典を以下の形式で文中に略号化して提示した。［著者名（初出版年）引用出版年：頁数＝英訳・邦訳の引用出版年：頁数］。例えば、［Luhmann（1984）1985：35＝1993：24］は、Luhmann, N.（1984）：*Sozial Systeme*, Suhrkamp Verlag, 1985. の三五頁と邦訳『社会システム理論』佐藤勉監訳、全二冊、恒星社厚生閣、一九九三年の二四頁を指す。なお、英訳・邦訳に依拠していない著作に関しては、その頁数は記載していない。

二、引用、参照にあたって、英訳・邦訳に全面的に依拠したものには、参考文献一覧において末尾に「＊」を記してある。例えば、「Münch, R.（1979）：„Talcott Parsons und die Theorie sozialen Handelns I: Die Konstitution des Kantianischen Kerns", *Soziale Welt* 30（4）, S. 385-409. "Talcott Parsons and the Theory of Action. I. The Structure of the Kantian Core", *American Journal of Sociology* 86（4）, 1981, pp. 709-39＊」は、ミュンヒの論文を *Soziale Welt* 30（4）からではなく、*American Journal of Sociology* 86（4）の英訳から引用したことを示している。

三、文献が複数冊から成り、引用した箇所が第二分冊以降の場合、および同一分冊の中に収録されている著作の場合は、その旨を記した。例えば、［Spencer（1857）1966（13a）：9-10］は、Spencer, H.（1857）："Progress: Its Law and Causes", *The Works of Herbert Spencer*, 21vols., Osnabrück/Otto Zeller, vol. 13, pp. 8-62, 1966（13a）. からの引用を指す。（13a）の記述は、『ハーバート・スペンサー全集』一三巻の別の所収論文からの引用と区別するためのものである。「a, b, c……」の順は、初出年数による。

四、基本的に初出版年は著作に限って記載し、論文に関しては記載していない。ただし、雑誌掲載年と草稿完成年が異なる場合など、論文においても初出版年を記した方が好ましい場合には記載した。

五、同じ著作、論文からの引用・参照にあたっては、二度目以降は初出版年を省略した。
六、アリストテレスの著作に関しては、初出版年が不明なことから記載していない。慣例に従い、引用文献の頁数ではなく節番号を記載した。
七、シェークスピアの戯曲に関しては、それが完成したと推定される年数を記載している。慣例に従い、引用箇所は幕と場を数字で記載した。
八、引用文中における〔 〕内は、断りがない限り引用者による補語である。
九、邦訳からの引用にあたっては、旧仮名遣いを改めたものがある。

目次

社会システム論と自然

──スペンサー社会学の現代性

天地自然は大きなすぐれた〔生成の〕働きをとげながら、そのことをことばでは言わない。四季のめぐりははっきりした法則を持ちながら、それを議論したりはしない。万物はそれぞれの道理をそなえながら、それを説き明かすことはしない。……はっきりしないありさまで何もないかのようでいて、それで存在し、とらえどころのないありさまで形をとらないでいて、それで神妙なはたらきをとげ、万物が養われていて、それで気づかずにいる。これこそが万物の根源——道——といわれるものである。〔この道に達してこそ、聖人も〕自然のはたらきに模範をとることができるのだ。

荘　子

世界は人間なしに始まった、そして人間なしに終わるだろう。

クロード・レヴィ＝ストロース

地球上の生命の歴史は、生物と環境の相互作用の歴史であった。大方のところでは、地球上の動植物の自然形態や習性は、環境によって形づくられてきた。地球の〔これまでの〕時間全体を考慮しても、生物が実際に環境を変えるという逆の影響〔が及ぼされたの〕は、相対的にわずかなものであった。今世紀までの一瞬の時間の中で、人間という一つの種が世界の自然を変えてしまうほどの尊大な力を獲得してしまった。

レイチェル・ルイーズ・カーソン

万物の創造者の手を離れたときにはすべては上手くいっているが、人間の手に移るとすべてが退廃する。人間は、無理にある土地に別の土地の産物を栽培したり、ある木に別の木の果実をつけさせたりする。人間は、風土、地域、季節を混ぜ合わせ、混乱させる。……人間は、自然が作ったままの状態に何も満足することがなく、人間に対しても同様である。

ジャン＝ジャック・ルソー

＊

*

『荘子』金谷治訳注、全四冊、岩波書店、一九九四—六年、第三冊、一四八頁。〔 〕は訳者。

Lévi-Strauss, C.（1955）: *Tristes tropiques*, Plon, p. 478. Carson, R. L.（1962）: *Silent Spring*, p. 5.

Rousseau, J.-J.（1762）: *Émile ou de l'éducation*, en *Jean-Jacques Rousseau : Œuvres complètes*, 4vols, Bibliothéque de la Pléiade, édition publiée sous la direction de Gagnebin, B. et Raymond, M., Gallimard, 1969, Vol. 4, p. 245.

第一部　社会システムを取り巻く〈自然〉

第一章　本書の問い

一　〈自然〉と進化論

ひとつの素朴な問題提起をすることから、本書を始めることにしよう。社会システム論は〈自然〉を理論化してきたか、と。本書がいう〈自然〉は、「自然を散策する」「自然にふれる」と日常何気なく用いられている、ある特定地域の自然環境を意味していない。それは人間が生物として〈生命〉を維持していく上で必要不可欠な環境、風土、状態、物質、生物などすべてを包摂する総体としての〈自然〉、という概念である。

この問題提起を〈自然〉という包括概念を用いないで言い直すならば次のようになる。すなわち、社会システム論は進化論的発想に立って理論展開されてきたか、と。このように言い換えることができるのは、〈自然〉とは生物が生きている状態そのものを包括する概念に他ならないからである。ここで「進化」についてて少し想像力を働かせてみることにしよう。「進化」に関しては第三部第七章において具体的に詳しく論及するので、ここでは非常に簡潔な言い方をするだけに止めておく。以下に述べる「進化」とは「進歩」と比較して考えるとわかりやすい。ここで注意しなければならないのは、「進化」とはAからBへと好ましい状態に向かって発展していく「進歩」を必ずしも意味していないということだ。本書では現代の最先端の生物学的知見にもとづいて、「進化」を捉えている。[1]

　私たちはたった一個の生物を考える時にも、実は進化論を念頭におかなければそれを正確に捉えることはできない。一個の生物は、三八億年ほど前に生命体が誕生して以来[2]、長い進化過程を経た結果生じた多様な生物の中の、たったひとつの種の一個体にすぎないからである。また一度種として確立したかのように見える生物も、長い時間軸に即して考えるならば、実は絶え間ない進化を行なっていかない限り種という形で〈生命〉を存続させることはできない。生物は次の三つの側面をもっている。㈠生物はその形態を変化させることなく種を存続させながら生きている。㈡しかし生物は、長い時間をかけて棲息地の自然環境に適応するためにDNAレベルでは変化し続けている。㈢その結果、生物は亜種・変種などの新種を発現させることがある。生物が種としての〈生命〉を維持しつつ、種の存続状態を変化させないために進化し続けるという事実を示唆するための生物学上の命題は、今日「赤の女王仮説」と呼ばれている[3]。この仮説の名称は、童話『不思議の国のアリス』に登場する赤の女王に因んで命名されたものである。

　以上のような発想は、当然のことだが人間にも適用可能であることがわかる。一人の人間はホモ・サピエンスという種の中の一個だからである。そうであるならば、人間の集合体から成る社会に対してこの進化論的発想は適用可能なのであろうか。社会システム論は、この発想を十分に踏まえた理論展開がなされてきたのであろうか。そうでなければ、社会システム論は〈自然〉を理論化してきたと見なすことはできないのではないか。本書では、このような問題意識を常に念頭において議論を行なう。

二　アポリア化した環境問題

冒頭でも述べた通り、本書は、社会システム論は〈自然〉を理論化してきたか、すなわち社会システム論は進化論的発想に立って理論展開されてきたか、という問題の解明に捧げられている。こうした問題提起を行なわざるを得なかった大きな理由の一つに、私たちが環境ホルモン、人口爆発、大気汚染、森林伐採、酸性雨などさまざまな環境問題に直面しており、そして人類が世代を越えて地球上で存続していくための対処を急に迫られるようになったことがある。今なぜ、このような環境問題が突然のようにクローズアップされてきたのか、クローズアップされなければならなくなったのか。この問いを問い続けることも、本書の目的を遂行する上で不可欠である。

今日〈自然〉は自然科学以外の分野からも検討が加えられるようになった。[4] しかし〈自然〉について語られる場合には、必ずといっていいほど環境問題に論及されている。あたかも〈自然〉＝環境問題と見なされているかのようである。確かにそのように見なされる余地を、〈自然〉という言葉の使われ方が残しているのは事実である。その是非はともかく、今日の環境問題には、私たちが注目しなければならない、〈自然〉と人間との在り方における一つの特徴が見られる。現代社会が否応なく直面しているこの〈自然〉と人間との在り方の特徴は、具体的な一例をとるならば、環境ホルモンについての議論から探求することができる。

周知のように、『奪われし未来[5]』や『メス化する自然[6]』に、環境ホルモン問題は詳細に議論されている。

本書は、この問題には社会学に取り上げなければならない側面があると認識している。環境ホルモン問題は、一九九三年に医学雑誌『ランセット』に発表されたリチャード・M・シャープとニルス・E・スカケベクによるエストロゲン仮説[7]が事実上の端緒となり、一気に世界中を駆けめぐった。そこで展開された仮説は、エストロゲン（œstrogens 女性ホルモン）の影響によって人間の精子数が減少するというものであった。しかし現在環境ホルモン問題として議論が集中しているのは、合成化学物質の中にエストロゲンと同様の作用をするものが存在するか否かという問題である。すなわち、それまでは近代科学の恩恵を受けて重宝に使用されてきたプラスチックなどの合成化学物質の中に、エストロゲン作用をするものがあるのか否か、それが数年蓄積されることによって人体に影響を及ぼすのか否か。そこに議論が集中している。

こうした環境ホルモン問題は、人間と〈自然〉との在り方を考える上で一つのモデルの変質を提示している。従来は近代社会の中に潜在してきた、いわば歪んだ自然観の外在化した形ばかりが環境問題として注目されてきた。例えば、人口問題や地球温暖化問題などがその一例である。つまり人間が健康であり、〈自然〉が害されているという構図においてそれは求められた。しかし上述した環境ホルモン問題によって提示されている人間と〈自然〉の図式は、それとは異なるものである。それは、明示的か暗示的かを問わず、もはや人間が健康であるという概念化そのものが不可能になっていることを意味している。すなわちこの図式は、人体の中に害された〈自然〉が取り込まれつつあるという構図に変化したのである。このことは環境ホルモン問題以外にも、例えば大気汚染下で数が増大したダニによって、人間にアレルギーが多く誘発されているという事例などにおいても提示されている[8]。突きつめて言えば、合成化学物質も大気汚染も近代科学の一つの産物に他ならない。それが今日になって、人間の身体内部で暴れ回っている。これは上述したように、〈自然〉と対立する近代科学の弊害が「人間 - 人間外」という構図の中にではなく、「人間 - 人間内」という構図すなわち人間の身体の中にこそ直接見られるようになってしまったことを示している。環境問題が現代社会の抱えるアポリアである所以である。

近代科学の産物が〈自然〉に対して悪影響を及ぼし始めたことを、誰よりも早く指摘したのが著名なレイチェル・L・カーソンであった。『沈黙の春』では、DDTという農薬の人間を含めた生態系への抜き差しならぬ影響が主張されていた。[9] カーソンが指摘するまではDDTがノミやシラミといった伝染病を媒介する害虫に対して、驚異的な威力を発揮する非常に優れた人道的薬品であると信奉されていた。それがカーソンの指摘によって禁止へと追い込まれる結果になった。先に挙げた『メス化する自然』の著者デボラ・キャドバリーは、DDTをめぐる人間の行動を次のように述べている。「DDTにまつわる話は、……科学の新たな驚異に目が眩んで利用しようとする私たちの無知と浅はかさを暴き出している[10]」。

この事実は以下のことを示唆している。すなわち、DDTを利用して害虫を駆除することによって伝染病から人間を守り、農産物の収穫量を上げるという人間の〈合理的な思考〉は狂気を生み出す可能性を孕んでいる、と。しかし、かつて土地という〈自然〉に根ざした共同体が現存していた時代には、共同体によってその可能性が抑止されてきた。このことはわずか半世紀前の日本の農村を想起してみてもわかる。つまり、自立的な共同体が崩壊したと同時に、人間の〈合理的な思考〉だけが狂気性を放出し始めたのである。この狂気性は資本主義経済の台頭・怒濤の発展、産業合理化、利益至上主義、大量消費……などを生み出していった。その結果が現代の環境ホルモンをはじめとする環境問題を招来したのである。第三部で詳細に検討するハーバート・スペンサーは、一九世紀半ばに自立的な共同体の崩壊によって露出するそのような狂気性にいち早く重大な危惧を懐いていた。彼は近代社会に横行する人間の〈合理的な思考〉という人為によって、自立的な共同体の慣習が土足で踏みにじられ、その結果人間が個性的に生きられなくなる時代が到来したと警鐘を鳴らしていた。社会学はすでにその源流をなした書物の中で、今日の危機を予見するかのような危惧と警告とを表明していたのである。

三　社会システム論の〈自然〉へのアプローチ

社会システム論は、第二部で考察するタルコット・パーソンズの提唱以来、社会システムという術語が一般に定着するなかで理論展開され始めた。それは二〇世紀半ばのことであった。第二部では、本書の問題提起に即し、今日議論されている社会システム論の基盤ともいうべき二つの理論を考察していく。

そのひとつはパーソンズが『社会体系論』で提唱した「ＡＧＩＬ図式」にもとづく社会システム論である。この理論図式は年月を経て、さまざまな要素が加わり変化していくが、特に彼が人生最後に構築した「人間の条件パラダイム」は注目に値する社会システム論である。なぜならパーソンズは人間が生存していくのに不可欠な火、土、水、酸素などの〈自然〉条件をできうる限り列挙し、「ＬＩＧＡ図式」という理論図式の中に取り込むことを試みていたからである。彼は自ら提唱した行為論の前提の上に、社会システム論を成立させるという理論的方針を一切変えることなく、〈自然〉を理論化しようとした。

私たちが考察するもうひとつの理論は、パーソンズ以降に彼の社会システム論を批判継承し、理論展開を行なったニクラス・ルーマンの社会システム論である。ルーマンは、本来的に個体の〈生命システム〉の属性にほかならない「オートポイエシス」概念を駆使して、独自の社会システム論を確立した。私たちは〈生命システム〉に着目したルーマンの理論を看過するわけにはいかない。というのも、〈生命システム〉は〈自然〉なくして存在・維持することができないシステムに相違ないからである。

パーソンズ、ルーマン両者の展開した社会システム論は、例えば人間の生存に必要な要素を社会システムの構成要素に組み込んだり、生物の属性である局所的な一生命システムを社会システム全体に転用したりすることによって、社会システムを〈自然〉に関連させて理論展開したものであった。しかし先に断っておいたが、両者の社会システム論は、社会学理論としての社会システム論が一般に確立して以降の理論である。私たちは、両者の理論が〈自然〉を理論化してきたのかどうか、進化論的発想に立って理論展開されてきたのかどうかを第二部において精査するが、ここでひとつの疑問が頭をもたげてくるのを禁じ得ない。すなわち、完全に確立された社会システム論であるかどうかはともかくとしても、パーソンズ以前に〈自然〉を理論化し、進化論的発想に立つ論理を主張していた社会学者は誰一人としていなかったのか、と。今日の環境問題の本質を極める上でも重要な〈自然〉に着目する論理を展開していた社会学者は、本当にいなかったのであろうか。その存在を今日の社会学者が忘れてしまっているだけなのではないだろうか。

こうした私たちの疑問にジョナサン・H・ターナーが答えてくれている。スペンサーその人がいた、と。ターナーは『ハーバート・スペンサー』冒頭において次のように述べている。「私が以下のページを書いてきたのは、こと現代の社会学者が従来どのようにハーバート・スペンサーを取り扱ってきたか、ということを考えると悲しい気持ちになる一方で、怒りさえ覚えるからである。かつて社会学の理論家が聖マルクス、聖デュルケム、聖ヴェーバーの神聖なる作品の前に膝を屈していた頃、私たちはスペンサーについて暴言を吐いていた。というのも、多くの現代理論家のもつ政治的偏見とは矛盾する道徳哲学を彼が擁していたからだ[11]」。ターナーは今日の社会学が忘却の彼方へと追いやったスペンサーの社会有機体説の重要性を力説した。なかでも彼が注目していたのは、スペンサーの提示した社会システム論の中に「絶滅（崩壊）の原理」が組み込まれていたことである。「彼〔スペンサー〕は単線的な進化論的宇宙観を仮定していると多くの場合見なされてきたが、公平にみても、彼の進化過程に関する分析は絶滅（崩壊 dissolution）の分析を反映した文脈の中に位置づけられるべきものである。スペンサーは社会を望ましい究極の状態に向かって進歩していくものであると見なす啓蒙思想の素朴な申し子ではなかった[12]」。ターナーは、スペンサーの論理の根底には「進化、不安定な均衡における変動、絶滅」という循環する宇宙観と、社会が常に絶滅の可能性にさらされているという認識があった、と指摘している[13]。ターナーが着目する、スペンサーの提示した進化論と啓蒙思想との根本的な違いは、以下第三部において具体的に詳察することにしよう。

ターナーがスペンサーの進化観を啓蒙思想から区別したのは、「環境の力（an environment force）」によって社会が有機体のように均衡したり絶滅したりする、とスペンサーが主張していると読み込んだからである[14]。すなわち、社会は環境とエネルギー交換・物質交換といった相互作用を行なう状態に置かれているからこそ、均衡したり絶滅したりする。このターナーの指摘は私たちに重要な観点を与えてくれる。それは、スペンサーの社会有機体説が今日いうところの「開放システム」の原型にほかならないものをすでに提唱していたということである。「開放システム」は、ルードヴィッヒ・フォン・ベルタランフィやウォルター・バックレーらの提唱以降一般化された「一般システム理論」に明示される概念である。このことを踏まえて、ターナーは次のようにも述べている。「しかし、彼〔バックレー〕やその他の人間〔システム論者〕の努力の結果生まれた産物を実際に考察すると、現代の著作とスペンサーによって展開された著作との間にドラマティックな違いはない[15]」。彼は社会学の中にこそ、「初の一般システム論者」と呼ばれるべき人、スペンサーがいたと主張した[16]。

長い間社会学において忘れられていたスペンサーを、ターナーは社会システムと環境との相互作用を明らかに踏まえた彼の進化論を検討し直すことによって、社会学的に再評価すべき対象であると力説した。私たちは、既存の偏見に惑わされず詳細にスペンサーにおける進化観を考察したターナーの先見の明を看過してはならない。彼が注目した社会システムを取り巻く「環境」は〈自然〉と密接に関係する可能性が非常に高いからである。私たちは第三部においてスペンサーの「総合哲学体系」を中心とした著作を考察し、その論理の中に〈自然〉がどのように位置づけられていたのかを精査することにしよう。

そもそも社会システム論は、人間という動物の群生形態=社会の存立状況の理論化を通し、私たち人間がいかなる基盤（社会システム）の上に生きているのか、という問題を明示する使命を本来的にもっているはずである。その使命を知らしめてくれるのが、人間を包摂する生物の生存状態を確実に映し出す〈自然〉である。パーソンズ以降に確立された社会システム論、およびそれよりも一〇〇年前に提示されていたスペンサーの社会システム論の両者を精査することによって、最終的に現代人の存立状況がいかなるものであるのかも判明しよう。

第二部　社会システム論対〈自然〉

第二章　社会システムという人工物㈠——パーソンズ理論を基軸に

一　「人間の条件パラダイム」その評価

「人間の条件パラダイム（a paradigm of human condition）」は、パーソンズが七〇歳代に入ってから構想、展開した人生最後の社会システム論だった。この社会学理論の中には、ＬＩＧＡ図式という独特な理論図式が提示される一方で、人間の認識と科学の関係、普遍性の由来、観察者と被観察者の差異化が理論上にもたらす問題などが丹念に織り込まれている。これらの問題はいずれも社会学者が精緻に議論すべき問題である。さらに本書がこの「人間の条件パラダイム」に注目する理由はもうひとつある。それは、パーソンズが「人間の条件」を探るために、自身がかつて構築した社会システム論の中で格別に取り出して論じられることのなかった火、土、水などの〈自然〉条件を直接理論図式の中に取り込んでいたことである。彼は人間を取り巻く〈自然〉条件のすべてを網羅しようとした。しかしながら、以下に考察するが、この壮大な理論は不運なことに多くの社会学者に注目されることも、議論されることもなかった。

パーソンズの理論史を年代ごとに分類するのには諸々の説が存在するが[1]、ここでメルクマールとなる著作を簡単に振り返ってみるならば、一九三七年の『社会的行為の構造』（以下、『構造』と略記）では社会学説史を踏まえた壮大な行為論が展開され、一九五一年の『社会体系論』では行為論から一転してパターン変数による社会システム論が提示された。一九五三年の『行為理論作業論文集（*Working Papers in the Theory of Action*）』ではＡＧＩＬ図式の原型が誕生し、一九五六年『経済と社会』でＡＧＩＬ図式が一応の完成をみる。そして、一九六六年『社会類型——進化と比較』でパーソンズは、これまで四半世紀余りかけて構築してきたＡＧＩＬの順で循環する図式を諦め、ノーバート・ウィナーの提唱したサイバネティックスの知見に倣い、それを逆転させたＬＩＧＡ図式を根底におくようになった。以降、細部における多少の変更はあるものの、このＬＩＧＡ図式は一九七八年『行為理論と人間の条件』で提唱された「人間の条件パラダイム」まで一貫して展開され続けていった。

「人間の条件パラダイム」に対する評価はほぼ三通りであるといってよいだろう。第一は全くの黙殺という評価、第二は大御所パーソンズが提示した新規の社会システム論という最小限の関心から論じられた消極的な評価、第三はパーソンズ最後の社会システム論を当然彼の理論体系の中で論ずるに値すると判断する積極的な評価である。

第一の評価は、デイヴィッド・スキウリとディーン・ガルスティンによる一九八〇年代のパーソンズ研究の動向を考察した論文からも窺い知ることができる。(2) この論文では、リヒャルト・ミュンヒやジェフリー・Ｃ・アレクザンダーらの研究を起点にして再び活気を取り戻した、主として秩序問題を念頭においたパーソンズ行為論の再検討が考察されている。しかし、ここでは一九七八年に刊行されている「人間の条件パラダイム」に関する研究はまったく取り上げられず、以下に考察するこのパラダイムを取り込むことでパーソンズ理論を包括的に考察しようとしたミュンヒの論点は見事に削除されている。こうしたスキウリとガルスティンの判断は、パーソンズ研究の中で「人間の条件パラダイム」が黙殺されていたことを示すひとつの確たる証拠である。つまり一歩踏み込んで解釈するならば、「人間の条件パラダイム」は再度取り上げるべき重要なパーソンズ理論ではないと判断されている。

第二の評価は、R・スティーブン・ワーナーやターナーが書評論文の中で、このパラダイムの本質的な内容ではなく全般的な評価に力点を置いていることからも判断できる。ワーナーは論文を「パーソンズの遺書」と題し、『行為理論と人間の条件』は大急ぎで出版された形跡があり、洗練されておらず、パーソンズが宗教や医学や教育などに言及することによって、彼自身の深遠な知的水準を提示したものであると述べている。(3) またターナーは有機的世界や物理的・化学的世界を取り込んだこのパラダイムを、パーソンズが『構造』において切り捨てたスペンサーの「総合哲学体系」を髣髴させるものであると皮肉な指摘をしている。(4) ただし、後者の指摘は手短でありながらも私たちの議論に重要な観点を与えるものであるので、以下第四章第四節で再度検討を行なうことにしたい。

第三の評価は、高城和義が「行為体系と行為の環境とを包括する、最もグローバルな『人間の条件』パラダイム」(5) と考察し、谷田部武男が「人間の行為が成立するための不可欠の要因をすべて体系化したパラダイム」(6) と述べた積極的な評価に裏づけられる。特にＬＩＧＡ図式の解釈を主軸としたいわゆる「晩期パーソンズ」研究もこの第三の評価に通ずる。(7)

しかし、パーソンズ理論体系における「人間の条件パラダイム」に最大の注意を払ったのは、何といってもミュンヒであろう。彼はこのパラダイムも包括したパーソンズ理論の重要性を、イマヌエル・カントの影響という斬新な視点から言及している。「哲学者の中で、誰にもましてカントこそが現代科学知識の特有な認識論的構造を明確に述べたのであり、タルコット・パーソンズの社会学にはいたるところ、そのカント哲学の構造が浸透している」[8]。ミュンヒにとってパーソンズ理論は『構造』から「人間の条件パラダイム」まで一貫してカントの批判哲学が貫かれている。特に、以下に考察する「人間の条件パラダイム」を特異づけているテリック・システムは、そのシステムを説明するために用いられている、人間の感覚における時空概念、人間悟性のカテゴリー、判断のカテゴリーなどがすべてカントの先験的哲学の用語であることからしても、カントの影響を直接的に受けて構築されたものだと主張されている[9]。ミュンヒの大いなる関心は、単にパーソンズがカントの哲学用語を用いているからその影響を多大に受けていたとの表層的な理解にはなく、パーソンズ理論が構築・展開される際の認識レベルにおけるカント哲学の浸透度にある。

本書における「人間の条件パラダイム」の評価は、第三の評価に相当する。しかしながら、その評価の本質は上記評者のいずれの論点においても語り尽くされることのない深甚なものである。なぜパーソンズは最終的に一見奇怪とも受け止められかねないLIGA図式を基底にして「人間の条件」を理論化したのか。そしてそのパラダイムはそれまで彼が構築してきた行為論や社会システム論といかなる関係をもっているのか。以上二つの点を解明すると同時に、パーソンズによる社会システム論は〈自然〉を理論化してきたかどうかを考察していくことにしよう。

二　その概観

「人間の条件」とは、古来、哲学の範疇で探究され続けてきた、人間にとって最大の難問であるといえよう。この難問を解くべく、ペンシルヴェニア大学での研究会にはパーソンズの他、人類学、宗教社会学、生物学、医療社会学、社会心理学といった幅広い分野に携わる研究者が参加し、学際的な観点から人間が今日的に直面している条件を明確化しようとした(10)。その一つの研究成果が論文「人間の条件パラダイム」である。この論文のみならず、特に社会科学におけるより一層の専門化が進展し始めていた当時において、この研究会の試みそのものも画期的であったことは間違いない。

「人間の条件パラダイム」を概観する（本書二九、三〇ページの図1、2参照）。

まず、このパラダイムの特徴は、従来パーソンズが理論化することに苦慮し続けてきた「行為システム（I）」を取り巻く環境・条件が整然と図示されている点にある、という事実に注目したい。

「I」領域には、このパラダイムに先立ちパーソンズが提示してきた、人間の行為システムが社会システム、文化システム、パーソナリティ・システムの三要素から成立するという『社会体系論』での主張や(11)、経済と政治が社会のサブシステムであるとした『経済と社会』(12)での議論がすべて集約されている(13)。例えば、「経済」はサブシステム「I‐i：社会システム」をさらに四分割した中の「a」領域に、「政治」は同じく「g」領域に組み込まれていることになる。

サブシステム「I‐a：行動システム」は、『社会類型――進化と比較』で初めて設定された行為の四システム――社会システム、文化システム、パーソナリティ・システム、行動有機体――のうちの最後の一つを変更したものである。この「行動有機体」はLIGA図式の中で最終的に二つに分離する。一方は「I－a：行動システム」であり、他方は「G」領域の「人間有機体システム」である。パーソンズがこうした変更を余儀なくされた理由には、研究会に参加していたチャールズ・W・リッツとヴィクター・M・リッツ兄弟から「行動有機体」という表現が曖昧であるとの指摘を受けたからであった。彼らの指摘は二つあった。[14]第一点は、分析カテゴリーとしての有機体はもっぱら行為システムからは排除されるべきであること。第二点は、行為システムの中で本質的に取り扱われるべきなのは認識論的な象徴の組織化であること、であった。つまり、リッツ兄弟は行為システムとして取り扱われる限りにおいて、基本的に人間の生物有機体としての側面は排除すべきであると主張した。そこでパーソンズは彼らの具申に従い、「I」領域の「行為システム」から人間の生物学的な側面をそぎ落とし、[15]その上で、それに人間が言語を用いてコミュニケーションを行ない象徴的な意味を獲得するという特性のみを賦与し強化することにした。[16]このパーソンズが結果的にリッツ兄弟の意見を取り入れた理論過程は、非常に興味深い問題を私たちに提起している。私たち〈社会学者〉は、人間を〈認識的な人間〉と〈有機的な人間〉の二種類に厳密に分別し理論化することが可能なのだろうか、という問題である。この問題は第四章第四節以降で検討しよう。

以上のような経過をもって設定された「G」領域の「人間有機体システム」では、パーソンズは人間が「行為者」であると同時に「生物有機体」であるという紛れもない事実を私たちに提示しようと試みている。[17]それゆえ、このシステムは行為する人間だけに限って言及することをしない生物圏（biosphere）とは厳然と区別されている。逆の見方をするならば、本質的に異なるカテゴリーである「行為者」「生物有機体」「生物圏」が、パーソンズによって「人間有機体システム」の中に集約されてしまっている。さらにここでは、いわば生物学的種である人間の「個」としての側面（G-g：表現型的有機体）と「種」としての側面（G-l：遺伝的遺産、G-i：子孫を繁栄する人口）を調和させ、かつ人間が個としても種としても存続していくための条件（G-a：生態的適応）が明示されている。[18]

「A」領域の「物理的・化学的システム」では、むき出しの生物学的人間が生命活動を営む上で不可欠な〈自然〉環境要素が提示されている。パーソンズはこの領域の設定に関し、ローレンス・J・ヘンダーソンの二著『生命と物質――環境の適合性（*The Fitness of Environment*）』『自然の秩序（*The Order of Nature*）』から大いに示唆を受けている。パーソンズはヘンダーソンの論理に三つの意義を見いだしている。[19]第一点は、生物に不可欠な要素である酸素、水素、炭素によって、生物有機体は「可能な限りの複雑さを伴う特別な秩序」において維持されていること。第二点は、生物有機体は環境と物質交換をする「代謝」機能を備えていること。第三点は、生物有機体はその代謝過程を通して有機体内の均衡を維持する「調整」機能も備えていること、である。[20]特にパーソンズはヘンダーソンが「秩序」と同義で「組織（organization）」を用いていることに驚愕した。パーソンズがヘンダーソンの著書の中に発見した論理は、後にウォルター・B・キャノンによってより精緻に提唱されることになるホメオスタシスの原型ともいうべきものである。「物理的・化学的システム」のサブシステムの中には図1にもある通り、酸素、水素をはじめとする基本的な化学物質が列挙されているが、これ以外にもギリシア哲学を典拠とする火、土、水、気体やウィーナーのサイバネティックスから取り入れた情報、エネルギーなども共に列挙されている。ここで特筆すべきは、例えば炭素という物質が「A-a」領域に配置されて、ある物質がどこにも網羅されていないということではなく、パーソンズが物質的世界そのものをも、自らが構築したLIGA図式という一つの理論の下に並べ変えようとしたことであろう。しかし、パーソンズはこれらサブシステムにさらなるサブシステム……を設定していけば、人間にとっての環境である「物理的・化学的システム」を成り立たせている無数の物質をすべて把握可能である、と考えてはいなかったに相違ない。

さらにパーソンズがヘンダーソンの生物学から多大な影響を受けていたものがあった。それは、〈自然〉が目的論によって秩序づけられているという考えである。[21] 確かに『自然の秩序』の中で、ヘンダーソンは酸素、水素、炭素という基本三元素から成る化合物によっては説明の不可能な、決して単純ではない自然現象が存在し、そこで保たれている秩序は最終的に「目的論的秩序（teleological order）」としかいいようのないものであると主張している。[22] 分子生物学が進展した今日的な知見からすると、二〇世紀初頭におけるヘンダーソンの提示した生物学はかなり稚拙なものに映るかもしれない。しかし、ひとたび生物進化論におけるテロス（目的）の問題を考えてみるならば、そこには人間の〈自然〉に対する認識論的問題が潜在していることがわかる。

例えば、私たちが「なぜ、シジミチョウは美しい色をした羽をもっているのか」という問題を考える場合、「雄のシジミチョウが雌の気を惹くためにそうなった」と答えるところに「〈自然〉にテロスがある」という証明は存在しない。今日、自然科学者は〈自然〉自体にテロスがあると考えることにはきわめて懐疑的である。シジミチョウが美しい色の羽をもっている理由を、私たちが「雄のシジミチョウが雌の気を惹くためにそうなった」と答えることは、「〈自然〉にテロスがある」ということを人間の言葉で（人間の視点から）説明しているだけなのである。先の答えは、私たちを取り巻く〈自然〉には人間の英知をもってしてもいまだなお解明され得ない現象――例えば進化の過程で不可避的に発生する問題など――が無数に存在するという事実を一度棚上げにすることで初めて可能となる、人間の〈自然〉に対する説明原理に他ならない。

パーソンズは「人間の条件パラダイム」にヘンダーソンから示唆された〈自然〉の目的論的秩序を補強し理論化する領域を設定している。彼はヘンダーソンの主張した自然界における目的論的な秩序を、経験科学に依拠するだけでは決して裏づけの取れない、非経験的な領域に支持されるものと理解した。その「非経験的領域」を積極的に摂取した結果が、「L」領域の「テリック・システム」である。

上述したヘンダーソンの議論に加え、「テリック・システム」は、「非経験的領域」の理論的な正当性・必要性がミュンヒも注目していたカントの先験的哲学に、人間行為におけるシステム自体の必要性が『経済と社会』冒頭でマックス・ヴェーバーが社会学の論究すべき課題として掲げた「〔行為の〕意味の問題」[23]に支えられている。このことは第三節以下で考察する。さらに、そのヴェーバーを典拠とする行為における「意味」の重要性を端緒とし、パラダイムの根底にある特性を追求していくならば、このパラダイムが「人間中心的見地(an anthropocentric point of view)」[24]に立脚した構想であるという大前提も明確化する。

パーソンズはこの見地に立って、人間の経験・行為をすべて「意味」という観点から把握し、カテゴリー化することを目指した。彼の論理は以下の通りである[25]。人間には言語を介在させて文化を継承・伝達する上で、象徴化された「意味」が必要である。ここにおいて人間だけが「テリック・システム」を概念として持ちうる。既存の象徴と意味を学ぶ能力がある人間のみがこのシステムを必要とするのであるから、それゆえ「テリック・システム」は「人間の条件パラダイム」の中に組み込まれうる、と。

しかしながら「テリック・システム」の必要性が唱われる一方で、このシステムそのものが判然としないのは、パーソンズがこれに対し明確な定義を一切賦与していないことに起因している。図1に示されている、「L-l：究極的基礎」「L-i：究極的秩序」「L-g：究極的実現」「L-a：究極的機関」という名称をもつ四つのサブシステムに関しても、これらはすべてロバート・ベラーの進言により、彼の用語をとりあえず配置して形態を整えただけの色彩が強く[26]、これらの機能にはなんら詳細な検討が加えられることもなかった。多少触れられている「L-a：究極的機関」にしても、一般論に徹して「『機関（agency）』とは『人間』や『自然的な』存在ではありえず、……『超越的な』資格をもつもの（credentials）に違いない」と述べるに留まっている[27]。さらにこの一般化は敷衍され、キリスト教のシンボリズムにおける「救済の機関（the agency of salvation）」とは神すなわちイエス＝キリストという人間ではない存在のことであり、「テリック・システム」自体が宗教（キリスト教）と密接に関連していると明示されている[28]。それゆえ、私たちが検討すべきことは三つある。すなわち、第一に試論的な色彩がきわめて濃いことが否めない「テリック・システム」に対し、パーソンズが概観的な説明しか施さなかった、「L-I」「L-G」「L-A」という「L」領域を主軸とした三つの相互作用の意味を提示した図（図2）の考察。第二に主として彼が依拠したヴェーバーの論理およびカントの認識論の考察。第三にパーソンズの宗教観の考察、である。以上の状況からするならば、パーソンズは「テリック・システム」そのものに関しては四つのサブシステムに分化し、それぞれがなんらかの確たる〈機能〉をもつシステムであるとの強調よりはむしろ、認識論に密接に関連する人間行為における意味の根源を探究する上で、カントやヴェーバーに倣った「非経験的領域」の検討が不可避であるとの主張に主眼をおいていた、と判断することができる。

《図1》[29]

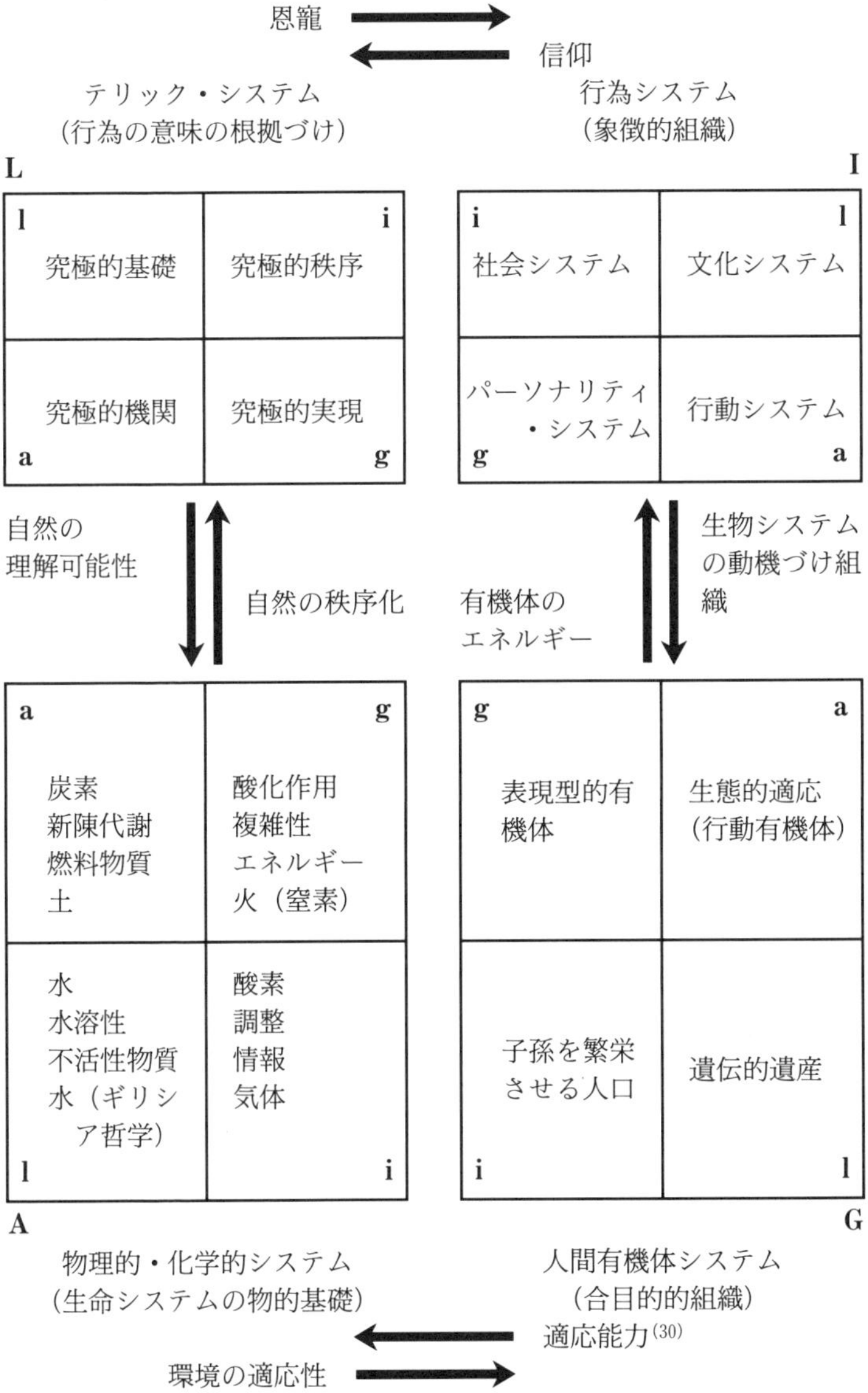
恩寵
信仰
テリック・システム
（行為の意味の根拠づけ）
行為システム
（象徴的組織）
L
I
l
i
究極的基礎
究極的秩序
究極的機関
究極的実現
a
g
i
l
社会システム
文化システム
パーソナリティ
・システム
行動システム
g
a
自然の
理解可能性
自然の秩序化
有機体の
エネルギー
生物システム
の動機づけ組
織
a
g
炭素
新陳代謝
燃料物質
土
酸化作用
複雑性
エネルギー
火（窒素）
水
水溶性
不活性物質
水（ギリシ
ア哲学）
酸素
調整
情報
気体
l
i
g
a
表現型的有
機体
生態的適応
（行動有機体）
子孫を繁栄
させる人口
遺伝的遺産
i
l
A
G
物理的・化学的システム
（生命システムの物的基礎）
人間有機体システム
（合目的的組織）
適応能力[30]
環境の適応性

《図 2 》(31)

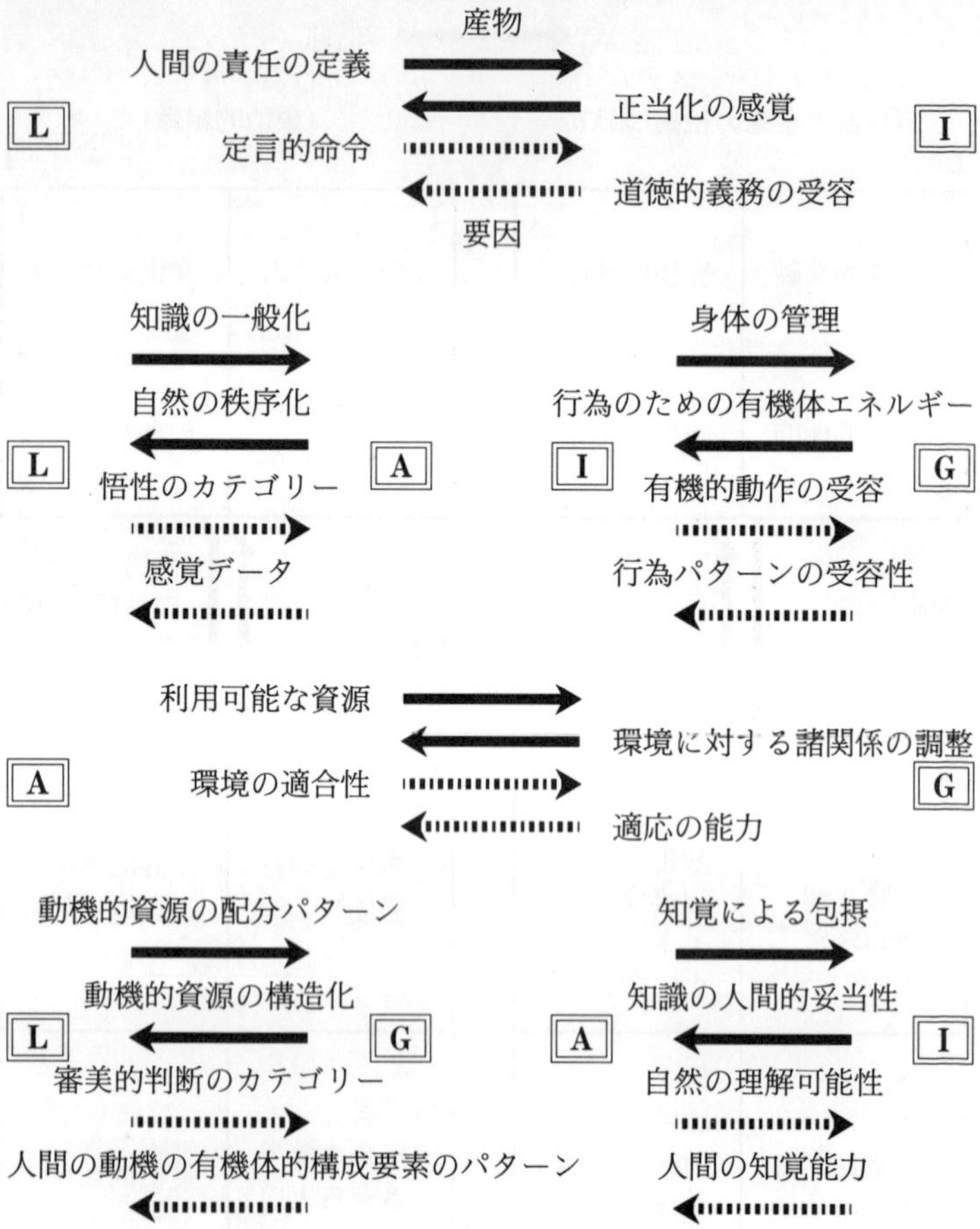
産物
人間の責任の定義
正当化の感覚
L
I
定言的命令
道徳的義務の受容
要因
知識の一般化
自然の秩序化
L
A
悟性のカテゴリー
感覚データ
身体の管理
行為のための有機体エネルギー
I
G
有機的動作の受容
行為パターンの受容性
利用可能な資源
環境に対する諸関係の調整
A
G
環境の適合性
適応の能力
動機的資源の配分パターン
動機的資源の構造化
L
G
審美的判断のカテゴリー
人間の動機の有機体的構成要素のパターン
知覚による包摂
知識の人間的妥当性
A
I
自然の理解可能性
人間の知覚能力

三　そのカント解釈

「われわれは科学的理論の構築に携わっているので、〔人間の条件〕パラダイム自体は、……他の人間が行なう考察や評価に対し、一個の人間の集合（a set of human beings）〔社会学者〕が行なう『知識に対する一つの貢献』であるという認識的意味の見地から判断されなければならない」[32]。この文言に引き続き、パーソンズは「人間の条件パラダイム」が決して科学的理論と呼びえないような独善的なものとなることを回避するために、パラダイムの中には「観察者の視点（the point of view of the observer）」が置かれていると強調している[33]。それは「I（integrative）」領域すなわち「行為システム」の中に位置し、多くの知識や他の三つの領域における様々な局面をもつ人間の経験を「象徴的な見地」から意味あるものとして統合し表現する、いわば人間の精神ともいうべきものであるという[34]。付言するならば、この人間の精神を支えるのが先に考察した「テリック・システム」である。

しかしながら、ここで私たちはある素朴な疑問を抱かずにはいられない。理論図式に「観察者の視点」が設置されているただそのことだけで「科学的理論」の構築は可能なのか、と。この疑問究明の鍵は、先の文言中にも表出している、パーソンズの論理に潜在する人間の「知識への貢献」と「認識」の関係にある。その関係に迫るために、私たちは「非経験的領域」をも包摂する「科学的理論」を構築・理論化するためにパーソンズがたびたび立ち返った[35]、カントの認識論とヴェーバーの社会学理論を考察する必要がある。

「人間の条件パラダイム」におけるパーソンズのカント解釈は二つの柱に支えられている。第一の柱は人間が外界からの知識を獲得する際に生じる認識論的問題に関連したものであり、第二の柱は認識論的問題から派生する宗教領域の必要性に論及したものである。

第一の柱に関し、パーソンズはカントが提唱した、人間が経験によって得た感覚のデータを繋ぐ「悟性（understanding）[36]」こそが外界からの知識の獲得に貢献する、とした認識論を正当なものであると受容した[37]。パーソンズが重視したカントの論理は、人間の知識を作り上げる源泉（経験）がどこからどのような形態において得られるかということだった。パーソンズいわく、カントの「先験的」という言葉は人間の経験的知識をカテゴリー化するために用いられているのであり、ここで行為者は先験的なカテゴリーの必要性と役割を理解するもののそれらを決定することはできない[38]。「それら〈先験的なカテゴリーの必要性と役割〉は『外側』から人間の知識に入ってくるのであり、この意味において『外界』から入ってくる感覚のデータと相似する。つまり、人間行為者は『連結者（combiner）』という一種の仲介的な存在となる[39]」。

ただし、パーソンズにおいて外界から流入する知識の源泉は決してランダムなものではなく、確たる性質をもつものであった。その裏づけとして、彼は先に考察したヘンダーソンの〈自然〉という秩序概念とアルバート・アインシュタインの〈自然〉への理解に関する論理を引き合いに出している。前述した通り、ヘンダーソンは物質世界である〈自然〉の中に目的論的秩序としか説明のつかない秩序が存在すると主張していた。他方、アインシュタインは論文「物理学と現実（Physik und Realität）」において、「『世界の永遠の謎は、その理解可能性（Begreiflichkeit）にある』と言えるだろう。これは現実の外界の〈理論〉構築はこうした理解可能性なくしては無意味である、としたイマヌエル・カントによる偉大な認識の一つである」と言明している。[40] アインシュタインは物理学という科学が、人間が経験を通して得た有形（具体）の客体を構成していくことによって、外的世界をすべて網羅し理論化することが限りなく可能であると述べた。パーソンズはこのアインシュタインの論理がカントに依拠していることに驚愕し、カントの先験的哲学を先のヘンダーソンの論理とこのアインシュタインの論理の両側面から理解することで、「感覚による印象（sense impression）」によって外界からの知識の獲得を可能であるとした「ヒュームの経験主義（Humean empiricism）」に陥ることも、経験によって得られた秩序をカテゴリー的な「観念主義」と同一視することもなく、科学的な認識論として救い出すことができるとした。[41] つまり、パーソンズにとって外的世界から与えられるデータはもとより秩序づけられたものであり、最終的にカントのいう「悟性」によって人間が把握可能なものであった。[42] このパーソンズの論理は帰納法という厳密な推論法を絶対視する論理を排除する性質をもつものでもあるといえよう。[43] というのも、先に考察した通り、パーソンズは人間行為者に「連結者」というきわめて認識論的関わりが強い意味を賦与したために、演繹法を採らざるを得なくなったからである。しかしながら、カントが「悟性」においた特性とパーソンズが解釈したそれとでは質的なレベルにおいてかなりの差異がみられる。このことは以下において考察する。

パーソンズによるカント解釈の第二の柱、すなわち認識論的問題から派生する宗教領域の必要性に論及したものは、第一節で考察した「テリック・システム」に関連して考察すると明らかになる。パーソンズは「テリック・システム」が、カント認識論の深層部分に存在していたとしてもほとんど語られることのなかったカテゴリーすなわち「メタ - 現実（the *meta*-reality）の存在」に依拠したものであると強調している。[44] 彼が求めた「テリック・システム」の理論的裏づけは、カント認識論の表層部分には表出することのない、パーソンズ独自の解釈の中にこそ見いだされる。これはパーソンズが「人間の条件パラダイム」において執拗に追求した「非経験的領域」に照応するカテゴリーでもある。

パーソンズがカントの論理の深層部分に発見したものは、彼がカントの三批判を「人間の条件パラダイム」の中にそれぞれ当てはめている文脈からも読みとることができる。すなわち、認識を取り扱った『純粋理性批判』は「A」領域（物理的・化学的システム）に、[45] 道徳を取り扱った『実践理性批判』は「I」領域（行為システム）に、[46] 審美的判断を取り扱った『判断力批判』は「G」領域（人間有機体システム）に相当すると考えられている。[47] さらに先に見た図2を再び参照してほしい。「L」領域を基軸にして「L-I」、「L-G」、「L-A」の相互作用の意味（要因）をそれぞれ見てみると、順に「定言的命令／道徳的義務の受容」、「審美的判断のカテゴリー／人間の動機の有機体的構成要素のパターン」、「悟性のカテゴリー／感覚データ」となっており、[48] 確かに上述したカントの三批判と「人間の条件パラダイム」が相応していることがわかる。

ところが、「L」領域である「テリック・システム」に相当するカントの批判は存在していない。これをパーソンズは「第四の領域」とし、宗教に関連した領域であるとしている。[49]「カントは啓蒙思想の良き申し子であったために、この（宗教）領域には非常に懐疑的であり肯定的なことをあえて語ろうとはしなかったが、有名な神の存在の証明可能性（provability）を否定をすることでその状態に甘んじたままでいた。しかしながら、ここには満たされるべき論理的な隔たりがある」。[50] その「論理的な隔たり」を、パーソンズは『行為理論作業論文集』以来主張し、[51]「L」領域に賦与してきた「パターン維持、潜在性」という機能と、ベラーのいう「象徴的リアリズム」の概念に依拠して埋めようと試みた。[52] 特に後者の論理を重視し、パーソンズは宗教が象徴として社会の深層構造に浸透している状況が、知識に対するカントのいう「先験的」要素の在り方と適合すると強調した。パーソンズは、カントが直接言及しなかった宗教領域が明らかに彼の論理に潜在していると解釈し、一歩踏み込んだ独自の論理展開を「人間の条件パラダイム」という形態で実現したのである。

　以上の考察を踏まえると、先の「メタ‐現実の存在」は現実存在に不可避的に潜在する宗教領域そのものを意図していることがわかる。パーソンズは宗教に関し、次のようにも述べている。「それゆえ、われわれは以下の双方を主張したい。すなわちこのメタ‐世界（*meta-world*）という前提は明らかに宗教と関連させておかれるべきであり、またその試みは一連の理論的作業の中で〈メタ‐世界に〉適切かつ特別な内容を与えるためにこそなされるべきである、と」[53]。ここでパーソンズがカントに言及していう「メタ‐世界」とは、前述した認識論解釈で明確化した通り、「悟性」に関連したものである。すなわち、人間を取り巻く世界を把握するために、人間の理性（論理）が働く世界をいう。しかしながら、この文言は宗教（信仰）に注目して人間の論理的思考作業の過程を考慮すると、二通りの解釈をする余地がある。第一の解釈は、私（社会学者パーソンズ）は神である。第二の解釈は、人間は信仰によって無限に創造主としての神に近づくことが可能である、と。

　現段階ではなぜこのような二つの解釈が列挙されうるのかという可能性に関する説明は行なわない。というのも、これらの解釈の可能性およびいずれを選択するのかといった最終的な判断は、第四章までのあらゆる節の検討を経て下されるパーソンズ解釈に他ならないからである。

四　そのヴェーバー解釈

カント解釈に引き続き、「人間の条件パラダイム」におけるパーソンズのヴェーバー解釈を考察していくならば、それはただ一点「意味」の問題に集約されうる。パーソンズはヴェーバーから摂取したその「意味」を二つの観点からパラダイムの中に論理的に生かした。一方は行為理論における「主観」の重要性であり、他方は宗教に関連した「テリック・システム」である。

前者の観点は、周知の通り『構造』においてもすでに明確にされている、主意主義的行為論を提示したパーソンズ社会学の本質であることはいうまでもない。[54]「人間の条件パラダイム」においても、パーソンズは『社会学』という言葉は、……社会的行為を解釈によって理解するという方法で社会的行為の過程および結果を因果的に説明しようとする科学を指す[55]」というヴェーバーによる社会学の定義を再度確認した上で、行為における主観的意味という観点を盛り込み、「(行為者に対する) 人間行為の主観的意味を解釈的に理解し、そうすることによってそれら (行為の主観的意味) が因果的説明に到達することを試みる科学」と訳出している。[56]パーソンズにおける行為の「意味」には、ヴェーバーに依拠していることからも明白な通り、必ず「主観性」が随伴する。というのも、「行為のレベルにおいて、われわれの専門的な意味から一人の行為者について言えることは、研究の対象となりうる動機や主観的意味しかない」からである。[57]それゆえ、ヴェーバーを典拠とした「主観的意味」を、パーソンズは「行為システム」を包摂する「人間の条件パラダイム」においても最重要視した。

しかしながら、「人間の条件パラダイム」においてパーソンズは行為だけに「主観的意味」を求めたのではなかった。詳しい説明がほとんど付されないまま図2でも提示されているが、「I→A」に「知識の人間的妥当性（human *relevance* of knowledge）」[58]とある通り、この部分にも生かされていることがわかる。「行為システム」を起点としたこの作用でパーソンズが主張したかったのは、「物理的・化学的システム」（物質界）が人間にとっていかなる「意味」をもつか、ということだった。[59]すなわち「意味」は、人間が、物質界に対する説明を賦与する場合にも有益なものとされた。こうしたパーソンズの物質界に対する理論的な理解は、以下第四章において私たちが取り扱う〈自然〉概念にも適用されている。

後者の観点として列挙したように、パーソンズのヴェーバー解釈は「人間の条件パラダイム」の中で「テリック・システム」が必要とされる論理にも表出している。ただし、それは直接的なものではなく、パーソンズのヴェーバー社会学に対する思い入れが反映されているといっても過言ではないものである。パーソンズにとって、ヴェーバーの論理は、第一節で言及した経験科学に依拠するだけでは証明することのできない、ヘンダーソンにおける〈自然〉の目的論的秩序を説明してはいなかった。また、上述したカントの先験的哲学に密接に関連する「超越的な秩序（transcendental ordering）」に関する問題領域にも到達していなかった。[60]パーソンズは次のように確信していた。[61]ヴェーバーがあと数年長生きしていたならばおそらくこの領域に対して「明確かつ知的な秩序（a positive intellectual ordering）」を理論化していたであろう。そしてヴェーバーがいう「意味の問題」は「テリック・システム」と「行為システム」間の意味の循環（circulation）に内包されることになるであろう、と。それゆえ、パーソンズ自らがヴェーバーの意志と問題意識を継承し、ヴェーバーの論理には反映されていなかった、「非経験的領域」を包摂しうるとした「テリック・システム」を「人間の条件パラダイム」の中に設定したのであった。

第三章　認識と科学

一　ロック、カントにみる経験と認識の葛藤

前章においてみたように、パーソンズは、ヴェーバーの論理がカントの先験的哲学に関連する「超越的な秩序」問題を反映していないために、不完全なまま終わっていると論及していた。またミュンヒは、パーソンズの論理が『構造』以来一貫してカントの先験的哲学の影響を強く受けていると述べていた。こうしたパーソンズのヴェーバー解釈とミュンヒのパーソンズ解釈から、私たちは以下の問題にも深く論及することを要求されていることがわかる。それは社会システム論の前提として考察されるべき認識と科学という問題である。そこで、一度「人間の条件パラダイム」の文脈を離れて、イギリス経験論を端緒にしてカント、新カント派、ヴェーバーらが抱えていた認識論を考察していくことにしよう。

ジョン・ロックをはじめとしてイギリス経験論が問題としたのは、人間が外界からの刺激の断片を受けて認識をする場合、その認識を促すものがそもそも人間の中に存在するのかどうかということであった。

カントに少なからぬ影響を与えたロックは、「心はあらゆる文字がまったく書かれていない白紙」[1]という『人間知性論』において著名な文言に象徴されるように、人間には一切の生まれながらにしてもつ生得観念はなく、「経験」こそが人間の認識を全面的に支持するとした。そしてその与えられた経験を感覚(sensation)や内観(reflection)を通すことによって観念として受容し判断を下すのが、後世カントが最も注目した「悟性(知性 understanding)」であった。[2]それゆえ、「経験」「悟性」に支えられたロックの論理は、スコラ哲学への批判もその背景にはあったが、最終的に「神」を必要とすることはなかった。神は人間に「知る」という機能を賦与しただけで、人間の心になんらかの思念を植え付けるということをしなかったからである。[3]このロックの立場は、神の存在を否定しているのとはまったく異なる立場であることはいうまでもない。というのも、先に挙げた人間における一切の生得観念を否定する論理を透徹させた結果、ロックは神が存在するという生得観念への不可をも論じないわけにはいかなかったと判断することができるからである。

以下で考察するカントの先験的哲学の見通しをよくするために、ロックの経験論に二点から批判検討を加えておくならば、まず第一に、「経験」に先立つア・プリオリな観念の否定に理論的な限界はないのかという問題が生じてくる。確かに、ロックの論理は地球初の人間の成長過程において、もしくは孤島に生まれながらにして置き去られた赤ん坊が成長していく過程においてならば矛盾なく妥当するものである。[4]そのような状況下では、人間は例えば「火」という観念を直接実際に見たり触ったりして初めて知ることができる。しかし、こうした特殊な例外的状況だけに人間は接しているのではないことは明らかである。後年デイヴィッド・ヒュームは、そのロックの経験論における「悟性」の死角を「習慣(custom)」[5]という概念から補強した。「一切の新たな推論や断定を加えることのない、過去の繰り返しに由来する」あらゆるものが「習慣」と呼ばれた。(6) ヒュームのいう「過去の繰り返し」による知識の蓄積は「個」としての人間の中にだけ見られるのではなく、種族や共同体や社会といった「種」としての人間の歴史の中にも当然見られるものである。その意味において、「習慣」は〈生きられた文化〉ということもできよう。さらに敷衍するならば、「習慣」という概念が経験論の中に組み込まれないと、人間が通常〈文化〉の中に生まれ落ちてくることが説明できなくなるのである。なお、この「習慣」こそがカントが批判して止まなかったものであった。第三部で詳察するスペンサーは、人間がそもそも自生的共同体の中で培われた〈文化〉の中に生きている存在であると力説していた。もし彼が問われれば、この論点にどうコメントしたであろうかは想像に難くない。

第二点目の批判検討としては、ロックの経験論が経験科学に通用可能か否かという問題が挙げられる。科学に必要なのは、観察者が対象を観察し、客観化し、理論づけ、そしてそれらがすべて経験的データに拠ることである。物（対象）を観察する段階において主観が介入する余地はないはずである。ロックの論理では、例えば金という物体が黄金色で重く、かつ溶けやすくて打ち延ばしができるものであるか否かは、唯一実験してみることによって証明されうるのであり、それ以外に人間が金という物体を確実に知る方法はない。(7) ロックは、時代的な背景もさることながら、観察・実験といった「経験」こそが科学すなわち人間の知識の進歩を裏づけるものであると確信していた。ウィリアム・O・コールマンも十分に考察を重ねているように、ロックの経験論は自然科学においても限りない可能性を潜在させていたのである。(8)

しかし、ロックの論理は最終的に「経験」によって獲得したデータがすべて人間の「内観」に振り向けられることに最大の重きをおいていた。例えば、雪の球に関する経験データは、まず白い、冷たい、丸いといった感覚・知覚が人間の心に植え付けられた上で、そうした観念を人間の中に生み出す力能(powers)をもった雪の球という主体の性質が白い……とされる。[9] この場合、雪の球を観察している人間が主体となって、雪の球に白い……という性質を賦与するのではなく、客体であるはずの雪の球が人間の心の中に観念として白い……という力能を作用することになる。つまり、「白い、冷たい、丸い」が雪の球に存在するとするならば「性質」となり、人間の感覚・知覚であるとするならば「観念」となる。ロックは、人間が観察し物体の性質を捉える際の認識論の科学化を図ろうと試みたが、内観を重視したために主体と客体が逆転したままの無理な理論化で終わることとなった。ロックの論理は、経験科学に通用させるにはあまりに主体と客体の関係設定に明確さが欠けていたといえる。最終的に、「経験」と「内観」の不透明な領域を超越した堅固な科学的理論枠組みがロックの中に構築されることはなかった。

ここで留意しなければならないのは、雪の球に「力能」があるということと、以下にみるカントが展開した人間の認識の先験性という主張には、微妙な食い違いがあるということである。ここの部分がロックにもカントにも明確に意識化されるにはいたらなかった。

ロックの後に、イギリス経験論を思弁的に体系化したのがカントであった。カントにおいて、人間の認識はすべて「経験」だけから生じるものではなかった。[10] 彼が特に究明したかったのは、経験によって獲得した認識をも包摂するア・プリオリな認識の大いなる可能性であった。そこでカントは、ロックが人間の認識は経験によってこそ可能であるとした問題を、『純粋理性批判』において次のように提起し直している。「主要な問題はなんと言っても、『悟性および理性は、一切の経験にかかわりなしに何を認識しうるか、またどれだけのことを認識できるか』という問題であって、『思惟する能力そのものはどうして可能か』という問題ではないからである」[11]。ここでいう「思惟する能力」とは「認識能力」を指示している。認識がいかにして可能か、という問題とは全く違ったレベルの問題――人間の認識能力そのものの可能性を評価する問題――にカントは取り組んだのであった。

カントは人間の認識には二つの根幹が存在すると述べている。人間がある対象に触発されてその表象を受け取る能力が「感性」、その対象を考えるのが「悟性」である、と[12]。すなわち、人間に対し「感性」は「直観」を与え、「悟性」は「概念」を生む。先の文言に照らすならば、経験と関わることなしに、人間がある対象を論理的に考察し概念化する際に不可欠なのが「悟性」というカテゴリーであった。

「……悟性の規則は、対象がまだ私に与えられない前に、私が自分自身のうちにこれをア・プリオリに前提していなければならない、そしてかかる悟性規則はア・プリオリな悟性概念によって表現せられるものであるから、経験の一切の対象は、必然的にかかる悟性概念〔カテゴリー〕にしたがって規定せられ、またこれらの概念と一致せねばならない、ということである」[13]。カントが「悟性」に賦与した能力がいかに強大なものであったかをこの文言から読みとることができる。すなわち、人間が「経験」によって獲得する対象に関する知識と、「悟性」によって認識・規定されるその対象に関する知識が完全に一致する、と[14]。ここで私たちは著名なカントの文言「物自体は認識できない」[15]における彼の強固な主張を把握することができよう。カントの論理の中では、私という主体の「悟性」が認識することしか必要とされなかった。「悟性」の認識と「経験」が一致する限りにおいて、それ以外の何ものも論理的に必要ではなかった、といっても過言ではない。バートランド・ラッセルはこのカントの論理を、私という主体の論理の高まりを絶対的にするためのものであったと述べている。(16)ラッセルの意見も取り入れてこの「物自体として認識できない」という文言を解釈するならば、カントはその論理において、私という主体の認識を一〇〇パーセント絶対的にするために、「経験」とその「経験」を人間に与える「外界」をきっぱりと切断したことになる。カントが何よりも主張したかったことは「世界は物自体として認識できない」ということにあった。

ここでロックの経験論を想起するならば、カントはロックが初めに「経験」ありきと唱え、次いで「悟性」の必要性を説いた認識論をちょうど逆さまに解いたといえる。カントにおいては初めに「悟性」ありきと唱えさえすれば、あとは「経験」は推論すれば不必要だったからである。

しかしながら、ロックとカントの両者には、「啓蒙思想の良き申し子」とカントを評価したパーソンズも着目していたように、論理上「神」を全く必要としないという共通点があったことを忘れてはならない。ここで人間の認識において「悟性」の絶対性を確信していたカントの立場としては、「私という主体が神である」という前提条件さえ存在すれば、「私が創った世界」はすなわち「神が創った世界」と重なるという論理をも持つと考えることが可能である。しかしカントは人間が「神」と同一化することはできるかという問題に抵触するこの立場に、理論上全面的に立脚していたわけではなかった。確かにパーソンズが述べていた通り、カントは「存在論的証明」(17)「宇宙論的証明」「自然神学的証明」という三つの証明法において神の存在の証明可能性を否定している。けれども、神の存在の否定とその存在証明の否定は質的に全く異なる論理である以上、存在証明の否定が即、論者の神格化につながるはずはない。事実カントは、理念にすぎないが「最高存在者という概念は、いろいろな点できわめて有用な理念である」(18)と述べたり、

「最高存在者の概念は、物の内的規定に関して提起される一切のア・プリオリな問題を解決するには十分であり、それゆえにまた無比の理想でもある[19]」と論じたりしており、神の存在自体を全面的に否定する立場を採ってはいないことを所々でにおわせている。しかしパーソンズは、以下に考察するが、「人間の条件パラダイム」においてこうしたカントの微妙な立場を必ずしも全部すくい取ることができなかった。

ところで、ロックの経験論を継承し人間の認識における「悟性」の絶対性を全面的に押し出したカントの認識論は、先に考察したようにロックの論理では不十分であった経験科学に満足のいく論理を提供することができたのであろうか。この問題を考察するにあたって、カントが自然法則と「悟性」によって招来する「概念」との関係に言及している部分に注目するならば、そこにおいても当然のことながら前述した「悟性」の絶対性は一貫して脈打っており、実に明解なものであることがわかる[20]。すなわち、「自然における現象の法則（die Gesetze der Erscheinungen in der Natur）」は、「悟性能力」と合致していなければならない。なぜならば、法則は現象のうちに存在するのではなくて、悟性を有しかつ現象が与えられている主観に関係してのみ存在するからである。それゆえ、自然の一切の現象は概念に従わねばならない。「……要するに自然は、……自然（形式的に見られた自然として）の必然的合法性の根源的根拠としてのカテゴリーに依存しているのである[21]」。

すなわちカントは、人間という主体が自然法則を、「悟性」によって確実に把握することが可能であると主張した。これは人間の「悟性」が、自然法則をも限りなく正確に概念という形において作り上げることさえ可能であると読み込むこともできる。まさにカントは人間の認識能力と自然法則を前に、究極の選択をしたのであった。しかしながら、ここで私たちはカントの認識論にみるこうした問題が、実は古色蒼然とした哲学的問題ではなく、非常に長い歴史の中で今なお続くアポリアであることを知っておかねばならない。それを示す顕著な例として、人間の意識の側から宇宙開闢と生命誕生の謎を解明しようと試みている哲学の一領域が提唱している「人間原理（anthropic principle）」が挙げられよう。[22]「人間原理」はつぎの通りに定義されている。「存在するどんな知的生物（*intelligent living beings*）も、知的生命（*intelligent life*）が可能なところにしか自己を発見しえない」と。[23]すなわち、「宇宙開闢以来の時間はどれくらいか」というような究極の知的問いを発する知的存在（人間）は、知的生命（人間）が可能になってから初めて問うている自分の存在に気づくことができるのである。しかしながら、ここで問われている「人間はなぜ存在するか」というのは人間にとって「ア・プリオリの前提」であって、問いの対象ではあり得ない。それは「わたしはなぜ存在するのか」という問いと同一のものである。つまり、これは問いなのではなく、すべての問いのア・プリオリな前提である。したがって、この「人間原理」に照らして、宇宙はなぜ一〇〇億年の時間（半径一〇〇億光年の空間）をもっているのかという問いに強いて答えようとすれば、「なぜならば、問うているわたし（という人間）が誕生するのに一〇〇億年かかったからだ[25]」と答えるしかない。[24]当然のことながら、パーソンズがヴェーバーの中に見いだした「人間中心的見地」と、宇宙は「ファインチューニング[26]」によってデザインされているとする「人間原理」にみる説明原理は決して同じものではない。しかし、両者はある点において明らかに問題の表裏をなしている。すなわち、ジョン・レズリーの議論は科学的思考をしながら「人間原理」を唱え、最終的に、なぜ宇宙がファインチューニングされているのかという問題に対し、一種究極的な目的論で答えてみせた。他方、カントやヴェーバーは目的論的思考をすることなく認識論を担保しようと試み、議論の中身が「人間中心的見地」に立つことになった。

先に考察したカントの「悟性」という主観の絶対性に裏づけられた認識論や「人間中心的見地」の経験科学への適用は、非常に奇妙なものに映らざるを得ない。というのも、科学とは決して主観だけでは成立しえない領野であるからだ。それは、実験・観察によって対象の客観化、普遍化が絶対とされる。このことに一切答えることのなかったカントの認識論と経験科学の存在、特に歴史は経験科学の中で捉えうるかという鋭い問題を突きつけたのが新カント派だった。私たちにとって新カント派の論理の考察は欠かすことはできない。なぜならば、「人間の条件パラダイム」の中でパーソンズが展開した認識論と彼が依拠したヴェーバーの論理に共通する問題性を知らしめてくれるのが、新カント派の論理であったからである。

二　新カント派と科学

新カント派の論理における、認識と科学に関する重大な問題性に論及するにあたり、ここで一点だけ注意を喚起しておきたい。それは、先にみたパーソンズの「メタ‐世界」に関する文言、「それゆえ、われわれは以下の双方を主張したい。すなわち、このメタ‐世界という前提は明らかに宗教と関連させておかれるべきであり、またその試みは一連の理論的作業の中で〔メタ‐世界に〕適切かつ特別な内容を与えるためにこそなされるべきである、と」[27]の前半部分の主張と新カント派との関連である。このパーソンズによる前半部分は、いうなれば〈科学における人間の認識と宗教（神）との密な関連性〉を強調するものである。この文言に象徴される「人間の条件パラダイム」におけるパーソンズの試みと、新カント派のそれとの方針は同じものであったのであろうか。この問題点を念頭において、以下考察していくことにしよう。

新カント派は、カントが非常に独特な論理で決着をつけてしまった経験科学を救い出す方法を見いだすのに奔走した。新カント派理論の礎となる二大法則性概念はヴィルヘルム・ヴィンデルバントが提唱している。「法則定立的(nomothetisch)」な自然科学と「個性記述的(idiographisch)」な歴史科学がそれである。[28] 周知の通り、前者の自然科学にみる法則性は無限に反復する恒常不変性を特徴とし、後者のそれはただ一回限りの限定性を特徴とした。すなわち、新カント派の最大の問題提起と関心は「自然法則」と「歴史法則」のそれぞれの法則性が質的に全く異なるものであることを明らかにし、両者を切り離すことだった。

この問題提起に対し、ハインリッヒ・リッケルトが著作『文化科学と自然科学』の中で平明な概念とともに答えている。歴史科学を包摂する文化科学を提唱したリッケルトにおいて、自然科学の特性には質的である個性を求める文化科学とは異なり、「実験」によりたった一つの対象に関する法則を見いだし、計算と計量によって量的規定(量化)を行ないうるということがあった。[29] 敷衍するならば、彼は〈自然〉の中になんらかの法則性の存在と、量的規定によって人間がそれを確認する立場を容認していた。リッケルトはつぎのように述べている。「われわれは、このまたはあの特定な一回的現実の特殊性や個性が全く含まれていない〔自然科学の〕概念をことごとく普遍的と呼ぶが、その際普遍的諸概念によって成立する諸過程における差別は顧慮しない。同様にわれわれはそれが関係の概念であるか事物の概念であるかもこれを問わない。たとえこれらの差別が他の場合にはどれほど論理学として重大であるにしても。問題はただ一切の自然科学に共通なことを知らしめるにあるのだから、われわれはここでは普遍的概念の全く普遍的な概念を基礎としなければならない[30]」。

それゆえ、リッケルトは人間が理論化しようとして努力した結果生み出された法則が「現実」を一〇〇パーセント量化し、その法則によって現実世界全体を人間が「認識」可能であると断言することには懐疑的であった[31]。リッケルトは、自然科学の理論・法則は時空間的にただ一時点において存在しうるだけなのであり、それが現実世界全体に広がりをもつことはないのではないかと疑問を呈していた。「要するに現実の異質的連続は、物理学とその労作が決して終極に達するを得ないということにおいてもまた顕著である。物理学の到達するところは常に最後から二番目のものにすぎないのであるが、あたかも最後のものに達したかのごとき観を呈するのは、その諸概念の中にまだ入ってこなかったものを無視することに因るのである[32]」。ここで強調された物理学の到達点が常に「最後から二番目」であるとした言葉が何よりもリッケルトの立場を象徴しているといえよう。リッケルトが主張したかったのは、自然科学が〈自然〉との橋渡しをしうるのは、あくまでも人間が分かる限りにおいての範囲内でしかないということだった。自然科学はその法則定立的な自然法則によって〈自然〉を限りなく〈理解可能〉にはするが、人間が完全に〈理解した〉と断言するには常に不安がつきまとうものであると見なされた。

ところで、ここで私たちはこれまで考察してきたリッケルトのいう自然法則を支える〈普遍性の由来〉に関して一考しておく必要がある。というのも、この問題を抜きにして、ヴェーバーの社会学理論およびパーソンズの「人間の条件パラダイム」を十全に解明することは不可能であるからだ。注目すべきは、リッケルトにおいて「普遍性」とは観察者側の認識の態度なのか、それとも対象の性質なのかが判然としていない点である。例えば、先に引用した〈自然〉概念を「普遍的」とする必要性を訴えた文言では、あたかも対象の側が普遍性を帯びているかのように捉えられている。それに対し、「すなわち現実は、もしわれわれがそれを普遍的なものに着眼して考察するときは自然となり、特殊にして個性的なものに着眼して考察するときは歴史となる」[33]という文言では、普遍性は観察者側が有しているかのように論じられている。こうしたリッケルトに顕著に現れている普遍性に関する曖昧さは、彼独自の理論的弱点ではなく、新カント派全体に通じるものであった。その新カント派の「普遍性」に対する理論的な曖昧さを自らの社会学理論において正し、〈普遍性の由来〉を明確化したのがヴェーバーその人だったのである。この意味において、パーソンズは「人間の条件パラダイム」の中でヴェーバーの抱えていた問題提起を全面的に支持している。パーソンズが人生最後の理論パラダイムの中で声を大にして主張しようとしたことの一つはこのことであった。ヴェーバーならびにパーソンズによる〈普遍性の由来〉に関する理論的な解決方法は以下本章第五、六節において考察する。

〈普遍性の由来〉の曖昧さに加え、新カント派の論理は自然法則の確実性をそれ以上彫琢することに振り向けられることはなかった。彼らの主眼はあくまでも歴史科学（文化科学）が一回性とはいえ「個性記述的」な特性を有する分、自然科学に対し優位に立つと見なすところにあったからである。[34]リッケルトにおいて、文化科学は、各事象に「唯一のもの・独特なもの及びいかなる他の現実によっても置き換えられぬもの」[35]すなわち「価値」と「意味」[36]を見いだし、賦与し、個性化することによって、一個の客体たらしめることが可能であるとされた。[37]まさにこの意味においてこそ文化科学は科学と見なされるとされたのである。ところが、こうした文化科学に対する強い信念が貫かれる一方で、先に考察した自然科学を裏づける法則性の曖昧さは許容されてしまった。確かに、これまで考察してきたことからもわかるように、ヴィンデルバントやリッケルトの論理をはじめとする新カント派の功績は、法則性を「認識」するという見地に立脚するならば、自然科学・経験科学も文化科学・歴史科学同様に容認するとしたことにある。少なからず人間以外のものが創った宇宙（人間の存在以前から確実に存在していた宇宙）の中に法則性が存在するならば、人間が客観的に「観察・観測」することによってその理解は可能となった。しかし、私たちは自然法則の曖昧性を認識していながらも、そのままの状態で甘んじてしまった新カント派の功罪を見逃してはならない。

ここにおいてパーソンズの文言に関連して問題提起しておいた、新カント派の〈科学における人間の認識と宗教（神）との密な関連性〉がおのずと浮かび上がってくる。というのも、新カント派にみられる自然法則の曖昧性の放置は、人間の認識の拡大こそが科学を構築しうるとする主張の裏返しを予感させるからである。そこには、神だけが自然法則を知らしめうるとする信仰は存在していない。逆にいうならば、究極的に新カント派は、人間の認識を拡大することで、科学と神との間の溝が埋まると確信していた。古来からの科学と神との関係については第四章第五節で再度考察する。そこでこの〈科学における人間の認識と宗教（神）との密な関連性〉に関するパーソンズの論理と新カント派の論理との質的な差異もわかるであろう。

新カント派が「歴史法則」とは質的に異なる「自然法則」が存在しうるとしたことから発した問題に関し、昨今その問題性が少しずつ露呈してきたことは誰もが知るところであろう。それはカオスやフラクタルといった存在が象徴している問題である。[38] つまり、私たちが考察してきた新カント派の論理に引き付けてこれらの問題を考えるならば、「自然法則」によって理解可能とされた領域の外に存在が発見されたのがカオスやフラクタルである。しかし、逆にこの事実こそが新カント派の限界を提示していることはいうまでもない。均衡のとれない「よどみ」こそが「生命」であるという生物学をも大々的に巻き込む重大問題に対し、法則を二種類に分別・定立し、一方に普遍性を他方に一回性を賦与するだけでは経験科学を救い出すことも〈自然〉を理解することもやはり不可能だったのである。

カオスやフラクタルの発見以前に、同じ問題性を孕んでいた概念がある。一九世紀半ばになって本格的にクローズアップされるようになった、「生命」「生物」「有機体」がそれである。第三部で考察するスペンサーは、新カント派の議論に引き付けて述べるならば、それらの概念が「歴史法則」のみでも「自然法則」のみでも解明しえない、すなわち二つの法則のいわば直積部分にこそ存在するとした体系を展開していた。彼の論理の根底におかれた〈生命〉概念は、今日までも十分通用する生物学的知見にもとづくものであった。

三　科学性の確立をめぐるヴェーバーの苦悩

新カント派が歴史は経験科学として把握可能か否かと鋭く追求した問題性を、そのまま「社会」に対して持ち込んだのが、ヴェーバーその人だった。第二章で考察した通り、『構造』以来パーソンズも理論的に踏襲したヴェーバーによる社会学の定義は、「社会的行為を解釈によって理解するという方法で社会的行為の過程および結果を因果的に説明しようとする科学を指す」[39]というものであった。この定義で強調されているのは、社会学における「理解」という方法が「科学」を裏づけうるという主張である。これまで私たちはロック、カント、新カント派の論理各々の認識論を端緒にして「科学」とは何かということを探究してきた。そこで明確になったのは、「科学」とは「普遍性」の所在を問うことなくしてその存在を主張しえない領野であるということであった。ヴェーバーも社会学を「科学」として提唱したが、彼の論理の核心部分には、前述した通り新カント派の論理における〈普遍性の由来〉の曖昧さ——すなわち「普遍性」は観察者の側(人間)が備えているものなのか、それとも(物的)対象の側が備えているものなのか、という本質的な問題に確証的な解答を与えることができない理論的な不完全性——を明らかにするという意図が潜在していた。この意図はヴェーバーの論理の文脈上、直接的には明示されてはいない。しかしこれは以下で考察するように、彼がカントの提示した「悟性」を社会学理論の根幹に反映させていたこと、また紛れもなく新カント派の論理を継承しながらもそれに対する内在的な批判を抱えていたこと、以上二つの論点からおのずと浮かび上がってくる。

ヴェーバーのいう「科学」の本質を把握するためには、彼が初期に執筆した論文「社会科学的および社会政策的認識の『客観性』」(以下「客観性論文」と略記)を看過するわけにはいかない。[40] この論文は時期的にヴェーバーが自らを「歴史学派の子」[41] と称していることからもわかるように、人間の行為を直接研究対象とし、全面的に社会学に携わる以前に書かれたものである。それゆえ、山之内靖が述べる通り、「客観性論文」や論文「ロッシャーとクニース、および歴史学派経済学の論理的諸問題」(以下「ロッシャーとクニース」と略記)が執筆された一九〇三—四年にかけての中期ヴェーバーと、論文「理解社会学のカテゴリー」や『経済と社会』の冒頭部分である「社会学の根本概念」が執筆された一九一三—二〇年にかけての後期ヴェーバーとの間には、例えば「理念型」概念に関して質的に大きな変化がみられる。特に中期の理念型が「歴史的個体」に由来するものであるのに対し、後期のそれは中期に比して一段と抽象の次元を高めた、純粋な社会学の範疇として提示されている。[42] 山之内の主張によって明白にされたように、文脈上現れてくる「理念型」をこれら二つの時期で区別して抽出すると、両者においてヴェーバー自身の論理上の温度差がみられるのは事実である。中期のヴェーバーはいかにすれば社会科学という学問において普遍性が保持されるか、という問題提起を歴史学派のみならず自らにも切実に課しており、それゆえ執拗に理念型に言及していた。しかしながら、そうであるからこそ、そうした社会科学の「科学性」を確立するべく苦闘したヴェーバーの理念型に対する強い問題意識が、人間行為に対して振り向けられるようになった途端に途切れ、変質してしまったとは考えにくい。彼の「客観性論文」で提示された理念型は直接的な適用対象は変化したが、そこでなされた強い主張は断ち消えることなく潜在し、その意味においてヴェーバーの「理念型」に対する姿勢は一貫性を維持していたと考えることもできる。以下の考察において「理念型」に言及する場合、本書ではこの立場に立脚している。

ヴェーバーが社会学における科学性の根拠とした「理解」という方法から考察していこう。ここでは主として「社会学の根本概念」に注目するが、ヴェーバーが死の直前にまとめたいわば彼の社会学理論の根幹を成す概念のエッセンスが凝縮されているこの部分は、少なからず断片的であることは否めない。それゆえ、それを補完する上でもヴェーバーによる社会学の萌芽をつぶさに見ることのできる「客観性論文」や「ロッシャーとクニース」の考察が必要となってくる。

ヴェーバーは「理解」に「直接的理解」と「説明的理解」という二つの側面があるとした。[43] 彼が社会学として重視しようとしたのは、行為者を観察する第三者である社会学者が一目瞭然に看取することのできる前者ではなく、行為者の動機やその行為自体の因果関係・過程から判断しなければならない後者であった。その後者の「説明的理解」において鍵概念となる行為の意味が、著名な「主観的に考えられた（思念された）意味」[44]である。この「主観的に考えられた意味」なくして、ヴェーバーが社会学の研究対象とした「行為」を解釈することはできない。というのも、ヴェーバーが定義した「行為」とは行為者が主観的な意味をもっている限りにおいての行動であったからである。[45]

したがって、行為における「主観的に考えられた意味」に照らす限りにおいて、人間の社会的行為こそが唯一の〈理解可能〉な対象となる。ここでヴェーバーが社会学の定義において〈理解する〉ことが「科学性」を裏づけると提示していたことを振り返るならば、彼の論理における〈理解可能性〉とは〈（観察）対象側に求める普遍性の保証〉であったことになる。そもそも対象の中になんらかの普遍性をおかなければ、観察者（社会学者）にとってある観察対象は〈理解可能〉とはならない。敷衍するならば、自らの社会の中で、観察者（社会学者）と被観察者とが一致しうる唯一の保証が、〈理解可能性〉であったのである。ヴェーバーはその〈理解可能性〉を担保するために〈理解可能〉ではない現象（例えば主観的な意味からは把握不可能な遺伝現象など）を「特殊な事実（spezielle Tatsachen）」[46]と呼んで傍らにおき、〈理解可能性〉の理論的な補強を行なった。それゆえ、ヴェーバーは人間行為の中に〈理解可能性〉を見いだし、行為を「主観的に考えられた意味」に依拠して把握できるとしたのである。こうした理論化過程におけるヴェーバーの苦労をパーソンズはどのように把握していたのだろうか。そのことは以下第六節で検討することにしよう。

しかし、ヴェーバーは社会学を科学と見なすことにおいて、対象側に行為の意味からもたらされる普遍性を求めるだけでは満足しなかった。ヴェーバーはさらに社会学の科学性の根拠に厚みを増しておきたかった。というのも、「意味」は行為者のみならず観察者（社会学者）の主観性を必然的に随伴し、客観性を重んじる「科学」と相容れない概念にならざるを得ない可能性を十分に備えていたからである。ヴェーバーが直接社会学に論究する以前、歴史学派に対して行なった反論の背景にもこれと同質の懸念が少なからず存在していた。すなわち、自然科学と異なり、社会科学も包摂される文化科学は「主観的な諸前提に拘束されている」と。[47] ヴェーバーは、自然科学においては法則によって客観性を保つことが可能であるが、文化科学においてはそうすることは不可能であると判断していた。この部分に、「法則」を二種類に分別し文化科学に一回性の「個性記述的法則」を見いだしうるとした新カント派に対するヴェーバーの内在的批判が潜在していたといえよう。そこでヴェーバーは、法則にもとづかない文化科学に科学性を賦与するべく独自の概念を創設する道を選択した。しかし、それはあえて主観的な拘束を全否定しない方策であった。それが「理念型」だった。

四　「理念型」と「価値」

「客観性論文」においてヴェーバーが創設した「理念型」は、ある事象を、価値判断に左右されることなく概念化し、その概念が現実から偏向しているのかどうかを検証するために必要な指標であり[48]、存在すべきものや模範となるべきものを提示した概念ではなかった。[49] それゆえ、「理念型」が即現実の姿を描写することはない。ヴェーバーにおいて「理念型」とは、いわば理論モデルなのであり、事実そのものではないのは当然のことであった。彼が「理念型」の設定を必要とした最大の関心は、人間（観察者）の価値判断の挿入によって切り捨てられる事象・現象を救い出すことで、文化科学が立ち入ることの不可能な余地をできる限り残さないことにあった。「理念型」によって人間（観察者）は観察対象領域を押し広げることが可能になり、その上で、ある事象・現象の本質的な特性を概念として知ることができる。「理念型」は観察者側に普遍性を求める際の重要な道具・理論装置だったのである。

ヴェーバーが「理念型」について初めて詳述したのは「客観性論文」においてであったが、その論理的必要性はそれ以前に書かれていた「ロッシャーとクニース」においても潜在していた。ヴェーバーが精神的疾患を回復した直後に書かれたこの論文は、文化（社会）科学の客観性を立論する目的から執筆されている。この論文は実際、文脈的にも難解な文章が続くものであることは否めないが、逆にこのことも彼が科学性の追求という難問を抱え、試行錯誤していたことの証拠である。この論文の中で着目すべきヴェーバーの主要な論点は少なくとも二カ所ある。

第一点は、ヴェーバーがヴィルヘルム・G・F・ロッシャーに対して行なったものである。[50] ロッシャーは、経済生活の具体的な実態は法則の形によって把握可能であり、その法則はただ一つで済むと主張した。その根拠は経済生活を歴史的社会的「有機体的」統一体と見なすところにあった。[51] ロッシャーにとって歴史的な統一体こそが実体なのであったが、この部分が後年個々人の社会的行為を通して社会学を確立することになるヴェーバーの批判対象となった。「……全体を個別現象から因果的に説明することが（事実上のみならず）原理的に不可能である、ということは彼〔ロッシャー〕にとってはひとつのドグマであって、彼はそれを全然証明しようとはしないのである」。[52] ヴェーバーは法則は統一体ではなくて個々の事象（人間）に還元可能であると主張した。ここに言われる「法則」は、一年後の「客観性論文」の中では事実上否定され、「理念型」に昇華したものであることは想像に難くない。

次いで「ロッシャーとクニース」における第二の論点は、カール・G・A・クニースの人間の行為を法則性の見られない非合理的なものであるとした批判に対するものであった。[53] パーソンズもこの批判には注目していた。[54] クニースは人間の行為が「意志の自由」[55]にもとづく「非合理的・個性的な行為」[56]であるというところに論拠をおき、法則として合理的に把握することが不可能であると主張した。このクニースの論理をヴェーバーが受け入れられるはずはなかった。彼にとって人間行為に関する限り「計算不可能性（Unberechenbarkeit）」[57]は成立し得ない。ここにこそヴェーバーの行為論の萌芽が見られる。ヴェーバーがクニースに対して断言したこの「計算不可能性」という言葉の裏側には、功利主義的な論理を踏まえた、個々の人間行為を「計算可能」とする未来の「理念型」の理論的主張が潜在していたと考えることができるからである。ここで注意を喚起しておくならば、クニースの論理を機にヴェーバーが人間行為の特性として認めていた「意志の自由」とは、イギリス経験論が暗黙のうちに前提としてきた〈自由な個人〉を少なからず反映するものである。ヴェーバーはこの〈自由な個人〉とカントから引き継いだ悟性概念を突き合わせるためにひとつの概念を理論に挿入していた。このことは追って考察する。以上二点にわたる考察から、ヴェーバーにおける「理念型」が彼の中で温められていた理論概念であったことがわかった。

前述したように、そもそもヴェーバーにおける理論装置であった「理念型」は、彼が社会学において主要問題とした「意味」を内在させる、主観的な「価値判断」に全面的に依拠する論理への対症療法として振り向けられた概念であった。しかしながら周知の通り、後に「価値」は主観的意味を基底とするヴェーバー社会学の鍵概念ともいうべき概念となる。こうした一見矛盾しかねない切迫した論理を救うために、彼が提示した概念が「価値自由」であった。「他人の意欲の意味ある価値づけはすべて、自分の『世界観』をもとにした批判、すなわち、自分の理想に基づいた他人の理想の打倒を目指した闘いでしかあり得ないのである」[58]。ヴェーバーはある対象を観察する人間が保持している価値と従来その対象に賦与されていた(その対象が保持していた)価値が相違したとしても、観察者がその対象に判断を下す上で何ら支障がないと主張した。しかしその反面そこで観察者に要求されるのが「事実の思惟による整序づけ(der denkenden Ordnung der Tatsachen)[59]」であり、観察者の「価値判断」を対象に全面的に賦与することへの抑制を、観察者に求めることをヴェーバーは忘れなかった。これら「価値自由」「事実の思惟による整序づけ」の基盤となっている概念が先の「理念型」であることはいうまでもないだろう。

ところで、ヴェーバーが主観的な「価値判断」に対する苦渋に満ちた肯定をし、さらにそれと一見矛盾しかねない「価値自由」を提唱してまで執拗に追い求めた「価値」という概念を必要としなければならなかった理論的背景はいかなるものであったか。

再度確認しておくべきことは、もとよりヴェーバーは「理念型」の設定によって主観的な価値判断を否定したわけではなかったということだ。彼は主観的な価値を伴うことを否定するというよりはむしろ、そうした不可避的な特性を踏まえて文化科学・社会学を確立することに心血を注いでいた。「客観性論文」

を執筆していた頃のヴェーバーの関心は、「歴史的個体（historischen Individuum）[60]」すなわち個々の歴史現象を科学的に考察することにあった。しかし、ある歴史現象を研究者（観察者）が注目する際には、主観的な「価値判断」が不可避的に伴うことは否めない。「われわれは個々の場合にこの価値理念のもとに『文化』をそのときどきに応じて考察するのである。『文化』とは意味のない無限の世界の出来事のうちから切り取られ、人間の立場から意味を汲みとり、意義を与えた有限の一片なのである」[61]。ある歴史現象は人間によって「価値」があると判断され、「意味」を人為的に賦与されたからこそ、「文化」であると見なされる。新カント派同様、一個の歴史現象に対し、人間が個性記述的な特性を与えることにヴェーバーは反対をしていない。しかしそのことに加えて彼が主張したのは、こうしたある歴史現象に着目し個性・特性を賦与する営為が、人間の認識にとって必然的なことであるということだった。その根拠をヴェーバーは次のように断言した。「あらゆる文化科学の先験的な前提は、われわれが白紙でわれわれの前にあるある一定の、あるいは一般になんらかのある『文化』を価値があると思うことではなく、われわれが意識的に世界に対して観点を決め、かつ、これの意味を意味づける能力と意欲とを具備した文化人である、ということである」[62]。この文言はヴェーバーがカントの論理を確実に継承していることを明示するものに他ならない。すなわち、人間はア・プリオリに自らが設定した観点から対象（歴史現象）を意味づける、と。カントの論理に照らすならば、この主体が悟性であることはいうまでもなく、またア・プリオリに設定されている観点とは究極的には経験的な知識から獲得される「理念型」に到達する[63]。ここにヴェーバーの「価値」理論は紛れもなくカントの提示した認識論という堅固な基盤の上に構築されていたことがわかる。

ヴェーバーが社会学理論において提示した著名な「理念型」に、社会的行為の四分類——「目的合理的行為」「価値合理的行為」「感情的行為」「伝統的行為」がある。[64] 人間の社会的行為を〈理解する〉上でヴェーバーが「理念型」として重視していたものは、「目的合理的行為」と「価値合理的行為」の二つであった。特に前者は、社会学者にとって最も高い明証性をもっていた。[65]「目的」という概念は、行為者ならびに観察者である社会学者も明確に把握することが可能だったからである。しかし、「合理的行為」と称されていても後者の「価値合理的行為」は「目的合理的行為」同様、観察者に対する明証性を保持することはない。というのも、ヴェーバー自身述べているように、経験上人間の行為はざまざまな価値に向けられ、観察者がそれを「完全かつ明確に理解し得ない」ことが非常に多いからであった。[66] それゆえ、ヴェーバーはこの「価値合理的行為」という「理念型」に依拠して、人間は人間行為においていかなる「価値」を携えているか、という人間における究極的な問題へと邁進していった。このヴェーバーの「価値」に対する理論的態度は、先に考察した「客観性論文」における「理念型」設定の際に彼が大いなる関心を持ち、文化科学が立ち入ることが不可能な余地をできる限りなくそうとした姿勢と一貫性をもっている。また、ヴェーバーが『宗教社会学論集』中に収められている大作「プロテスタンティズムの倫理と資本主義の精神」の中で主張していたのは、時期的には社会学理論の立論に先行しているが、究極的にプロテスタンティズムにおける禁欲的生活という「行為」を推進する、救済信仰という人間が懐く「価値」とその絶対性についてであったということも看過してはならない。[67] 社会的行為論を展開する以前からヴェーバーは「価値」に大いなる問題性を見いだしていたといえる。ここにおいて、ヴェーバーの社会学における「意味」と「価値」がほぼ同義であることがわかる。これまで考察してきた通り、高い明証性を伴い「理念型」とほとんど違わないのが「目的合理的行為」であり、他方「合理的」ではありながらも明証性を伴うのが困難であるのが「価値合理的行為」であった。ヴェーバーにおいて理論モデルともいうべき「理念型」の示す理論値からはずれた部分を（社会学者が）補正し「合理性」に収斂させるのに必要だった概念が「価値」であり、それを行為者の主観に即して（社会学者が）読み取ったものが「意味」に他ならなかったのである。

五　ヴェーバーにおける〈普遍性の保証〉

ここで、パーソンズの論理を深く理解するためにこれまで考察してきたヴェーバーの論理を一度整理してみよう。ヴェーバーは新カント派が曖昧にしていた〈普遍性の由来〉を確実なものにし、社会学を科学と見なすために、まず〈理解可能性〉を人間行為に賦与することで対象側に〈普遍性の保証〉を求めた。一方、彼が「客観性論文」以来理論的に設定していた「理念型」は、観察者側に普遍性を求めるための重要な道具であり理論装置であった。では、ヴェーバーが観察者側に〈普遍性の保証〉を求めたものは何であったのか。

上記「理念型」「価値」に関連する論理を踏まえ、ヴェーバーの論理における〈理解可能〉な行為の条件を列挙してみるならば、㈠観察される人間（行為者）は「合理的」であり、それゆえその目的・価値は行為を介在させることによって近未来において首尾一貫的に達成される。㈡観察者（社会学者）も行為者がとりうる合理的行為を整合的に判断するために「合理的」でなければならない。㈢観察者（社会学者）は第三者として「価値判断」からの自由すなわち「価値自由」を行使しつつ、かつ「価値」の観察もできる――となる。

(一)、(二)で言及している「合理的」という語は、ヴェーバーの意図を反映するならば「価値合理的」と置換する方が適切であろう。その理由は上述の通りである。ヴェーバーにおけるこうした観察される人間(行為者)、観察する人間(社会学者)がともに「合理的」であるとの揺るぎない確信は、これまでみてきた通り、彼がイギリス経験論の論理、功利主義の論理、カントの論理を明確に継承していることに裏づけられている。先に考察したように、「理念型」とはいわば個々の人間が価値合理的に行為することを示す理論モデルであった。これはカント譲りのア・プリオリな演繹的思考に立脚しているのであるが、ここで注意をしておかなければならないのは、ヴェーバーの中に、個々の人間における「理念型」が異なるはずはない、という論理が潜在していたということである。カントは「悟性」を取り出す限りにおいて人間はみな同質となると確信していた。こうしたカントの論理を踏襲したヴェーバーには、Aという人間の悟性とBという人間の悟性は同じ認識をする以上、異なる「理念型」になるはずがないという大前提があったのである。

ここにおいて、直ちにヴェーバーが何を観察者側に〈普遍性の保証〉として求めていたのかがわかる。彼は観察者側(社会学者)の態度において「価値合理性」を〈普遍性の保証〉として求めていた。同時にヴェーバーにおける社会学を科学と見なす〈普遍性の由来〉も明確化する。彼は対象側ならびに観察者側、双方に普遍性をおくことを理論化し、そうすることで新カント派の論理上の不備を正していたのであった。

先に考察した通り、新カント派がその理論上の不備から放置したままにしていた重大な問題には、本質的に異なるはずである〈理解可能である〉ことと〈理解した〉こととを峻別することなく、混同したまま経験科学における理論化を許容していたということがあった。この曖昧さこそが、ヴェーバーが着目した新カント派理論最大の欠陥であった。ヴェーバーは言うまでもなく、人間個々の社会的行為を介在させて、自らが生きている現実社会を研究対象としていた。それゆえ、新カント派にみる曖昧さを放置しておくわけにはいかなかった。ヴェーバーがいう「合理性」という概念には、「合理的な人間が作る社会（理性的な人間、カントがいう悟性をもった人間が作る社会）」という側面と、「人間の行為にみる合理性」という側面が共存していたことはこれまでみてきた通りである。この二つの側面を反映し、人間が「合理的」であるとするところにヴェーバーは「理解可能である」ことを求め、それを基底にして社会学の科学性を立論し、その上で社会を〈理解した〉と断言しようと試みた。したがって、本来ならば主観性にもとづき科学性からはほど遠い存在となる「価値」も、ヴェーバーにおいては〈人間行為（観察対象）が理解可能〉となるための前提条件であり、観察者と被観察者（対象）の関係が恣意的ではないことを保証してくれる重要な概念であったのである。

さらに、ヴェーバーとカントの理論的なつながりの考察を締めくくるにあたって、先に注意を喚起しておいた問題も明らかになった。ヴェーバーのいう「合理的行為」は人間の「自由な意志」すなわちイギリス経験論や功利主義思想が暗黙のうちに前提としていた〈自由な個人〉を反映しているものであった。また、その人間の「合理性」はカントの悟性概念を理論的に引き継いでいるものであった。ヴェーバーはこの「自由な意志」と「合理性」の二つに架橋しようと試みた。イギリス経験論の暗黙の前提である〈自由な個人〉から発生し、経験論 - 功利主義の軸に伏流水のように潜在している認識論と、同じくイギリス経験論を淵源とするカントの悟性概念のもっている認識論に、彼は「価値」を用いて論理的な橋渡しを図ったのであった。

六　パーソンズにおける「観察者の視点」の必要性

人間の「認識」と「科学」に求められる〈普遍性の由来〉に関する以上の行論を踏まえ、ようやく私たちは第二章第三節冒頭において抱いた素朴な疑問に対する解答を手にすることができる。その疑問はこういうものだった。すなわち、パーソンズによって社会システム論が立論されて以来その必要性が主張され、「人間の条件パラダイム」の理論図式の中にも反映されていた「観察者の視点」が設置されているただそのことだけで「科学的」な社会学理論の構築は可能なのか、と。ヴェーバーが社会科学に客観性を賦与するためにどれだけその理論化途上において苦闘を繰り返してきたか、その過程を考察してきた私たちにとっては、その答えを出すに際して鍵となる観点は明白であろう。それは、「観察者の視点」が対象側および観察者側双方に〈普遍性の保証〉を求めるものでない限り、それを包摂した理論の「科学性」は本質的に非常に不安定なものでしかあり得ない、ということである。

「人間の条件パラダイム」において展開されたパーソンズの主張をこれまで行なってきた議論に引き付けて考えるならば、彼が「科学的な」社会学理論を構築しうるとした「観察者の視点」には最低二つの解釈が成り立つ。第一の解釈は、パーソンズは対象側および観察者側双方に〈普遍性の保証〉を求めていた、というものであり、第二の解釈は、パーソンズは観察者側の認識の態度に〈普遍性の保証〉を求めていた、というものである。

第一の解釈は、パーソンズがヴェーバーの「普遍性」を追求する理論化過程をすべてそのまま継承・把握していたことが前提条件となる。パーソンズが提唱した主意主義的行為論の基底には、ヴェーバーのいう行為における「主観的に考えられた意味」があったことはいうまでもない。これまで考察してきたヴェーバーの社会科学における科学性の確立の背景を振り返るならば、彼は一方で行為における〈理解可能性〉を人間行為という対象側に求める〈普遍性の保証〉とし、他方で「理念型」という理論装置を用い主観に左右されることなく「価値」「意味」を追求することを観察者側の態度における〈普遍性の保証〉とした。それゆえ、ヴェーバーにおいては、社会学は対象側および観察者側双方に普遍性を求めることが可能となり、その「科学性」は確立される。

パーソンズが述べていた通り、「観察者の視点」とは、「I」領域すなわち「行為システム」に位置し、他の三つのシステム（L、G、A領域）における人間の経験を「象徴的な見地[68]」から「意味」として把握する、いわば人間の精神とも呼ぶべきものであった。ここで「象徴的」とパーソンズがあえて強調していたことに注目したい。「象徴」とはきわめて恣意性の高い概念であることに異論はなかろう。観察者が適用する「象徴」は、あらゆる個々の行為現象すなわち対象を客観的に把握することからはかけ離れた概念である。いうまでもなく、そうした客観性を伴わない行為解釈をヴェーバーは目指していたわけではなかった。ヴェーバーはいかにすれば主観性を伴わざるを得ない人間行為を客観的に把握することができるか、という問題提起を掲げ社会学理論を確立しようと試みていた。「価値自由」という独特の概念もそのために提唱されたのであった。ヴェーバーにおいて社会学が注目すべき行為とした「目的合理的行為」と「価値合理的行為」が、明証性の差異はあるもののともに「合理性」を伴わなければならない限り、そこに

「象徴」が介在する余地はない。というのも、「象徴」は人間にとって「合理的」なものではありえないからである。そもそも「物」と「物が象徴しているもの」との間には、法則性による結合関係はなく、それゆえそこに人間の「合理性」が必要とされることはないのである。

したがって、パーソンズはヴェーバーの論理を行為者の主観的な意味というただ一側面において理解していたと判断せざるを得ない。ヴェーバーが社会的行為論において「理解」の対象とすべきものは「価値」や「意味」であるという認識に到達するまでの理論化過程や歴史的な理論背景に、パーソンズはほとんど関心をもつことがなかったと考えることが妥当である。それゆえ、第一の解釈は棄却される。ここにおいて、第二章第三節冒頭で私たちが抱いた疑問に解答が与えられる。すなわち、「人間の条件パラダイム」において「観察者の視点」が設置されているただそのことだけで「科学的」な社会学理論の構築は可能とはならない、と。

ここで第二の解釈、すなわちパーソンズが「観察者の視点」を設置することにおいて観察者側の認識の態度に〈普遍性の保証〉を求めていた——少なくとも成立するわけだが、その論拠はパーソンズが「人間の条件パラダイム」において「テリック・システム」を理論的に必要としていたところにも求められる。「テリック・システム」はパーソンズのいう、「人間の条件パラダイム」における「非経験的領域」を把握する宗教（キリスト教）に関連した領域であった。彼はそれを独自に解釈したカントの認識論の深層部分に潜在する論理、すなわち「メタ‐現実の存在」というカテゴリーに依拠していると述べていた。

その「メタ‐現実の存在」に関連し、「メタ‐世界」という新たな概念に言及したパーソンズの論理を再び考察してみよう。「それゆえ、われわれは以下の双方を主張したい。すなわちこのメタ‐世界という前提は明らかに宗教と関連させておかれるべきであり、またその試みは一連の理論的作業の中で〔メター世界に〕適切かつ特別な内容を与えるためにこそなされるべきである、と(69)」。前述した通り、「メタ‐世界」とはカントの先験的哲学に照らして考えるならば、人間を取り巻く世界を把握するために、人間の理性（論理）が働く世界を指す。この文言において、パーソンズは「メタ‐世界」では神こそが、人間を取り巻く世界すなわち〈自然〉に「普遍性」を与えてくれていると主張した。その意味においてこそ「テリック・システム」が必要とされたのであった。パーソンズにおいて「テリック・システム」は、対象側に〈普遍性の保証〉を求める重要なものであったのである。それは「観察者の視点」が担う観察者側の認識の態度に求める〈普遍性の保証〉だけでは不足する、主意主義的行為論を「科学」と見なすのに必要な理論装置でもあった。ここにおいて、先に問題提起しておいた、パーソンズと新カント派の〈科学における人間の認識と宗教（神）との密な関連性〉に関する理論上の方針の差異が明白になる。新カント派は、不完全に終わってしまったが、宗教に関連することなく観察者側の認識を拡大することで〈普遍性の保証〉を得ようとしたのである。

「テリック・システム」が対象側へと普遍性を求めるための論理を反映していることは、前に考察した〈自然〉の中に目的論的秩序としか考えようのない秩序が存在すると主張したヘンダーソンの論理に、パーソンズが大いに賛同していたことと見事に一致する。しかしながら、カントの論理において神はまったく必要とされることはない。経験と外界を遮断することで成立しているカントの先験的哲学を反映した世界においては、神はいなくとも、悟性概念によって「普遍性」は対象側に保証されていたからである。この意味において、パーソンズはカントの論理を不十分にしか理解できていなかったことがわかる。

さらに、ここでもう一つ明白になったことがある。それは、パーソンズがヴェーバーのいう「理解」を本質的に捉えきれていなかったということである。というのも、ヴェーバーの社会学において主張された〈理解可能性〉は、ヴェーバー自身が生きる現実社会の中で、観察者と被観察者とが一致しうる唯一の保証だったからである。それゆえ、ヴェーバーの論理において「観察者の視点」だけをそのような形で突出させる必要はどこにもなかった。逆にいうならば、ヴェーバーは、観察者（社会学者）があたかも自らの生きる社会とは別次元の世界から被観察者を見る状況を、理論化途上において回避することに最大の注意を払っていたのである。ここにおいて、「価値合理性」という概念が不可欠であることはいうまでもない。これまでの行論における十分な検討の結果、私たちにはそのように断言しうる論拠がすでにある。ヴェーバーが切実さをもって取り組んでいた問題は、パーソンズが行なったように「観察者の視点」を設定しさえすれば解決される容易な問題ではなかったのである。

これまでの考察から、以下の結論が導出される。すなわち、パーソンズはヴェーバーの社会学理論を「主観的に考えられた意味」という一側面においてのみ理解し、それを論拠として「観察者の視点」という観察者側の認識の態度に〈普遍性の保証〉を求める理論装置と、さらにカントの先験的哲学に依拠して「テリック・システム」という対象側に〈普遍性の保証〉を求める理論装置、以上二つの理論装置を「人間の条件パラダイム」に「科学性」を賦与するために設定した、と。つまり「人間の条件パラダイム」は、カント、ヴェーバーが抱えていた難問をパーソンズ独自の論理によって解釈し、その解決方法を提示した社会学理論であったのである。

敷衍するならば、「人間の条件パラダイム」においてパーソンズは、ヴェーバーとまったく同一の試みを展開していたこともわかる。ヴェーバーが新カント派における〈普遍性の由来〉の曖昧さを正すために社会学理論を立論しようとしたのと同様、パーソンズもヴェーバーの論理における「普遍性」を補強するために、カントの先験的哲学に依拠しつつ理論化を行なっていた。ただし、その過程で肝心のヴェーバーの本質的な論理を読み誤ってしまったが。しかし、そこにこそ、パーソンズが「人間の条件パラダイム」において三世紀も時計の針を逆回しして認識論を論じようとした理由がある。「科学」の確立という問題を考える場合、最終的に宗教や信仰という手段に訴える姿勢は一七世紀におけるそれと同質のものである。このパーソンズの採った最終的な手段については、以下第四章第五節で再検討することにしよう。

第四章　社会システムと〈自然〉概念

一　行為論と社会システム論の矛盾

これまでの行論で徐々にその全貌を明らかにしつつある「人間の条件パラダイム」は、いわばパーソンズによる社会学理論の、すなわち長年にわたって構築してきた行為論と社会システム論の集大成である。そのパーソンズにおける行為論と社会システム論の関係に関し、ミュンヒが興味深い発言をしている。「パーソンズの一般行為理論と社会システム理論は、その構造と方法において、カントの批判哲学に正確に類似している」(1)。私たちも第二、三章の中で「人間の条件パラダイム」におけるカントの先験的哲学の浸透具合を考察してきたが、ミュンヒの論拠は以下の通りである。人間が知識を生産する過程を一つのシステムと見なした場合、そこに内在する二つのサブシステム間――「理論的探究（theoretische Erkenntnissuche）」と「実践的問題解決（praktische Problemlösungen）」――において「相互浸透（Interpenetration）」という特別な形態の手続きがとられるが、パーソンズによる社会学理論の中心的概念にはこの「相互浸透」が据えられている(2)。注目すべきは、いわゆる「概念と直観」、「理論と経験」(3)、その両者間における「相互浸透」の重要性がカントの『純粋理性批判』に提示されていたということであり、パーソンズはこのカントの論理を『構造』以来「人間の条件パラダイム」まで一貫して踏襲している、と。ミュンヒの主張を汲むならば、理論的側面と実践的側面の両者が揃って初めて陥穽のない「知」が構築されうるのであり、カントの影響を受けたパーソンズの社会学理論はその意味で十分に「知」の条件を満たしている。ミュンヒによる斬新なパーソンズ理論の再検討の中で主張されているのは、カント哲学に照らしてパーソンズの行為論と社会システム論を考察する限り、その論理に何の矛盾も存在しないということである。

しかしながら、ミュンヒ独自のパーソンズ解釈は一九七〇年代後半から起こったパーソンズ・ルネサンスの事実上の導火線にはなったが、[4] これとは別に、パーソンズ理論を再検討する場合欠かすことができないキーワードに『構造』で提示された「ホッブズ問題」があり、これこそが社会学理論構築においてパーソンズが最大に払った関心であるとする部分に着目する理論的立場が興った。[5] 精緻な理論的展開を試みているこの立場に共通する理論的な解釈を集約するならば、『構造』以来執拗に追求され続けたパーソンズの社会システム論は、行為論から発した秩序問題を補完・解決するための理論とされる。この立場において、パーソンズの行為論と社会システム論は少なくとも理論的に切り離して考えられるべきであり、先にみたミュンヒのように両者における一貫性が求められる論拠はどこにもない。例えば、山下雅之はこうした解釈をさらに詳細に展開し、『構造』においてパーソンズ自身が行為問題と秩序問題の異質性を明確にしないまま秩序問題の問題解決に重点を移していったために、両者間には「ずれ」さえも生み出されていると述べている。[6] 山下が注目したのは、パーソンズが『構造』の結末部分で秩序問題解決のために提示した「社会的に共有された価値のシステム」が、個々の行為に還元できない「行為システムの創発特性」によって説明され、各個人の「主観的に思念する意味」とは独立した要素に拠らなければならないという、行為論と秩序問題の二つの破綻であった(7)。

ところで、これまで自明の概念として取り扱ってきた「システム」について一考しておこう。ここではパーソンズが研究対象とした「社会システム」に限定する（「システム」一般に関連させた本質的な問題提起は以下第五章において行なう）。

「システム」は〈記述されることで理論化・概念化された社会〉に近似するものである。またそれは、ある一時点における均衡状態を人間が記述することを可能にするが、記述された瞬間に現実社会と異なるものとして区別されねばならないものである。「システム」とは、いわゆる理論モデルなのであって、永久に均衡が維持され続けるための理想状態を指示するものではない。この事実に照らすならば「秩序」は「システム」と同義であることがわかる。「秩序」もまた記述されたと同時に、過去の（未来の）ある一時点の均衡状態を示す理論モデルとなるからである。それゆえ、「システム」も「秩序」も第三章第四節以下で考察したヴェーバーのいう「理念型」を想起するとその実体を捉えやすくなる。私たちはこれらのことを常に念頭においておかなければならない。

したがってパーソンズが『構造』において提示した「ホッブズ問題」は、以後「社会システム論」とその形態を変え、彼の理論構築に少なからぬ影響を及ぼしていたと判断することができる。しかしながら、本書においては『社会体系論』他パーソンズによる社会システム論とその「ホッブズ問題」の詳細な関連性の追求は行なわない。というのも、本書が最終的に目的としている〈自然〉と「システム」の対立様相の解明は、「ホッブズ問題」を端緒として問うだけでは十全になされ得ないからである。本書はこれまでの行論からも明らかな通り、パーソンズが人生最後に提唱した「人間の条件パラダイム」が彼の行為論と社会システム論両者の集大成であり、そこにこそ社会学が追求すべき本質的な諸問題が点在しているという立場を採っている。

では、パーソンズが立論した行為論と社会システム論の間にはいかなる関係があるのか。それはどのような形で「人間の条件パラダイム」に反映されていたのか。ここにおいてミュンヒのいう楽観論を支持しないのならば、パーソンズ（社会学者）による〈行為論の要請と社会システム論の要請は矛盾しないか〉という問題提起をする必要がある。「矛盾しない」と結論づけられる場合には、行為論と社会システム論が完全に理論上合致する可能性が提示されねばならない。この問題提起に周到な理論展開で答えてくれているものに、左古輝人の労作がある。

左古は「ホッブズ問題」を、「自由な個人」が「社会秩序」を「いかにしてつくりうるか」と問い直し[8]、決して「解決的態度」を採ることなくホッブズ自身が切実に抱えていた「秩序問題の懸案性」に迫ることで、パーソンズも同様に抱えていた秩序問題の懸案性を明白にした[9]。特筆すべきは、従来「万人の万人に対する戦争状態」と一義的に解されるホッブズにおける自然状態に多義性を見いだし、最終的に「内乱＝自然状態」こそが、パーソンズが「ホッブズ問題」と認識していたものであると結論づけられていることである[10]。左古によれば、ホッブズの次の文言がそれを本質的に指している[11]。「共通の権力がないという恐ろしい状態において、生活態度がどのようになるかについては、平和な政府の下でかつて生活していた人々が常に内乱の状態に陥るという生活態度によって看取することができるだろう[12]」。いわゆる非常事態において国家に導入される「秩序」だけがかろうじて人間に容認されうるものとなる。すなわち、これこそが「ホッブズ問題」において求められた、「自由な個人」と「秩序」が並存しうる唯一の状態である。

　左古の議論を踏まえて類型化される社会システム論的観点にもとづき、行為論と社会システム論が完全に合致するケースは次の三通りが考えられる。

㈠　左古のいうホッブズ的秩序解決。社会システムは完全に内乱状態であり、他に選択肢がなく、社会システムの外側から「秩序」すなわち「リヴァイアサン」が導入される。そして、その非秩序は社会システムの構成員である人間によって秩序と見なされる。

㈡　完全な閉鎖システム下において、個々人の間で完全に合意が成立しているケース。ここにおいて、人間の相互行為はすべて目的、手段、動機によって図られ、それは予測可能・法則化可能である。目的、手段、動機が、AGIL図式を基盤としたパーソンズによるすべての社会システム論において検討され、理論化の前提となっていたことはいうまでもない。特に㈡のケースを徹底するために『社会体系論』を契機に提唱されたのが周知の「ダブル・コンティンジェンシー」状態における「期待の相補性」である。パーソンズによれば、「……社会的相互行為において、他我（他人）が採りうる『反作用』はかなりの範囲にわたっているが、（その反作用の）選択は自我の行為に依存する範囲内で行なわれる」[13]。また、「ある行為者すなわち自我において、ある別の行為者すなわち他我に関する期待のシステムが早晩作り上げられる。このこと（期待のシステムの形成）は、自我による他我の行為に対する願望と不安を内包している。つまり、他我の採りうる反作用のいくつかは、自我の観点からすれば好都合なものもあるし、不都合なものもあるだろう。全般的に心理学的根拠にもとづき、以下のように自我の指向が正当づけられる。すなわち、結局〔その指向は〕、好都合な欲求を充足する反作用を刺激し、不都合な欲求を剝奪する反作用を挑発しないように方向づけられがちであるだろう、と」[14]。このようなダブル・コンティンジェンシー下における期待の相補性を通じて、相互行為を行なう人間が他人の行為の出方を予測しうるのは、社会に共通する規範的基準すなわち価値が分有されているからである[15]。このことは『構造』においても提示されていた[16]。その価値を類型化したものが「感情性－感情中立性」「自己指向－集合体指向」「個別主義－普遍主義」「所属本位－業績本位」「限定性－無限定性」という周知の五つの「パターン変数」であった[17]。

㈢　開放システム下において、内的なシステム変動および外的な刺激・変化・条件を原因とするシステムの変動がいずれも完全に人為的に修正可能であるケース。左古が念入りに検討し、秩序問題に対する懸案性を保持しているという点でその卓越性を認めたルーマンの「意味」に依拠する社会システム論はこのケースの一変形として包摂される可能性が高い[18]。ただし、厳密な判断は第五章において行なうことにする。左古によれば、個々人が他人の行動を解釈し、自らの行動をそれに応じさせるというルーマンのいうところの「意味」に依拠した図式において、秩序の導入が先行可能となる。

上記三つのケースを理論モデルとして検討する場合、私たちはパーソンズによって提唱され今日に至るまでさまざまな理論的変遷を経てきた行為論と社会システム論は、矛盾する可能性が高いと判断せざるを得ない。例えば、㈠の前提条件である社会システムの内乱状態を日常的状態として捉えることは、多くの場合不可能である。また、㈡においては、目的や動機のない行動や無意識な行動の存在の説明がつかないばかりか、ヴェーバーやパーソンズによって定義された「行為」とそれには包摂されない「行動」の曖昧性、および個々人における共有価値という目的を予め先行させることで成立している「行為概念」の不可思議さを露呈する。[19]㈡と対をなす㈢を設定・検討するにあたって多少の説明が必要とされるかもしれないが、これに関しては社会システム論が理論化される上での大前提を検討し、その上でパーソンズ社会学理論の本格的な先行研究として見逃すことのできないルーマンの社会システム論を詳察する第五章において綿密に展開するので、ここにおいては割愛する。しかし結論だけを先に述べるならば、社会システムの変動をすべて人為的に修正しうる可能性はきわめて少ない。特に㈢において注目すべきは、社会システムの変動原因を内生要因もしくは外生要因いずれに求めるにせよ、それを知的な構想力において完全に修正するのが人間であるということである。また、この人間は、前章においても考察したが、パーソンズが理論上全面的に踏襲したヴェーバーの論理を反映した「理性的な人間」――すなわち価値合理的な人間であることを看過してはならない。パーソンズとルーマンの社会システム論において提示された人間の特性は、第三部で精査するスペンサーの社会システム論におけるそれとは全く異なるものである。その人間の特性こそが、パーソンズ、ルーマンとスペンサー両者の社会システム論の本質的な差異を反映している。

二　「人間の条件パラダイム」と〈自然〉概念

そもそもパーソンズが提唱した「人間の条件パラダイム」は、人間が生きているという事実に対する条件提示に他ならない。第二章において考察してきた通り、パーソンズは「Ｉ」領域の「行為システム」を基軸としたＬＩＧＡ図式において、「Ｇ」領域の「人間有機体システム」には人間が生物有機体として存続していくための諸条件を、「Ａ」領域の「物理的・化学的システム」には人間を包摂する生物一般にも通用する生命を維持する物質的な諸条件を、「L」領域の「テリック・システム」には特に非経験的領域における人間行為の根拠づけを行なう諸条件をそれぞれ列挙し、「人間の条件パラダイム」における機能的要件と見なしていた。この機能的要件という意味に照らすならば、LIGA図式の四領域がシステム全体に（社会学者パーソンズによって）要請される役割そのものは、名称やシステムの順序こそ途中で変遷していったが、『構造』後に立論された社会システム論すべてにおいて一貫している。社会システムにおける四領域はいずれも社会システム全体を維持する機能を果たすために人為的に設定されたものである。

しかしながら、「人間の条件パラダイム」は『行為理論作業論文集』以来提示された社会システム論と決定的に異なる部分がある。それは〈自然〉という概念の理論化を試みている部分である。『構造』以来、パーソンズは〈自然〉概念を考慮に入れて行為論や社会システム論を構築してこなかった。むしろ一貫して〈自然〉概念を切り捨てて社会学理論を構築してきたといっても過言ではない。このことは『構造』冒頭において「スペンサーは死んだ」[20]と辛辣に明言し、スペンサーの論理を個人主義および功利主義にもとづくものであると主張する論理にも投影されている。パーソンズがスペンサーを必要としなかったその理由の詳細な追求は次節および第八章に譲るが、ここで注意を喚起しておきたいのは、パーソンズがスペンサーを自説の主意主義的行為論から切り捨てた根拠には、スペンサーが進化論者、個人主義者、功利主義者であったという側面と彼が〈自然〉に直接関与した論理を提唱していたという側面の両方に、重心がおかれていた可能性が高いということである。第三部で詳しく考察するが、進化論が〈自然〉を考慮せずには決して成り立たない理論であることはいうまでもないだろう。事実、『構造』におけるスペンサーとの決別以来、パーソンズが〈自然〉概念を考慮して社会学理論を構築することは一切なかった。

しかし、「人間の条件パラダイム」ではその〈自然〉概念の理論化が意図されるに至る。ここで再び図1を参照してほしい。注視したいのが、「L→A」「A→L」それぞれにおいて記されている相互作用を示す矢印の意味である。前者が「自然の理解可能性」、後者が「自然の秩序化」とある。パーソンズは「人間の条件パラダイム」においてこの矢印の意味について多くを語らなかった。このことは「人間の条件パラダイム」自体がパーソンズの突然の客死によって未完のままに終わったという事情を斟酌するならば致し方ないかもしれない。しかし、彼が「人間が生きているという事実に対する条件提示」をする上で、〈自然〉概念を従来採り続けてきた理論的な立場を事実上全面的に否定する危険を冒してまでも取り入れようとした、その姿勢を看過するわけにはいかない。

「L→A」に付された「自然の理解可能性」は、第三章で論究した「テリック・システム」の意義を想起すると容易に解釈できよう。それはカントの先験的哲学に依拠し対象側に〈普遍性の保証〉を求めるための理論装置であった。そのことを踏まえるならば、「L→A」は「物理的・化学的システム」を意味する物質的自然側すなわち対象側に〈普遍性の保証〉を求めていることに他ならないことが判明する。

他方「A→L」に付された「自然の秩序化」に関しては、同じく第二章でみたヘンダーソンの生物学理論を再度考慮する必要がある。パーソンズが大いに示唆を受けたヘンダーソンの『自然の秩序』における主張はこうだった。酸素、水素、炭素という基本三元素から成る化合物では人為的に説明不可能な自然現象が確かに存在し、そこで保たれている秩序は最終的に「目的論的秩序」としかいいようのないものである、と。このヘンダーソンの生物学理論に依拠して「A→L」を解釈するならば、パーソンズは〈自然〉の「秩序化」を「テリック・システム」という一つのシステムの機能・特性として求めていたことになる。

ここで再度「人間の条件パラダイム」で提示された認識論を振り返ってみよう。「われわれが人間の知識の客体として構築するものは物自体ではなく、人間によってなされる物自体とは同一視されない要素の組み合わせなのである」(21)。パーソンズはカントの認識論から、人間の知識が究極的には自らの認識だけによって入手可能・構築可能であるという論理を確実に受け継いでいた。この論理を踏まえ、かつ「テリック・システム」を根拠として、パーソンズは〈自然〉の解釈を試みた。「本質的に、人間によって知られるようになった自然は、『外側にある』外的世界の一部分というよりはむしろ、重要な意味において、行為システムの一部分となっている。つまりわたしが示唆したいのは、自然は実際外側に存在するのだけれども、その〔自然の〕知識が行為の内的環境の一部分となることで、そうした〔自然の〕位置にまさに重要な含蓄がもたらされる、ということである」(22)。先の文言も踏まえて解釈するならば、パーソンズにおいて、〈自然〉が人間の「行為システム」にとって内側に存在すべきものなのか外側に存在すべきものなのかは、人間が決定する。したがって、人間中心的な見地に立脚する「人間の条件パラダイム」において〈自然〉は「行為システム」に包摂されうる。それゆえ、パーソンズにとって「自然の知識」はエミール・デュルケムのいう「社会的事実」が本質的にもつ意味とほとんど同義となった(23)。パーソンズの主張を汲むならば、人間の外側にある客体・事実を人間が「社会的」であると認識・判断するからこそ「社会的事実」となる。この意味において、パーソンズが、ルネ・デカルトの伝統を受け継ぐデュルケムこそが主観的立場を環境に賦与した初めての人であると断言したことも頷けよう(24)。以上パーソンズが述べるように、人為的に構築されうる〈自然〉という知識が「行為システム」に包摂されるためには「意味」が必要不可欠となる。パーソンズが踏襲したヴェーバーも〈自然〉という「外界」に対し次のように述べていた。「……行為は、理解科学にとってきわめて本質的な部分において、それ自体意味のない『外界』と――自然の事物や事象と――意味をもって関係している」[25]。ヴェーバーがこの文言でいう意味は「主観的に考えられた意味」であることはいうまでもない。それゆえ〈自然〉は人間行為に包摂された。パーソンズはヴェーバーのこの論理も「人間の条件パラダイム」において確実に反映していた。以上のパーソンズにおける認識論と〈自然〉概念の解釈を踏まえるならば、〈自然〉は人間個々の行為を介在させることによって説明可能となる。すなわち、行為論によって〈自然〉が説明可能となることが判明する。

しかしながら、ここにおいて、先に考察したヘンダーソンの論理に依拠したパーソンズの「自然の秩序化」という論理が破綻を来すことが直ちに明らかになる。パーソンズは「テリック・システム」を挿入することで、〈自然〉という「秩序」を明らかに「行為システム」外から導入していた。この解決方法は社会システム論的発想にもとづいている。パーソンズはヘンダーソンの目的論的秩序に大いに影響を受けて「人間の条件パラダイム」にその論理を取り入れたことは先にも述べた通りである。ここでもう一歩踏み込んでパーソンズがヘンダーソンに魅了された理由を考えてみるならば、それは人為的に説明不可能な自然現象が存在するという事実の存在を知らされたからであろう。パーソンズはヘンダーソンによって、個々の人間行為から導出される「意味」によっては到達不可能な〈自然〉が紛れもなく存在することを示唆されたのである。ここにおいて、〈自然〉というものが、人為的かつ機械論的方法によっては把握され得ない可能性が高いと多少なりとも懸念していたパーソンズの姿がいやが上にも浮上してくる。そこでパーソンズは「テリック・システム」によって対象側に〈普遍性の保証〉を与えるべく、「自然の秩序化」を社会システムの一つの機能・特性として求めたと考えることが妥当である。しかしながら、このような錯綜した決断を平然と下してしまったパーソンズの論理は、それまで自らが提唱してきた行為論と社会システム論が矛盾することを事実上肯定していることになる。

パーソンズが「人間の条件パラダイム」において予期することなく露呈してしまった行為論と社会システム論の矛盾の淵源はどこにあるのか。それを探るのに格好の材料がパーソンズの文言の中にある。第二章第三節冒頭で言及した「連結者」がそれである。

パーソンズは、カントの「先験的」という言葉が人間の経験的知識を概念化するために用いられており、それを踏まえると人間は外界から知識を獲得する場合、自らの感覚データと外界の知識を繋ぐ仲介的存在、すなわち「連結者」にならざるを得ないと述べていた(26)。ここでパーソンズの社会学理論を『構造』を始点にして考えるならば、「秩序（行為論）」「行為者（社会システム論）」「連結者（認識論）」という順に理論化がなされていったことがわかる。「秩序」「行為者」は、行為論で主たる理論目的とした「秩序」問題を補完・解決するために、社会システム論では行為者の目的・手段・動機の類型化・定式化が論究されていったとする昨今のパーソンズ研究をも反映させている。

そもそも第一番目の「秩序」に論究する際、パーソンズは主意主義的行為論にもとづいていた。その理論的根底に、「行為者」が「認識者」であり科学的な認識を行なう「理性的な人間」であるという暗黙の前提があったとすることに異論はなかろう。このことは、第三章第一節において考察したロックを始点とした啓蒙思想によってすでに述べられていたことからもわかる。しかし、パーソンズはそうした前提を第一に考慮することも、行為論を立論する上で起こるべき諸問題に一切論及することもなく、いきなり「秩序」問題を理論化しようと試みた。

つまり結果においていえることは、本来的にパーソンズの理論は「連結者」「行為者」「秩序」の順で書かれ理論化されるべきであったということである。元来はその順番で確実に要素を積み重ね、ピラミッド状に理論体系化されていくべきだったのである。ところが、残念なことにパーソンズの社会学理論は、本質的な部分で不可欠とされる根本条件に向かって逆ピラミッド状に体系化されていった。それゆえ、第三番目に登場してきた、秩序問題と行為論の大前提となるべき「連結者」がすでに確立されていた行為論や社会システム論の理論的枠組みの中で処理されざるを得なくなったのである。したがって、最終的に「連結者」が根拠とする「認識論」が最も色濃く反映されている「テリック・システム」自体にも、行為論と社会システム論の破綻を露呈する結果を招来することになってしまった。そもそも人間によってなされる「理解」の非万能性を知らしめるのが〈自然〉なのであった。そうであるならば、〈自然〉の「秩序化」という機能を「テリック・システム」に賦与することは、パーソンズが行為論と社会システム論の整合性を図ることを欲するのであれば最もしてはならないことであった。

以上の考察から、「人間の条件パラダイム」における〈自然〉概念の解釈は、パーソンズによる行為論と社会システム論の矛盾の最たる象徴であり、自家撞着の集大成でもあったのである。

三　『社会体系論』と〈自然〉概念

持説の行為論と社会システム論が予期せず破綻したとはいえ、パーソンズが最終的に「人間の条件パラダイム」中で〈自然〉概念に払った関心は高かったとすることに異論はなかろう。しかしそうであればなおのこと、パーソンズが『構造』以降、〈自然〉概念を行為論や社会システム論を立論する上で、予め考慮すべき要素として積極的に取り込もうとはしなかった理由を明確にしておく必要がある。

パーソンズによる社会学理論と〈自然〉概念との突き合わせを試みる場合、私たちは彼が『社会体系論』において次のように述べた箇所を端緒にして考察を始めるべきである。この部分は、論及されている内容が本筋から離れているために、うかつに見過ごされてしまいがちである。

パーソンズは、社会システムの変動要因として「生物学的変数」や「自然環境的変数」は考慮の対象外にあるとし、それらを「非行為変数（non-action variables）」と見なした[27]。しかし、その直後に彼は以下のように説明を加えている。「まったく明らかなことだが、行為理論の見地に立った社会システムの分析が、根本的に間違っているか、さもなくば〔その社会システムの分析が〕経験とは何の関連性ももたないような純粋に随伴的なものでない限り、生物学的変数や自然環境的変数によって排他的に定式化された社会過程の理論は、経験的に満足のいくものとはならないだろう。だから、この事実によって、それらの変数〔生物学的変数、自然環境的変数〕の重要性を見落としてはならない。特に人口という分野は、行為理論や人間有機体の遺伝的構成やその〔人間有機体の遺伝的〕構成の変動とその変動分布が、行為の見地に立って定式化された社会システムの過程との相互依存によって把握される分野として、疑いもなく非常に重要である。ほぼ同様に、人文地理学の分野も、社会的行為と自然環境との相互依存を定式化するためには重要な分野であると考えられるであろう[28]」。

この文言の前後におけるパーソンズの論調の歯切れはとても悪い。その上、なぜ「生物学的変数」および「自然環境的変数」が社会システム変動要因の対象外となるのかも判然としない。唯一確かなことは、パーソンズが、「遺伝」「自然環境」「人口」は重要ではあるものの行為論を基盤とした社会システムの主たる変動原因にはなり得ないと見なし、これらの変数を考慮に入れることなく社会システムの一般的な特性やその過程を論じることができると断言していた、ということである。パーソンズは「遺伝」「自然環境」「人口」が行為論によって解決しうる対象であると見なしていた。こうした考慮すべき要因の重要性を見損なったパーソンズの問題解決方法は、非難されても仕方のないものである。しかし、パーソンズが採った方策は彼自身によるオリジナルな創案ではなく、すでに近代社会全体に蔓延していた近代人の近代性すなわち合理性に対する奢りともいうべき態度を反映したものであった。このように辛辣な表現にならざるを得ない重大な問題に関しては第三部以下で綿密に検討を重ねていくので、現段階ではそう指摘するだけに止めておこう。

さらに先の文言において注視すべきこととして、『構造』以来、社会システム論の中で「遺伝」「自然環境」「人口」といった生物学的見地に立脚することを必要とされる概念は理論化されることがなかったが、パーソンズ自身はそれら概念の重要性を確かに認識していたという事実がある。しかし、彼は生物学的概念の重要性は認識しつつも、自らの社会学理論に積極的に取り込むことをしなかった。そして、「人間の条件パラダイム」に至るまで、パーソンズのこの取りこぼした問題に対する苦悩が続いていく。

先述した通り、パーソンズは『構造』において、生物学的見地に立つ要素への論及なくしては構築することのできない理論を堅持していたスペンサーを強く批判していた。しかし、その理論的姿勢と先の文言は矛盾しかねない。こうしたパーソンズの立場を十全に解明するには、以下の三点から考察をする必要があろう。(一)パーソンズは、スペンサーの主張するところをまったく理解することができなかったのか。(二)

パーソンズは持論を防御するために、スペンサーの意図するところを認識していながらも切り捨てたのか。㈢パーソンズは持論を展開するにあたって、スペンサーの理論を必然的に切り捨てたのか——である。しかしながら、㈠、㈡、㈢はいずれもスペンサーの論理を考察することなく、パーソンズの意見だけを論拠にして判断を下すことはできない観点である。というのも、『構造』においてパーソンズがスペンサーを批判した部分は、例えばスペンサーとジョン・スチュアート・ミルの同時代診断を比較・検討することで浮上してくる西欧近代社会の特質にも密接に関連しており、決して即断が許されない重大な問題が内包されているからである。そこで、少なからず不満が残ることは否めないが、現段階では上記の三点にわたる検討点を列挙するにとどめ、その最終的な検討および判断は第八章で行なうことにしたい。

したがって、ここでは上記㈡と㈢において、パーソンズが「持論を防御するために」もしくは「持論を展開するために」スペンサーの論理を切り捨てた、とする部分にだけ注目して行論を進めていくことにしよう。いずれにせよ、この部分に注目する限り、パーソンズが『構造』と『社会体系論』を経て、最終的に「人間の条件パラダイム」において「遺伝」「自然環境」「人口」すべてを組み込んだ社会システム論にたどりついたことに変わりはない。再度図1を参照してみるならば、「遺伝」「人口」はそれぞれ「G」領域すなわち「人間有機体システム」の「G-l」「G-i」に、「環境」は「A」領域すなわち「物理的・化学的システム」全体に、「自然」は前節で考察した通り「テリック・システム」と「物理的・化学的システム」との相互作用「L→A」「A→L」において、不完全ながらも理論化されていた。ここにおいて、私たちは生物学的見地への論及如何を端緒として、究極的には観察者（社会学者）の立場が問われるパーソンズの理論上の立場を次の三つに類型化——㈠行為論を基盤とした立場（『構造』）、㈡社会システム論を基盤とした立場（『社会体系論』『経済と社会』他）、㈢「人間の条件パラダイム」を基盤とした立場――することができる。(29)

㈠におけるパーソンズの理論的立場は、行為の主導性を全面的に行為者におくことにもとづいている。それゆえ、行為者と観察者（社会学者）の差別化は本質的には必要なかった。その論拠として、パーソンズはヴェーバーの論理を踏襲し、行為者と観察者（社会学者）がともに理性的であればそれが可能であると見なしていたことが挙げられる。第三章における議論を踏まえるならば、両者ともに価値合理的であればその可能性は完全に満たされる。

㈡におけるパーソンズの理論的立場は、行為者の目的、手段、状況、動機を考慮してはいるが、行為者の意志とは無関係にA、G、I、L、四つの機能を賦与する観察者（社会学者）の立場にもとづいている。㈠とは異なり、この立場においてもはや観察者（社会学者）は行為者の側には存在していない。このことは、行為者自身が、自分の行為がA、G、I、Lどの機能を果たしているのかと考えながら行動しないことからも明らかであろう。その行為の機能は、結果的に観察者（社会学者）によって求められ、賦与されるものなのである。ここにおいて、個々人の行為から成るシステムと観察者（社会学者）の間には、〈観察者の要請〉が必然的に介在していることがわかる。その証拠は、第二章の註(34)でも付記したように、『行為理論作業論文集』以来「観察者の視点」をあえて「行為システム」（「I」領域）の中に設置したところにも看て取ることができる。パーソンズによれば、その「観察者の視点」は、第三章第六節で論及したように、行為にもとづく自らの社会学理論を科学と見なすための理論装置であった。逆にいうならば、パーソンズ自身、社会システム論においては「観察者の視点」が不可避的に必要とされる、と暗黙のうちに肯定していたのである。

㈢におけるパーソンズの理論的立場は、人間の行為に還元不可能な、人間存在にとって重要性の高い生物学的知見を社会システム論へ導入しようとする立場にもとづいている。この㈢の立場を採るために、パーソンズはヴェーバーの論理に依拠して議論を展開するあまり、㈠、㈡それぞれが成立するための代償を払わされ、両者の破綻を招来したことは前節で考察した通りである。㈢のパーソンズの理論的立場は、㈠、㈡の両者を包摂しようとするあまり混迷したものであると判断せざるを得ない。

特に㈡で明らかになった社会システム論における〈観察者の要請〉を裏づけるものが、㈠の行為論にもとづく立場において根本的に必要とされた「価値合理性」への信奉であることはいうまでもない。行為者と観察者がともに価値合理的である限り、観察者が行為者の合理的行為に対する判断を誤ることはないからである。観察者によって求められる行為者の特性は、啓蒙思想以来確信されてきたように、究極的には理性的かつ合理的であるということがわかる。当然のことながら、観察者自身が理性的かつ合理的なのである。このことは、第三章以来、折りに触れて言及してきた。すなわち、社会システムとは、理性的な観察者が、理性的な行為者の合理的行為を判断し、合理的に構成されたものを指すのである。ただし、パーソンズがヴェーバーの「価値合理性」を十全に理解していたならば、それが〈観察者の要請〉を裏づけるものとなるはずがなかったことは、第三章第六節において論及した通りである。

上記三類型を踏まえて、先に考察したパーソンズが『社会体系論』で「遺伝」「自然環境」といった生物学的見地に立つことを必要とされる要素を重要と見なしながらも、排除しようとした理由を探ってみよう。㈠の行為論を基盤とした立場では、「遺伝」「自然環境」といった生物学的変数が介入する余地はない。というのも、行為の主動が行為者自身にある限り、行為者がその特性として保持しているはずの「遺伝」や行為者のおかれている「自然環境」が、目的－手段図式や価値にもとづく合理的な行為に直接反映されることはないからである。それら変数の存在を知らしめるためには、行為者以外の第三者が必要であった。

ところが㈡の社会システム論を基盤とした立場ではその状況が一転する。なぜならば、行為者の側から抜け出した観察者（社会学者）の存在が、行為システムの内生変数だけではなく、外生変数をも客観的に観察することを事実上可能にしたからである。しかしパーソンズはその可能性をすべて自らの社会システム論には与えなかった。彼は生物学的見地に立つ社会システムの外生変数を完全に削除した。なぜか。それは、㈠において徹底させた合理性にもとづく行為論を堅持したまま、〈観察者の要請〉を基礎とする社会システム論に移行させるためだったからである。つまりパーソンズは、主意主義的行為論においてその理論上介入する余地のなかった生物学的変数を社会システム論にあえて導入し、社会システムが破綻しかねない状況を必然的に生み出すことを回避したかった。そうでなければ、社会システムの変動原因を探究している文脈において、「生物学的変数」「自然環境的変数」の重要性を認めながらも、最終的には削除するという論理の説明がつかないからである。しかしながら、これら変数の客観的観察をも事実上可能にしてしまったのが、パーソンズ自らが肯定した〈観察者の要請〉を土台とする社会システム論であったことは実に皮肉なことであった。したがって、先に保留しておいた問題――パーソンズが「持論を防御するために」もしくは「持論を展開するために」、スペンサーの生物学的見地にもとづく論理を切り捨てたのか――は、いずれかを選択しなければならないのであれば、前者「持論を防御するために」が適切となる。

四　〈生物学的人間〉から〈行為論的人間〉への離脱

上記三類型の㈠、㈡を理論的に支える人間は、パーソンズという観察者（社会学者）によって〈記述されることで理論化・概念化された社会〉すなわち社会システムの中で生きる人間である。この人間は、行為をする上で理性的・合理的であることが要求され、その特性を賦与されることによって、観察者（社会学者）にその行為を的確に判断させ、個々の行為から成る行為システムを合理的に構想させることを可能にする。さらにこの人間は、生物学的見地に立つ一切の要素からも切り離されている。以上のような特性をもつ人間は、いわば〈行為論的人間〉である。

しかし社会学が成立して以来、人間はこのような概念上の特性を賦与される存在としてだけ問われてきたのではなかった。これに対する人間の存在は、奇しくもパーソンズが『構造』の中で最大級の批判をしたスペンサーが展開した持論の中で提示されている。〈生物学的人間〉がそれである。この〈生物学的人間〉の特性およびこの人間を成立させる〈法則観〉については、第三部の考察を経て最終的に結論において詳述するが、その最たる特性の一つに〈合理性を自然の側に賦与する〉というものがある。この〈生物学的人間〉は、これまで考察してきたように、〈合理性を人間の側に賦与する〉特性を保持する〈行為論的人間〉とは決定的に異なる人間であり、両者は決して相容れることはない。

パーソンズの理論的立場を示す三類型の㈢にあるように、一転して彼は㈠、㈡で最終的に持論を防御するために、論理上削除してきた生物学的変数に取り組もうと積極的に試みた。では、その「人間の条件パラダイム」において〈行為論的人間〉は〈生物学的人間〉に変容したのであろうか。

この疑問への論及は、第二章第二節で触れたリッツ兄弟のパーソンズへの進言を端緒にして行なうのがいいだろう。「人間の条件パラダイム」の「G」領域の名称に関し、『社会類型――進化と比較』においてパーソンズは使用していた「行動有機体」という呼称ではなく別のものに改変すべきであるとの指摘を、パーソンズはリッツ兄弟から受けた。パーソンズいわく、彼らの論拠は、㈠分析カテゴリーとしての有機体はもっぱら行為システムから排除されるべきであり、㈡行為システムの中で本質的に取り扱われるべきなのは認識論的な象徴の組織化である、との二点であった[30]。しかし、パーソンズ自身の論理と彼が参照したリッツ兄弟のジャン・ピアジェ研究とを突き合わせてみると、少なからぬ隔たりがあることがわかる。リッツ兄弟が、ピアジェはその心理学において、一貫して認識論を根底におき人間の知性を重点的に論究していたと考察していたのに対し、パーソンズはピアジェに依拠した行為システムでは、人間の生物学的な側面と認識論的な側面とが混在していると考えていた[31]。彼らがパーソンズに対して特に主張したのは、上記㈡の論点であった。リッツ兄弟は上記㈠と㈡のいずれの立場を採るべきかをパーソンズに対して提言したのであり、両者の立場を盛り込んだ理論を構築すべきだと述べたのではなかった。リッツ兄弟は、〈認識的な人間〉と〈有機的な人間〉とは相容れないと主張していたのである。

しかし、パーソンズは、リッツ兄弟が端的にいうならば人間を〈認識的な人間〉と〈有機的な人間〉の二種類に分別しうる、と主張していると受け取った。その結果、パーソンズは〈認識的な人間〉にもとづいて〈有機的な人間〉を判断することが可能な理論図式を構想した。

具体的にはこうである。図1を参照してほしい。リッツ兄弟の進言に従い、パーソンズは「I」領域の「行為システム」から人間の生物学的側面を削ぎ落とし、それらをすべて「A」領域の「人間有機体システム」の中に取り込んだ。そこには「G-1：遺伝的遺産」「G-i：子孫を繁栄する人口」という生物学的種としての人間の側面を強調する要素があることが看て取れる。これらはパーソンズが『構造』以来、理論化してこなかった生物学的見地に立つことを必要とされる変数であることはいうまでもない。ところが、実際のところ、パーソンズがリッツ兄弟の意見を反映させて理論化した箇所は以上の部分だけにとどまらなかった。もはやこのことは「人間の条件パラダイム」を深く考察してきた私たちには明白であろう。「L」領域の「テリック・システム」の存在も、カントの認識論を基盤にして構想されていたことからするならば、〈認識的な人間〉に必要なシステムである。他方、「G」領域の「物理的・化学的システム」は〈有機的な人間〉が生存するために不可欠な要素が列挙されているシステムであり、〈認識的な人間〉という一定の特性が賦与された人間を概念上成り立たせるには不必要なシステムである。

ここにおいて、「人間の条件パラダイム」は「L」「I」領域、「A」「G」領域をひとくくりの組み合わせとし、図1の中央部分に水平直線一本を引くと、リッツ兄弟の進言を受けてパーソンズが苦心の上理論化した〈認識的な人間〉と〈有機的な人間〉の姿が浮上してくる。すなわち、上部の「L」「I」領域が前者であり、「A」「G」領域が後者である。ここで一つの結論を下さざるを得ない。〈認識的な人間〉と〈有機的な人間〉との切り離しが可能であるとする限り、たとえ生物学的見地に立つ変数を社会システム内に盛り込んでいたとしても、「人間の条件パラダイム」は〈行為論的人間〉にしか言及することはできない、と。なぜならば、〈認識的な人間〉の存在性を認めうるのは、〈合理性を人間の側に賦与する〉特性をもつ人間だけだからである。

一点注目しておくべきことは、こうした〈認識的な人間〉が人間の認識した概念モデルに合わせて社会システムを構築すると、その社会システムは人工物にしかなりえなくなるということである。逆にいうならば、社会システムが人工物にしかなりえない原因はそこに起因している。このことは、以下第五章でルーマンの社会システム論にもとづいてさらに展開しよう。

理性的であるべきパーソンズが最終的に到達した、この奇妙な人間像の淵源がどこにあるかはもはや明白である。それは以下の三点に求められる。第一点は、行為論において、人間（観察者・行為者）の合理性に全面的に依拠した理論化を行なったことである。第二点は、社会システム論において、行為論を防御するためにシステム外生変数（生物学的変数）を考慮すべき変数から削除したことである。第三点は、社会システム論を成立させるために不可避的に〈観察者の要請〉を許容したことである。逆にいうならば、パーソンズが提示した行為論を基盤にした社会システム論成立のための最低必要条件は、合理的な人間、システム外生変数の削除、〈観察者の要請〉の不可避的な許容、となる。

この最低必要条件を検討するだけでも、パーソンズの社会学理論がきわめて危うい前提条件の上に成立していることがわかる。つまるところ以上の議論を踏まえるならば、人間（観察者・社会学者）の認識上、人間が〈自然〉の中に合理性を求めた〈生物学的人間〉から人間自身の中に合理性を求めた〈行為論的人間〉への離脱が行なわれない限り、合理的な人間行為によってのみ成り立つ社会システムの均衡はありえない。一度〈行為論的人間〉によって成立した社会システムが、生物学的変数を取り込んで理論化が図られたとしても、元来の〈行為論的人間〉を成り立たせている大前提を覆さない限り、〈生物学的人間〉への回帰は不可能なのである。それゆえ、第二部冒頭で考察した「人間の条件パラダイム」がスペンサーの「総合哲学体系」を髣髴させる生物学的見地を盛り込んだ理論であると批評するターナーの見解は、深読みするならばパーソンズに対する二重の皮肉が込められていたと考えられる。ひとつは、『構造』でスペンサーを切り捨てたパーソンズが、結局はスペンサーと同じ悩みを抱えて社会学理論を構築しようと試みたことへの批判。もうひとつは、理論的な体裁を整えようとも、パーソンズの論理ではスペンサーの論理に追従することは不可能であることの示唆。短い文章ながらもターナーの「人間の条件パラダイム」に対する批評が最も鋭いものであった。

しかしながら、〈生物学的人間〉から〈行為論的人間〉への確たる離脱を図り、理論化を構築していたのはパーソンズだけではない。近代社会そのものが、人間をこの二種に切り離したところに成立していたからである。彼の先達——たとえばデカルト——がすでにそのことを試みていたことは第七章でみる。第三部で検討を加えるスペンサーは、〈生物学的人間〉と〈行為論的人間〉を併存させ、さらにそれを前提としている論理では、本来在るべき人間の生存状態を本質的には映し得ないと強く主張していた。

高城によれば、「人間の条件パラダイム」には「社会諸科学から哲学・神学、さらには自然諸科学をふくむ全領域にまたがる理論図式を提示しようとする、いわば『ルネッサンス的人間』が登場している。」[32]いうまでもなく、学際的な領域を一手に包摂したパラダイムを提示した社会学者パーソンズ自身こそが「ルネッサンス的人間」なのである。しかし以上の考察からもわかる通り、パーソンズが「人間の条件パラダイム」において理論化した人間は、パラダイムそのものを成立させるための特性だけを賦与された、張り子のような人間であった。だからこそ、このような空洞化した人間に外から魂を吹き込む「deus ex machina」が必要になる。それが、以下の第五節で扱う神、すなわち「テリック・システム」であった。

五　〈知ること〉と〈信じること〉

以上のような「人間の条件パラダイム」に関する詳細な俯瞰図を手にしたとき、私たちは次なる問題提起をせずにはいられない。パーソンズがこのパラダイムを着想する必要はどこにあったのか、と。

これまでの考察を振り返ってみるならば、「人間の条件パラダイム」はパーソンズが社会システム論的発想に立って、人間が生きているという事実に対する条件提示をし、人間の存在性すべてを把握しようと試みた苦肉の理論であった。彼は可能な限りの条件をこの理論の中に入れ込んだ。しかし、本質的にパーソンズの苦闘は、その無数とも思われる条件を有限化・理論化してパラダイム内に収めることに対しては繰り広げられなかった。パーソンズが何よりも心を砕いたのは、自らが提唱した主意主義的行為論を踏まえた「人間の条件パラダイム」という社会システム論の確立であると同時に、その理論における科学性の追求であった。彼が構想した社会学理論は社会科学の一翼を担うものでなければならなかった。そのために、パーソンズが一見奇怪とも受け取られかねない「テリック・システム」を敷設し、対象側に〈普遍性の保証〉をおくための理論装置としていたことは、これまでの考察で明らかになった通りである。

パーソンズによる「人間の条件パラダイム」着想の必要性が問われるとき、やはりその「テリック・システム」を切り離して考えるわけにはいかない。というのも、いかに未完成であるとはいえ、「テリック・システム」は「人間の条件パラダイム」において初登場した一システムであるだけではなく、人間によって追求される科学の根源の深遠性をも示唆するシステムだったからである。

科学とは人間が〈知ること〉である。古来キリスト教圏において、人間が宇宙(自然)を〈知る〉ためには必ず神という創造者が必要とされた。人間が追求しようとする宇宙(自然)は、神こそが目的をもって創造したものであり、例えば自然界における因果関係や自然界のもつ合目的性などを、神の存在なくして人間が〈知ること〉はできないとされた[33]。人間は宇宙(自然)における法則性を、信仰すなわち〈信じること〉によって認識することしかできなかった。信仰と知識の架橋の役割を果たすのが、神という創造者であったのである。目的と創造者との関係については、以下第七章においてさらなる論究を行なうので、ここでは割愛する。

しかし、そうした信仰と知識の関係は、一七世紀半ば以降に台頭してきたデカルトやデカルト学派の論理によって一転することになる。人間は神という創造者を介在させるのではなく、法則や認識を神の代替として介在させることによって、宇宙(自然)との新たな関係を築き上げようとした。換言するならば、近代科学はこの関係の構築こそを、比較的容易に達成可能な当面の目標と考えていたともいえる。デカルトが人間を「自動機械」と見なし、宇宙(自然)を物体とその運動から機械的に解明可能であるとすることによって、いわゆる経験科学の分野を構築することに邁進していったのはその一例である。

ここで第三章第二節において保留にしておいた問題提起を検討することにしよう。それは、パーソンズがカントに言及して述べた「メタ‐世界」に関する文言の解釈であった。そもそもこの問題は、「テリック・システム」がカント認識論の深層部分に潜在する「メタ‐現実の存在」に依拠したものであると、パーソンズが述べていたことに端を発していた。[34] 第三章第二節の考察でわかったことは、その「メタ‐世界」とはカントの認識論を踏まえるならば、人間を取り巻く世界を把握するために、人間の理性（悟性）が働く世界を意味するということであった。そこでパーソンズは次のように述べていた。「それゆえ、われわれは以下の双方を主張したい。すなわち、このメタ‐世界という前提は明らかに宗教と関連させておかれるべきであり、またその試みは一連の理論的作業の中で〔メタ‐世界に〕適切かつ特別な内容を与えるためにこそなされるべきである、と」。[35] この前半部分で述べられている〈科学における人間の認識と宗教（神）との密な関連性〉は、新カント派の論理をある意味で知らしめる主張でもあった。この文言から導出される二通りの解釈が、保留にしていた問題提起である。

前述した、宗教（信仰）に注目して人間の論理的思考作業の過程を考慮するならば、先のパーソンズの文言は以下のように二つの解釈をする余地があった。第一の解釈は、私（社会学者パーソンズ）は神である。第二の解釈は、人間は信仰によって無限に創造主としての神に近づくことが可能である――と。

第一の解釈が示す通り、「人間の条件パラダイム」中で、人間が生きている条件提示を行なったパーソンズの理論的態度は、ある意味では非常に傲慢とも言えるものであり、パーソンズ自身が創造主に成り代わって世界を構築しているかのように見える可能性が皆無というわけではない。しかし、もしそのようにパーソンズが神であるならば、わざわざ紙幅を割いて認識論の再構築を現代社会学に訴える必要はどこにもないはずである。ましてやその行為は、持説の行為論と社会システム論の事実上の破綻を肯定するものとも受け取られかねないものであった。それゆえ、第一の解釈は論拠が希薄であり、恣意的に陥る可能性も高いということから棄却される。

したがって、第二の解釈を採ることが妥当である。この解釈は、先に論及した一七世紀半ばまでキリスト教徒である西洋人によって受け入れられていた生活（信仰）態度を考慮すると、理解しやすくなる。パーソンズは「人間の条件パラダイム」に科学性を賦与するべく、対象側に〈普遍性の保証〉を求めるために「テリック・システム」を創設した。パーソンズにおいてその「テリック・システム」は、まさに神という創造者の代替物――究極的には創造者の目的を示唆するもの――だったのである。それゆえ、人間は「テリック・システム」を介在して〈知ること〉ができる。図1において「L→I」に「恩寵」、「I→L」に「信仰」とおかれていた意味もこれで解明できよう。これらは、人間が〈信じること〉によって〈知ること〉の前提を賦与されうると示唆していたのである。それゆえ、人間は信仰によって無限に創造主としての神に近づくことが可能となる。人間は限りなく神の創造性と同等の科学的な認識をもつことが可能となり、世界を構築することができる。この意味において、パーソンズと新カント派の論理はほぼ一致していることがわかる。しかし、両者の〈科学における人間の認識と宗教（神）との密な関連性〉に対する理論上の方針に差異がみられることはいうまでもないだろう。以上のことを主張するためにこそ、パーソンズは時計の針を三世紀も逆回しして認識論を自らの社会システム論の中に再構築し、「人間の条件パラダイム」を着想したのである。

パーソンズは「人間の条件パラダイム」において、人間が〈知ること〉を〈信じること〉に託していた。パーソンズが採ったこの最終的な手段が意味することは、私たちには明白であろう。それは二点ある。第一点は、もはや〈信じる〉という形態を採らざるを得ないとの事実上の宣言は、「人間の条件パラダイム」が行為論と社会システム論の矛盾に何も答えることはできないとの表明に他ならないということである。つまりパーソンズが最終的に判断した自らの行為論と社会システム論の決着は、完全に〈自由な個人〉では社会秩序はありえないというものであったことになる。第二点は、人間はたとえ〈信じること〉で得られる科学的な認識によっても、世界を構築することは可能とはならないということである。人間が主体となり、その知的な構想力によって構築されたはずの「人間の条件パラダイム」も、前節で考察した通り、結局は人間の理論的な要請にもとづいて対象を理論化することに終始し、結果的に理論上の破綻を招来することとなった。そこで論究されていた人間が〈行為論的人間〉であったことも見落としてはならない。

本章を閉じるに際し、そもそも私たちが「人間の条件パラダイム」を注目する端緒となった、ミュンヒの評価を二点にわたって検討することにしたい。

第一に、ミュンヒは「人間の条件パラダイム」におけるカント先験的哲学の多大な浸透度を主張していた[36]。そのミュンヒのカント先験的哲学を基底においた視座は、「人間の条件パラダイム」の重要な要件である「テリック・システム」をも見据えていたことは明白である。これまでの考察によって明らかになった通り、「人間の条件パラダイム」は「テリック・システム」への言及なくしてその全体像を描写することは不可能であった。パーソンズの論理に究極的に潜在していた〈信じること〉という信念も、「テリック・システム」を端緒にしないと導出されることはなかった。この点を示唆するミュンヒの一貫した「人間の条件パラダイム」評価は、非常に有益なものである。

第二に、ミュンヒは特にカントの『純粋理性批判』が知らしめる「相互浸透」という観点に注目するならば、パーソンズ理論は一貫しており行為論と社会システム論間に何の矛盾も存在しないと主張していた。(37) しかしながら、このミュンヒの主張を、もはや私たちは条件を付さない限り容認するわけにはいかない。その論拠は、特に第四章第二、三節で展開した〈自然〉概念に着目して行なった考察において提示した通りである。この第二点目のミュンヒの主張は、カント先験的哲学からパーソンズが導出した「相互浸透」に照らす限りにおいて、という条件を付すならばきわめて狭量な範囲内で妥当性をもたせることは可能である。しかし、ここで私たちは一つの不安がよぎることを禁じえない。というのも第三章以降で詳察してきた通り、パーソンズがヴェーバーの主張した社会学の本質を十全に把握できていなかった事実を踏まえるならば、ヴェーバー以前に、ヴェーバーが社会学において提起した同様の問題を抱えていたカント（およびそこから必然的に考察する必要のあった新カント派）の論理を、パーソンズが徹底して展開していた、と結論づけるのはあまりに楽観的すぎるからである。したがって、第二点目のミュンヒの主張は不十分であると判断せざるを得ないだろう。

私たちは第二章から第四章までの議論をすべて踏まえることによって、「人間の条件パラダイム」の全体像をようやく手にすることができた。ここにおいて驚愕すべきことが一つある。それは、パーソンズがいう「人間の条件」が、究極的には「社会学者の条件」にもなりかねないということである。この事実は

「人間の条件パラダイム」に深く論究すればするほど、いやが上にも浮上してくる。自戒の意味を込めて言うならば、社会システムの均衡を追求するあまり、パーソンズが結果において展開することになった〈行為論的人間〉を暗黙のうちに受容し、その特性を基底にして理論化を行う社会学者もまたそうした人間と同一視されてしまう可能性がきわめて高いからである。

パーソンズの構築した社会システム論は、〈行為論的人間〉という人間の知的構想力によって立論されたものであった。人間の生存状態を網羅しているかのように思われた「人間の条件パラダイム」も、〈自然〉のもつ法則性をすべて「テリック・システム」に依存することによって成立する人工的なシステムであった。すなわち「人間の条件パラダイム」は、パーソンズによってシステムの秩序という目的を賦与された社会システムに他ならなかった。私たちは、このような論理的基盤の上に構築されたパーソンズの社会システム論が進化論的発想に立って理論展開されてきた、と見なすことはできない。なぜなら、進化とは人間に目的を与えられることによって生み出される現象ではなく、〈自然〉こそが主体となって生み出すものであるからである。それゆえ、パーソンズの社会システム論が〈自然〉を理論化してきたと認めることはできない。それでは、パーソンズ理論を批判継承したルーマンの社会システム論において、〈自然〉は十全に理論化されてきたのであろうか。私たちはパーソンズ社会システム論の理論的欠陥を常に念頭におきながら、第五章において詳しくこの問題を検討していくことにしよう。

第五章　社会システムという人工物(二)——ルーマン理論を基軸に

一　ルーマンにおける「境界」

第二章から第四章において、私たちはパーソンズによる「人間の条件パラダイム」を詳細に検討し、最終的に彼が人間の存立条件をいかなる方法で完成させようとしていたのかを把握した。また「人間の条件パラダイム」こそが、パーソンズ社会学理論の事実上の到達点であったことも確認した。ところで、そうしたパーソンズの行為論と社会システム論の集大成は、それ以降に立論された社会システム論においてどのように継承されていったのであろうか。ここでいう「継承」は、「人間の条件パラダイム」への直接的な論及の存否を問わない。というのも、パーソンズ以降の社会システム論が、批判または継承いずれの形態を採ろうとも、なんらかの形においてパーソンズ理論を通過することなく構築されることは不可能だったからである。(1)この意味で、パーソンズ以降の社会システム論が「人間の条件パラダイム」を全面的に看過したとは考え難い。たとえその結果、それらが全くの「無視」という理論的立場を採ったとしても。

本章では、パーソンズ以降に「……行為システム理論としてのパーソンズ理論の問題性と課題性とを、その批判者のだれよりも鋭く受けとめ、そこから出発し、パーソンズを乗り越えることをめざしていた」[2]と解釈されるルーマンに注目し、彼の構築した社会システム論をパーソンズ理論が抱えていた問題点に照らしつつ考察する。[3] 本章の目的は、パーソンズおよびルーマンの提起した社会システム論の検討を通し、〈自然〉を理論化する上でそれらが抱えている問題性を浮き彫りにすることにある。

ルーマンが一九六〇年代後半以来、精力的に著作を世に送り出してきたことは誰もが知るところであろう。主要な著作だけでも二〇冊を優に越えている。[4] 故人となった今、彼の社会システム論は大著『社会システム理論』において完成したと言うことができる。そこで、本書ではルーマンの社会システム論に言及するにあたって、主として『社会システム理論』および『社会システム理論の視座』（『社会構造とゼマンティーク（*Gesellschaftsstruktur und Semantik*）』の一部）に注目し、議論を展開することにする。特に後者の著作は見逃すことができない。というのも、そこには後に『社会システム理論』として結実する論理のエッセンスが凝縮されているからである。

ルーマンの提唱した社会システム論を、その中核と考えられる「境界」「意味」という二点を起点にして考察していくことにしよう。

「システムは、……その環境がなければ存立しうるはずがない。それぞれのシステムは、その環境に対する差異を生み出し、その差異を維持することをとおして自らを形成し、維持している」。[5] ルーマンの主張するシステムが存立可能となるためには、第一に「境界」が不可欠である。「境界」が存在することによってはじめて、システムはシステムと環境とを区別することができる。ルーマンは、システムのこの特性を「システム／環境‐差異（System/Umwelt-Differenzen）[6]」と概念化している。その「境界」が設定されると同時に、システムによって行なわれるのがシステム要素の「複合性（複雑性 Komplexität）の縮減[7]」である。つまり、システムは「境界」を介し、環境との複合性の落差を前提にして成り立っている。ルーマンによれば、「……複合性の落差の問題と関係づけて考えると、境界というものは、もっぱらシステムがみずからの存立の戦略として展開しうる、こうした落差の安定化の機能とかかわっている。そうしてみると、システムからみるならば、『みずから作りだした境界』、つまり膜、皮膚、壁と門、国境警備隊、検問所などが境界として重要になる[8]」。しかし、ひとたび「境界」設定によって成立したシステムの内部は固定化されているわけではない。その内部もまた「システム分化」することによって、システム／環境‐差異が無限に繰り返される[9]。同様に、無数のシステムを包摂する環境の複合性も増大していく。ルーマンの社会システム論においては、「境界」によって区別されているだけで、システム内部だけに注目するにせよ、環境だけに注目するにせよ、システム／環境‐差異を契機にして存立を繰り返すシステムの存立状況は一貫している。

例えば、一省庁機構内部や一大学機構内部において、以上見てきたような「境界」を基軸にして構築される社会システム論は一般論として容認されうる。このことに異論はなかろう。しかしながら、ここで一つ注意を喚起しておきたい。それは、先に考察したシステムにおける「維持」「安定化」といった特性は、次のような条件がなければ付与されないということである。すなわち、「システムAは境界でくくり出すことによって自己と環境とを区別する」ということが常に正しいとするならば、そのシステムAの内部には秩序または規則が成立するという条件が存在しなければならない。この条件を〈根本条件〉と呼ぶことにしよう。この条件がない限り、システムAはたとえ存在したとしても無秩序ということになる。この〈根本条件〉に関連し、以下第三節でルーマンのエコロジーに関する論理とも合わせて検討するが、〈自然〉の中にシステムが存在するか否か、という問題を考えてみよう。例えば、第三章で論究したカントの論理では、人間の悟性（理性）がすなわち規則となりえていたことが直ちに想起される。カントにおいて、〈自然〉の中にはシステム（規則）は存在しなかった。人間こそが悟性に照らされた規則を堅持していたからである。新カント派の場合はどうか。彼らは自然法則を掲げていた以上、〈自然〉の中にシステム（規則）が存在することを明らかに容認していた。ルーマンの述べるシステムは、この問題に対してどのような解答を示していたのであろうか。このことについては、第三節において論究しよう。[10]

『社会システム理論』において、ルーマンは〈根本条件〉の存在性・必要性を一切論じていない。したがって、ルーマンの社会システム論においては「システムAは境界を引けば、無秩序ではない」という命題は既決のものと見なされていると判断できる。では、ルーマンは社会システム論においていかなる〈根本条件〉を提示していたのだろうか。

この問題を解く鍵は、ルーマンが自らの社会システム理論に導入を図った、生物学者ウンベルト・R・マトゥラーナとフランシスコ・J・ヴァレラによって提唱された「オートポイエシス」概念にある。そもそもマトゥラーナとヴァレラが「オートポイエシス」という概念を新たに設定して検証しようとしたのは、神経システムの有機構成が構成素ニューロンのネットワークからのみ解明されるということであった。[11] 神経システムが環境の影響やその他の攪乱要因によって崩壊することなく、シナプスの活動などニューロン・ネットワークの変化・連接によって維持される閉鎖系システムであると主張された。[12] この主張を裏づける一つの証拠として、彼らは次のような興味深い実験例を挙げている。[13] オタマジャクシの一方の眼の縁を視神経に注意して切り取り、それを一八〇度回転させる。もう一方の眼はそのままにしておく。やがてカエルに変態した時に、二つの実験を行なう。㈠回転させられた眼を覆い、カエルに虫を見せる。するとカエルは確実に自らの舌で獲物を捕らえる。㈡正常なままに放置しておいた眼を覆い、カエルに虫を見せる。するとカエルは虫のいる位置とはちょうど一八〇度逆方向に舌を出す。マトゥラーナとヴァレラはこの二つの実験により、カエルの神経システムが、虫の位置というカエルにとっての外界からの刺激にではなく、すでに人為的に加えられていた内的な視覚攪乱要因に従って始動すると結論づけている。すなわち、カエルの神経システムは外界には左右されず独自に機能する一つの閉鎖系と見なしうるとされた。

彼らはこうした神経システムの生体的な特性の発見を起点として、生命体独自の有機的なメカニズムを「オートポイエシス」概念から解明しようとした。閉鎖系という特質をより強調するために、生命システムは「オートポイエティック・マシン」すなわち「生命機械（living machines）」と表現されている。[14] 四点にわたる生命システムの特性が列挙されている。[15] ㈠オートポイエティック・マシンは自立的（autonomous）である。㈡オートポイエティック・マシンは個体性（individuality）をもつ。㈢オートポイエティック・マシンは単位体（unities）をなす。㈣オートポイエティック・マシンには出入力（inputs or outputs）はない。すなわち、生命システムは、自らの有機構成の維持を統制し㈠、観察者とは関わりなく同一性を保ち㈡、自己産出の過程で境界を決定し㈢、外的な攪乱を受けた場合は内的な変化を繰り返す

(四)。上記四つの特性を総括して敷衍するならば、生命体は環境からは自立した有機的メカニズムを保持している。それゆえ、生命システムは閉じていると見なされうる。マトゥラーナとヴァレラの主張の核心はそこにこそあった(16)。逆にいうならば、彼らが否定したかったことは、生命システムが物的世界の因果連鎖のみにより成立しているということ、すなわち生命システムが単なる環境の反映にすぎないということであった。

　ところで、以上考察してきた、そもそも一個の生命体という明確な範囲内で提唱されていた「オートポイエシス」という知見は、その範囲を超越してあらゆる対象に対して一般化されることは可能なのだろうか。事実、この重大な問題に関し、二人の間でも意見が割れていた(17)。マトゥラーナは「オートポイエシス」概念を社会システムにも適用可能であると見なされるような論理の展開を望み、他方ヴァレラはそれに反対した。このヴァレラの反対理由はマトゥラーナによって明確にはされていないが、おおよその見当はつく。ヴァレラは生命体を対象とした論理を、むやみに拡大解釈することはできないと主張したのだろう。例えば、非常に短い瞬間における社会システムの状態を取り出して、生命システムと酷似していると主張することは可能である。しかし、それが即、一般理論の論拠となることはありえない。それゆえ、それだけを論拠とする一般化には大いなる危険が伴うことは明白である。さらに、曖昧な一般理論を振りかざすことによって、逆に論及してきた生命体の自立性という特性の発見の信憑性も損なわれる。ヴァレラは師であるマトゥラーナに対し、そう苦言を呈したに相違ない。ヴァレラは「オートポイエシス」概念を生命体のみの特性として徹底させようとしたのだろう。

　付言するならば、先に述べたカエルの実験からわかるのは、「オートポイエシス」という特性の発見だけにとどまらない。実に重大な事実も判明する。それは、生命体には「オートポイエシス」という特性があるからこそ、逆に人間が立てた爪痕が永久に残る、ということである。というのも、もしカエルに「オートポイエシス」が備わっていなければ、カエルは外的環境に順応して虫を取ることが可能となり、眼の回転という欠点もやがては相殺されるからである。しかし、事実はそうならないことが先の実験例からも証明された。いうまでもなく、カエルが受けた片方の眼の回転という操作は、〈自然〉の中で起こることではない。それゆえ、以後カエルが個体として、または種として存続し続けるには、人間がエサを与え続けたり、回転させた眼をカエルが使えないように覆ったりする必要が不可避的に生じる。一度なんらかの形で人間が自立的な生命体に介入するや、その自立性はもはや持続的な人為的な介入なしには維持されえないのである。私たちは、このことを常に念頭においておく必要がある。この認識なくして、本書の目的である〈自然〉概念の論究はなされえないからである。この重大な事実に早くから気づいていた人に、第三部で取り上げるスペンサーがいる。彼の論理はいずれも上記の重大性を踏まえたものであった。

しかしながら、ルーマンは、マトゥラーナとヴァレラが提唱した一個体内部の局所的な生体システムの活動に関する説明原理を社会システム理論に応用して展開した。ルーマンによって摂取された「オートポイエシス」概念は、以下のように定義される「自己準拠的システム」として結実した。「あるシステムを自己準拠的システムと言い表すことができるのは、そのシステムが、そのシステムを成り立たせている諸要素をしかるべき機能を果たしている統一体としてそのシステム自体で構成しており、と同時に、こうした諸要素間のすべての諸関係が、こうしたシステムによる要素の自己構成を手がかりとして作り上げられており、したがって、こうした方法により、そのシステムはみずからの自己構成を継続的に再生産している場合である」[18]。システムは自らの構成要素および構成を独自に作り上げることができる。このシステムの作用（運動）が、先に考察した複合性の縮減であり、システム／環境‐差異であることはいうまでもない。システムは、無限に「境界」を設定していくことによって、自己を無条件に安定させ維持することが可能となる。これに関連し、ルーマンは『社会システム理論』冒頭において、「……普遍性を要求している理論は、自己準拠的な理論にほかならない」[19]と言明し、危機的状況にあると懸念される社会学的理論研究において理論と主張することができるのは、唯一自己準拠的な理論だけであると主張している。

第三章において、イギリス経験論以来の認識と科学の関係を探究してきた私たちにとって、ルーマンが「自己準拠的理論」こそが「普遍性」をもつと述べたこの文言を看過するわけにはいかない。ルーマンの「普遍性」の由来を探究する必要があるからである。しかしながら、この重大問題はルーマンの社会システム理論の最終的な結論として論究されるべき課題であり、即断が許されない問題であることは間違いない。そこで、この問題の議論は第五節以降に譲ることにしたい。私たちは、ルーマンの言明に正確に依拠して、現段階では以下のように判断することができよう。すなわち、「自己準拠的システム」こそが、ルーマンが〈根本条件〉として掲げていた最大の条件であった、と。その論拠は、社会システム論に新たに提示した「自己準拠的システム」が「普遍性」を要求する理論である、とルーマン自身が明言していたことによる。つまり、ルーマンは「オートポイエシス」が法則化されうると見なしていた、と判断することができる。いうなれば、「オートポイエシス」という能力を保持する「自己準拠的システム」概念は、ルーマンの社会システム論における生命線ともいうべきものでもあることがわかる。

さらにこの「自己準拠的システム」概念は、「相互浸透」概念によって補強されている。先に考察した通り、「境界」によって隔てられた環境内部にも無数のシステムが存在していた。視点を転じて、それらのシステムを起点にして考えるならば、「境界」内部のシステムも環境に相当することはいうまでもない。ルーマンは、諸システムが相互に環境でありながらも、一方が他方のシステムの構成要素として活用される可能性が存在することを「相互浸透」と言い表わした。[20] 敷衍するならば、システム諸要素における規定性の不安定さを指示したのが「相互浸透」であった。[21] つまり、「相互浸透」概念によって、つねにシステムは継続的な変化・変動途上にあることが提示されていたのである。それゆえ〈根本条件〉の「自己準拠的システム」を支えるべくルーマンが必要としていた概念が「相互浸透」であったことがわかる。というのも、これら二つの概念によって、ルーマンが主張しようとしていた社会システムの本質――その諸要素は固定することなく不安定でありながらも、再生産を繰り返し、無条件的に安定し、維持されている――が浮上してくるからである。ここで私たちは、ルーマンの展開する社会システムの構成要素が「コミュニケーション」[22]であることを念頭においておかねばならない。なぜ「コミュニケーション」が不安定でありながらも社会システムの秩序に貢献する要素となりうるのかは、以下で考察する「意味」の項で明らかになる。

以上の考察から、現段階では、ルーマンの社会システム論における〈根本条件〉を「自己準拠的システム」と「相互浸透」という二つの概念が満たしていると仮定しておこう。その検証はこれらが抱える問題点の考察とともに第四節で行なう。

二　ルーマンにおける「意味」

ルーマンのいう社会システムの構成要素がコミュニケーションであることは先に確認した。ルーマンによれば、「コミュニケーションは、たった一人の意識の意味内容以上のもの、つまり、複数の人びとの意識の意味内容の総合としてのみ可能なのである」[23]。ここで言及されているコミュニケーションは、「意味」が明確にならないと正確に判断することができないが、ルーマンは「意味」もコミュニケーションも、ともに明確に定義をしていない[24]。しかし、ルーマンにとって、それらの不明確さこそが社会システム論を展開する上で重要な鍵となっている。特に彼があえて「意味」を曖昧なままに放置している本質的な理由は後に明らかになる。ただしここで確認しておくべきことは、コミュニケーションは少なくとも複数の人間によってなされた出来事の結果生じたものであるということだ。

コミュニケーションと「意味」の関係について、ルーマンは次のように述べている。「意味概念から出発すると、まず第一にコミュニケーションがつねに選択的な出来事であることが明らかになる。意味は、選択すること以外の選択を認めない。コミュニケーションは、それぞれの時点でも顕在的な指示地平……から何かを選び出し、それ以外のものをその時点では取り上げない。コミュニケーションは、そうした選択の処理過程にほかならない[25]」。社会システムがコミュニケーションの総体であったことからするならば、「選択の処理過程」を行なう主体は「社会システム」である。この「選択」こそが、システム／環境‐差異および複合性の縮減に直結していることは想像に難くない。社会システムはコミュニケーションを介在することによって獲得された「意味」を用いて、自己と環境とを区別する「境界」を設定することが可能となる。このことは、「……システムにとっては意味のない対象は存在しないのである」[26]というルーマンの論理をも証拠づける。したがって「意味」とは、社会システムが自己と環境とを峻別する理論的な振り分け装置であったことがわかる。この意味において、先に考察した「境界」と「意味」は密接な関係をもっている。ルーマンがいう「意味境界」[27]もそうした両者の関係を的確に指示するものである。

以上の考察を踏まえるならば、ルーマンが意図していた「意味」は、私たちが第二章以降で検討した、ヴェーバーやパーソンズが社会学理論の基本概念としてきたそれとは明らかに異なることがわかる。決定的な相違点は以下の二点に集約することができる。㈠ルーマンのいう「意味」は行為にもとづくものではない。㈡ルーマンのいう「意味」はシステムの機能として予め付与されている、と。

㈠に関連し、ルーマンの言説に忠実に従うならば、彼はコミュニケーションと行為は実際には切り離しえない密接な関係をもっていると認識していることがわかる。[28]しかしながら、そこで彼の言説に惑わされてはならない。ルーマンのいうコミュニケーションには、人間の行為を介することなく、文字や印刷を通すことで直接的に人間が触れ合うことなく行なわれるものも包摂されている。[29]また、そもそもルーマンのシステムにおいて、人間は環境側に属しているのであり、システム内部に存在しシステムを駆動する機能を与えられてはいない。[30]付言するならば、この人間がシステム内に存在しないと言明するルーマンの論理の主眼は、システムは人間という主体が一切関与することなく存立しているとの主張にある。それは、「観察者」（社会学者）さえも自己準拠的システムであるとする論理によっても裏づけられている。[31]ルーマンは社会システムと観察者の関係も、システムとシステムの関係として把握しようとした。彼は、自らの社会システム論において、社会システムが従来の観察者という人間の恣意性にわずらわされることなく存立すると主張することに何よりも力点をおいていたのである。ここにおいて、ルーマンの社会システム論が、ヴェーバーを起点にしてパーソンズにおいて確立された主意主義的行為論の批判の上に立論されていることがわかる。(32)

そうであるならば、(二)はおのずと導出されてくる。第一節でも考察した通り、〈根本条件〉を成立させる機能はすべてシステムが保持していた。生物学的範疇において誕生した「オートポイエシス」を援用して「自己準拠的システム」を基底とした社会システム論を確立した段階で、ルーマンは人間が主体となったすべての社会学理論を放棄していたことになる。それゆえ、彼の社会システム論において基軸となる「意味」も、社会システムの主たる機能として付与されていると判断できる。

(一)、(二)を踏まえて、ここで念のために第四章第四節で導出されたパーソンズによる行為論を基盤とした社会システム論成立のための最低必要条件が、ルーマンにおいて完全に不必要であることを確認しておこう。その条件とは、合理的な人間、システム外生変数の削除、〈観察者〉の不可避的な許容——であった。ルーマンの社会システム論において、「合理的な人間」は、人間が環境に属するということから必要ない。同様に、「システム外生変数の削除」も、社会システムの存立に関与しない構成要素は、社会システムが存在した途端、「境界」によって環境に括り出されてしまうので必要ない。この二つに関しては、さらなる検討は必要ないだろう。最後に、「〈観察者〉の不可避的な許容」は、そもそもルーマンが「自己準拠的システム」を念頭においた瞬間に事実上棄却されているはずであるから必要ない。というのも、ルーマンの社会システム論において、社会システムは〈観察者〉が記述・分析して初めてその姿を出現させるのではなく、「意味」にもとづく「境界」によって自主的に「環境」と区別することで存立するというオートポイエティックな運動を繰り返すとされているからである。その論理において「〈観察者〉の不可避的な許容」を容認し、〈観察者〉の恣意性が取り込まれうる可能性が高まると、自己準拠的システムそのものを成立させるのに無理が生じることになる。さらに彼によれば、自己準拠的システムの変動・状況は、観察者（社会学者）によってさえも万全に描写され把握されることはありえない[33]。というのも、観察者自身もシステムとして、対象である社会システムを外部から「推定」するしかないからである[34]。それゆえ、ルーマンは社会システムの自己準拠性を徹底させるために、恣意性を付与しかねない観察者の存在を排除した。ただし、このルーマンにおける「〈観察者〉の不可避的な許容」の否定から生起する観察者問題は、第五節以降でも異なる視座から再度検討を重ねることにしたい。

これまでの「境界」と「意味」に関する検討を踏まえ、なぜルーマンの社会システム論では「意味」が必要とされているのかを追究してみることにしよう。

私たちが日常生活に即して考えてもわかる通り、ルーマンが社会システムの構成要素としたコミュニケーションは二人以上の人間の間で取り交わされては、たちまちのうちに消滅してしまうものが大半を占めている。仮に長い時間そのコミュニケーションが持続したにせよ、そこで取り交わされた話題に即する「意味」は次から次へと変転しなかったはずはない。逆にいうならば、コミュニケーションで取り交わされた「意味」は永続しえないものであることがわかる。

先にルーマンが「意味」を定義せずに曖昧なままに放置していることを確認した。このことは、彼の理論上の問題点としてだけではなく、コミュニケーションを行なう人間に対しても同じことがいえる。「意味という現象は、体験や行為のそれ以外の諸可能性を過剰に指示するという形式において現れる。……いくらか別の表現をすると次のようにも言うことができる。すなわち、意味は、これまでに実際になされた体験と行為に、それとは別の体験や行為の諸可能性を供与しているのだと。そのことによって、同時に選択の不確かさもまた補償される。……人びとは、誤った選択をしたとしてもかまわない。なぜなら、それ以外の選択の可能性は、選択が行なわれてもなお残されているからである」[35]。ここでルーマンは、人間が「意味」を介在させて複合性の増大した環境に位置し、幾多のシステムに関与していることを示唆している。人間はたとえ誤った選択をしても、次に正しい（と思われる）選択を行なえば、その瞬間に形成される別のシステムに関与することができる。先の文言でも表出していた通り、ルーマンの関心は人間における選択の不確かさではないことは一目瞭然であろう。彼は再度行なわれる選択を契機に新たなシステムが出現すると主張していた[36]。ルーマンにとって「意味」は非規定的である方が、続々と新たなシステムの出現を促進し、つねに安定した社会システムを排出しうる可能性を探る上で好都合だったのである。

　すなわち、社会システムの安定化を図るコミュニケーションの持続性は、非規定的な「意味」のすげ替え・変転によって維持されている。この判断は、自己準拠的システムが構成要素を再生産していくとしたルーマンの主張となんら抵触することはない。しかしながら、ここで問題点が一つ浮上してくる。暗黙のうちに「意味」の変転を促し、すげ替えを行ない、本質的な部分において社会システムを維持している主体は誰なのか、と。ルーマンによれば、それは自己準拠的システム以外の何ものでもなかった。しかし、本当にそうだろうか。先に私たちは、コミュニケーションが複数の人間によってなされた出来事の結果生じたものであると確認しておいた。また、コミュニケーション過程において、人間の誤った「意味」の選択および再選択が社会システムの契機になることも考察した。確かにルーマンは人間が社会システムの環境であり、社会システム自体の駆動力にはならないと理論化していた。そこでは、コミュニケーションこそが社会システムの構成要素であることが主張されていた。しかし、上記の考察を踏まえるならば、彼の主張する「境界」「意味」に即する限り、そうした理論化には少なからぬ綻びがある。

その綻びは、社会システムの「境界」をなす「意味」が本質的に人間しか持ちえない概念であることを全面的に棄却しているところから発している。ルーマンは人間を一切介さない社会システムの存立を理論化しようとするあまり、人為的にしか「意味」は操作されえないという観点を捨象した。それゆえ、先に考察した通り、「意味」概念およびそのすげ替えを行なう主体が曖昧になり、最終的にはそれを行なう主体が社会システムであるとの論拠も希薄となってしまった。加えて重大なことに、ルーマンによって理論上目指された社会システムの維持というものが、実はコミュニケーション過程における、人々の暗黙の合意のうちに潜行する「意味」のすげ替えによってこそ成り立つものであることが見失われるという結果をも招いた。ルーマンの言説を忠実に踏まえていくならば、「意味」を人間が駆使することによってつねに変化していくものと見なさない限り、複数の人間からなされるコミュニケーションが不安定であるという事実と整合性をもつこともないのである。

以上の議論を踏まえ、私たちが第四章第一節でその詳述を止めておいた、社会システム論的観点にもとづき行為論と社会システム論が完全に一致する三つのケースのうちの、第三のケースを検討することにしよう。それは、開放システム下において、内的なシステム変動および外的な刺激・変化・条件を原因とする、システムの変動がいずれも完全に人為的に修正可能であるケース——であった。先に、私たちはルーマンの「意味」に依拠する論理がこの一変形であると保留しておいた。一つずつ検討していこう。

ルーマンの社会システム論が、直接的な明言はないにせよ、根本的にシステムの開放性を基盤にしていることはいうまでもない。それは「境界」によってくくり出されたシステムだけに照準を合わせているのではなく、同時に出現する「環境」をも視野の中に入れているからである(37)。このことを示唆するべく、ルーマンは「ある準拠システムが選択されると、そのシステムには属さないものが環境であると考えられているのだから、いつでもその世界全体が理論上は考慮されてはいる」と述べている(38)。また前述した「相互浸透」によっても、システムの事実上の開放性が補強されていると見なされよう。その「開放システム下」において、社会システムの構成要素であるコミュニケーションは「意味」を基軸にして内的に常時変転していた。またそれはすでに考察したように、環境に属する人間の選択の繰り返しという外的な原因を契機とすることもあった。こうした状況において、「意味」こそが人為的に「意味境界」を設定し、社会システムの安定を図る理論的な振り分け装置であった。社会システムの変動はすべて「意味」によって修正が可能となり、新たな「境界」が設定され、社会システムの秩序が保たれる。したがって、ルーマンの社会システム論は、開放システム下において、内的なシステム変動および外的な刺激・変化・条件を原因とするシステムの変動がいずれも完全に人為的に修正可能であるケースの変形であると見なされる、と判断される可能性が高いことがわかる。

しかしながら、ここで私たちは肝心な問題を忘れてはならない。それは、このケースを含めた三つのケースが、そもそも行為論と社会システム論を矛盾なく完全に統一しうる場合とはいかなるものかという可能性を探ったものであったということだ。このことを前提にするならば、先のルーマンの社会システム論は、彼の論理に少なからぬ綻びがあるとはいえ、本来的には社会システムこそが機能として「意味」をもつとした瞬間に、人間行為者を主体とした行為論と社会システム論を見事に切り離していることがわかる。これこそが前述した通り、ルーマンによる最大のパーソンズ批判であり、言い換えるならば、パーソンズの社会システム論の最大の弱点を補正したと判断しうるルーマンのそれの特筆すべき点である。ルーマンの社会システム論は行為論と社会システム論を矛盾なく繋いだというよりはむしろ、完全に分離させたところに立論されたものであった。

したがって、厳密に検討を重ねた結果、以下のように二点にわたる含みのある結論を下さざるを得ない。第一に、ルーマンの「意味」にもとづく理論図式は、ルーマン自身が目指した建前上の理論に即すると懸案の第三のケースの変形にはならない。しかし、第二に、「意味」が本来的にもつ人為性を曖昧にすることから発生した、ルーマンにとっての予期せぬ結果――人々の暗黙の合意のうちに得られる社会システムの維持・安定の先行――を前提にするならば、懸案の第三のケースの変形になりうる、と。いずれにせよ、この結論もルーマンの社会システム論の曖昧性の証拠の一つとなっている。

三 「エコロジー的危急」解決策

第一節において保留しておいた、「自己準拠的システム」と「相互浸透」によって満たされていると仮定した〈根本条件〉の解明は、いうなれば、すべてルーマンの「オートポイエシス」概念の捉え方にかかっている。そこで、ルーマンの「オートポイエシス」概念を詳細に把握するために、若干遠回りではあるが、「オートポイエシス」概念と本来的に密接な関係をもつ〈自然〉概念をいやが上にも浮上させる、エコロジー問題に対する彼の社会システム論的解決方法を提示した『改訂版エコロジーの社会理論』を起点にして考察を始めることにしよう。

ルーマンによれば、エコロジー問題は、エコロジー的危急に直面した際にまず社会システムが「共鳴(Resonanz)」を引き起こすかどうか、ないしはどのように引き起こすか、に帰着する。(39)「共鳴」とは、「システムが……例外的にほかの現実性のレベルの上だけで、環境世界の要素により刺激され、揺り動かされ、振動のなかに置き替えられることを通して産出される」出来事をいう。(40)「共鳴」とは「境界」によって環境と区切られたシステムが反応することである。しかし、第一節において考察したルーマンの社会システム論の骨子を踏まえるならば、当然のことながら、その「共鳴」に対する選択権はシステム自体に付与されている。(41)というのも、そうでなければ、ルーマンの主張するシステム／環境‐差異にもとづいて「境界」を設定するというシステムの基本的特性が崩れ、システム自体が存立しえなくなるからである。

端的にいうならば、社会システムがエコロジー的危急に対して「境界」を維持できるか否かという問題は、ひとえにその問題に対する社会システム自体の反応如何にかかっている。しかしながら、ルーマンの社会システム論に依拠するならば、社会システムが直接エコロジー的危急に関与することは理論上ありえない。その理由は次の文言に求められる。「……システム／環境‐差異は確かに環境世界すべての観察の前提ではあるが、しかしこのことはシステムが閉ざされた統一として環境世界に反応するということを意味するものではない。……操作そのものは当然システムにおける個々の操作であり、つまり他の多くのもののなかのただ一つの操作である。総体的操作というものはない。さらに社会のような複雑なシステムは、他の社会領域をその（社会内的）環境世界として取り扱う部分システムに分化され、つまり社会のなかで分化し終える、たとえば、国家的に秩序付けられた政治システムとして、それは経済、学術等々を環境世界として取り扱い、またそのことにより、その操作に対する直接的政治責任を免れることができる」[42]。この文言を要約するならば、社会を包摂する社会システムの環境から発生したエコロジー的危急は、社会システムが一個の統一体として反応し操作するべき問題ではなく、環境世界の中で分化したシステムによって取り扱われるべき問題だということである。エコロジー的危急は、ルーマンが例示しているような社会システムの環境に属する政治制度や経済制度などによって処理・操作されるべきことが提示されている。したがってこの論理に即するならば、エコロジー的危急は社会システムの存続・存立にはなんら影響しえない問題となる。

ルーマンはエコロジー的危急を社会システムの環境と位置づけ、環境内の問題はその内部で操作・処理されるべきであると捉えることによって、社会システムの存続を図った。こうしたルーマンの徹底した論理では、確かに社会システムは見事にその「境界」を維持することが可能となる。しかし、ここで視点を変えて考え直さなければならない問題が一つある。それはルーマンの社会システム論におけるエコロジー的危急の位置づけではない。またそれはエコロジー的危急の環境内で永遠に続くたらい回し、もしくは責任転嫁の理論図式でもない。それは、ルーマンの社会システム論の大前提に関わる重要な問題だ。私たちがここで追求すべきなのは、ルーマンが、ありとあらゆる人間の状態を一貫したものとして（理論として）捉えられるという議論を前提とした上で、エコロジー的危急に論及しているのか否か、という問題である。

なぜこのような問題を問わなければならないのかは明白であろう。第一に、ルーマンの社会システム論のテーゼに従うならば、人間は社会システムの環境に属するわけであり、その人間こそが必然的にエコロジー的危急に直面するからである。さらに第二に、エコロジー的危急を問題化するにあたって、それ自体が本質的に抱える人間と〈自然〉との関係の問題に論及しないわけにはいかないからである。それゆえ、ルーマンの論理においても、一個の人間がいかにして存在しているのかが問われなければならない必然性が生じる。パーソンズが「人間の条件パラダイム」において論及していたのがこの問題であったことが想起されよう。パーソンズは人生最後にこの問題を解くべく心血を注いでいたのだ。もしも、こうした大前提が理論上踏まえられているならば、ルーマンが先に提示したような、「当面は社会システムそのものの存立を検討しているのでエコロジー的危急問題は取り扱わない／取り扱うことはできない」とも看取されるような言明を行なうのは論理的に一貫性があり、なんら非難されることではない。むしろその一貫性こそがルーマン理論の特筆すべき点でさえある。

しかしながら、残念なことにルーマンの社会システム論においては、「一個の人間がいかにして存在しているのか」に関する議論はほとんど行なわれていない。ルーマンが人間に関して考察しているのは、第一節で論及した「相互浸透」をモチーフにして「社会化」や「道徳」の観点からみた、人間‐人間や人間‐社会システムの関係だけにとどまっている。(43) その根拠は明白である。彼の社会システム論は唯一、社会システムの存立を探究する透徹したものであるからだ。

したがって私たちは一つの結論を下さざるをえない。ルーマンの理論においてエコロジー的危急問題に対する本質的な解決方法が提示される余地はない、と。この意味においても、ルーマンの社会システム論は、社会システム論的発想に立脚して人間のすべてを把握しようとしたパーソンズの「人間の条件パラダイム」とは隔絶したところに構築されていることがわかる。ルーマンが展開した『改訂版エコロジーの社会理論』は、いわゆる環境問題に対する時代の要請によって、すでに完成されていた社会システム論に無理やり挿入され、整合性をもたせた対処策であったとも考えられる。というのも、社会システムにとって最大の外的な刺激となる〈自然〉が仮に環境として前提に置かれていたとしても、それが社会システムに何の影響をも及ぼさない場合だけを根本的に想定している論理では、〈自然〉を把握し、これに対処しなければならないエコロジー的危急に取り組むのにはかなりの無理があるからである。なぜなら、〈自然〉こそが人為的な力を遥かに上回る驚異的な力を持っており、社会システムに直接影響を及ぼすからである。このことは、第一部でも言及したが、今日の環境問題を想起すれば十分であろう。

四　「オートポイエシス」と〈自然〉概念

ところで、以上のようなエコロジー的危急に対する社会システム独自の振舞いをも、ルーマンが「オートポイエシス」と呼んでいたことはすでに確認した。すなわち、システム／環境‐差異において生じた「境界」と、分化することによって増大していくシステム内の複合性を維持するのが「オートポイエシス」であった。ここでルーマンのいう「オートポイエシス」の特性をより深く追求するために仮説を立て、検証していくことにしよう。

私たちが最終的に知りたいのは、ルーマンが〈根本条件〉において法則化可能と見なした「オートポイエシス」が、㈠〈自然〉の規則（性）の問題なのか、それとも㈡人間が作る規則の問題なのか――という問題である。㈠と㈡が対極に位置する問題であることはいうまでもないだろう。特に㈠が検討すべき問題として列挙されている理由は、マトゥラーナとヴァレラが提唱した「オートポイエシス」が、一個体内部の神経システムという局所的な生体システムの活動を指示していたものであり、それが二次的に社会システム論に摂取されたという理論的背景による。マトゥラーナとヴァレラがそもそも理論化しようとした「オートポイエシス」が人為的なものではなかったことは自明である。

そこで㈠、㈡を個別に検討するにあたっての問題状況として、「人間が敷設した制度や法が、社会システム内でうまく機能せず、明らかな弊害を発生させた場合」を想定する。

ルーマンのいう「オートポイエシス」が㈠だと仮定したならば、動植物の進化過程においてみられるように、〈自然〉が長い時間をかけて試行錯誤を繰り返し、最終的に社会システムに適応しうる最良の制度や法を選択してくれることになる。ごく日常的な例を提示するならば、金融システムの破綻も、〈自然〉がどの銀行を残すことが望ましいのかを選択することによって、半世紀ほど後に改善される。

他方、㈡だと仮定したならば、人間が短期間のうちに社会システムに有益な方策を構想することが可能となる。先の金融システムの破綻の例も、数日間のうちに人間が金融政策を立てることによって修復がなされる。

ルーマンの社会システム論において「オートポイエシス」が指示する規則はいずれであったか。第一節において考察してきた通り、彼の社会システム論の骨子は、持続的な「境界」の設定による社会システムの維持にあった。また、いかにルーマンが理論の建前上受け入れることができないにせよ、事実上「意味境界」が人為的なものである以上、その社会システムの維持も人為的になされると見なさざるを得なかった。ここで、私たちは先の二つの仮説のうち、㈠を選択しうる可能性はきわめて低いことがわかる。というのも、㈠は少なくとも「意味」という人為的な方策が介入する余地がまったくない前提の上に成り立つ解釈であるからである。

したがって、私たちはルーマンのいう「オートポイエシス」が事実上限りなく㈡に近いものであると判断することができよう。さらに㈡を裏づける社会システムの特性がある。それは、基本的に崩壊することはありえない、という特性である。社会システム内の複合性は諸構成要素の間断なき崩壊と短時間しか持続し得ない不安定性に直面しており、社会システムの安定・維持は一時的にしか成立しえないことを、ルーマンは十分に認識していた[44]。逆にいうならば、ルーマンの提示する社会システムは常時社会システム構成要素の継続的な再生産を行ない、「境界」を変動させることによって永遠に安定・維持を図ることができる。しかしながら、ここで一つの疑問が生じる。すなわち、永遠の安定性・秩序性をもつ社会システムなるものが現存しうるのだろうか、と。これまでに考察してきたルーマンの論理は、この問題に対して「現存しうる」という答えを少なからず予感させるものであった。その最大の論拠が「オートポイエシス」であったことはいうまでもない。しかし、今やそのルーマンのいう「オートポイエシス」が〈人間の作る規則〉であると判明した以上、「崩壊することはありえない」という社会システムの特性も、社会システム論という人間の知的構想力の一つの現れであると見なさざるをえないだろう。先の㈠に照らすならば、自然界においては崩壊しない社会システムは決してありえない。すなわち永続する社会システムを〈自然〉は作りはしないのである。ルーマンの論理における本質的な矛盾――〈自然〉と人為の併存――は、

第九章で展開するスペンサーの同時代の政治体制（代議制）に対する議論をみた後で、角度を変えて再検討するとより明確になるであろう。そこで第九章で再度ルーマンの社会システム論の問題性を取り上げることにしたい。

以上の考察から、「オートポイエシス」概念には〈自然の作る規則（性）〉と〈人間の作る規則〉という相容れない二種類の規則（性）の問題が包摂されていることが明確になった。しかし、従来私たち（社会学者）は両者の大いなる相違を認識することなく、生体システムと社会システム内部で行なわれているシステム活動が似ているからという安直な理由に依拠して、社会システム論に生体システムの説明原理を持ち込んで理論化を行なってきた。加えて、私たちは社会システムという〈人間の作る規則〉が「オートポイエシス」概念が本来提示していた〈自然の作る規則（性）〉を完全に写し得ていると錯覚し、後者の規則（性）の存在そのものを忘れてしまった。こうした暗黙の論拠にもとづく理論化は、ルーマンによって初めて行なわれたわけではない。ルーマンが大いに批判継承したパーソンズさえも、キャノンが提唱した「ホメオスタシス」概念を社会システム論に導入し、いかに社会システムが恒常性を維持することができるかの可能性を探っていた[45]。しかし、このように〈自然の作る規則（性）〉と〈人間の作る規則〉との間に深い亀裂があるにもかかわらず、私たちが両者を理論化によって架橋しうると錯覚していた概念は「オートポイエシス」だけではない。第七章で検討する〈機能〉概念もまったく同様の扱いを受けてきた。このことは〈自然の作る規則（性）〉に注目したスペンサーの論理における〈機能〉概念を考察することによって明確に浮上してくる。

では、私たちが「オートポイエシス」によって学ぶべきことは一体何なのか。それは、「オートポイエシス」が、人間とは別個の世界で起こることの繰り返しを新たな表現にしたにすぎないということではないか。例えば、第一章で論及した「環境ホルモン」は、元来、自然界に個体数（人口）がその許容量を越えて増大しすぎた時に、ある種の個体数（人口）調節を〈自然〉が行なうその際に生じていた物質であった。この現象も「オートポイエシス」の一種である。以下にみる熱帯雨林におけるフィールドワークで人類学者が遭遇した現象はどうか。「……よくみると暗がりのなかに何種類もの若木が小さくちぢこまって生えている。大きな木が倒れ樹冠にぽっかり隙間（ギャップ）があくと、待ちかまえていた若木たちのあいだで猛烈な生長競争がはじまる。この競争は樹冠部まで早く達したものの勝ちであるから、生長の速度はすさまじく、一年に五―六メートルも生長するものもあるという。森の隙間はあっというまに埋められてしまう。このような場所は森のあちこちにある。突風が木々をなぎ倒し、歳月をへた古木が突然倒れる。森のなかでは、しじゅうあちこちで木が倒れては隙間をつくり、新しい木々の生長を促す。こうして森は更新されていく」。(46) このような〈自然〉の行なう調整活動こそ「オートポイエシス」と呼ばれるべきなのである。また、未開社会で起こっている「オートポイエシス」はクロード・レヴィ＝ストロースによって指摘されている。「構造の不変」がそれである。(47) しかし、これも「オートポイエシス」とは受け取られてはいない。というのも、〈自然〉が作ったものは人間の側から見ると規範となってしまうからである。この〈自然〉と人間の側の規範の関係は、第六章以降でさらに検討を重ねることにするので、現段階ではそう述べておくだけにとどめておくことにしよう。

再度繰り返すならば、第一節において保留しておいた〈根本条件〉の確定の鍵は、ルーマンの「オートポイエシス」概念が握っている。彼は「オートポイエシス」が法則化可能であると全面的に確信していたのだから。これまでの考察を踏まえ、〈人間が作った規則〉に限りなく近いと判明したルーマンの「オートポイエシス」概念からは、以下の大きな問題点が浮上してくる。すなわち、複合性の縮減によって持続的な「境界」の設定による社会システムの維持が行なわれる場合、では私たち（社会学者）は、どのレンジを取り出して現代社会を取り扱えばいいのか、と。この問題に直面する社会学が採りうる態度はいかなるものであるべきなのか。ここにおいては二者択一しかない。「人間の条件」を全面的に把握するべきとの使命を社会学がもっているとする態度なのか。それとも、とりあえずは眼前の問題だけを解決することに邁進して、その他のことは一切考慮することを諦める態度なのか。前者の態度は、多くの批判を浴びさまざまな問題点を突きつけられたパーソンズが「人間の条件パラダイム」において採った態度であった。パーソンズは人間に関わるありとあらゆる社会状況すべてを理論化しようとした。彼においては、どのレンジを取り出すかという問題は愚問ですらあった。他方ルーマンの理論的態度は、これまでの考察からも明らかな通り、最終的に後者のそれであると見なさざるをえない。この判断に異論はなかろう。時間的・空間的に極小化することで社会システムの維持を図る理論図式こそが、ルーマンの理論的態度を物語っているからである。しかし、何よりも問題とすべきなのは、その「時間的・空間的に極小化することで社会システムの維持を図る理論図式」に法則化を決定づける普遍的な材料がないということだ。ここで、安直に「オートポイエシス」という概念を持ち出すことはもはやできない。私たちはすでにルーマンの提唱したこの概念が〈人間の作る規則〉にきわめて近いものであることを知ってしまったのだから。都合のいい時にだけ〈自然の作る規則（性）〉を持ち出すのは、断じて許される理論的態度ではない。〈人間の作る規則〉としての「オートポイエシス」が法則化されるためには、実に精緻な部分にまで人為的な規則が張り巡らされる必要がある。例えば、社会システムの諸要素が間断なき崩壊に直面しているという場合、どのくらいの時間間隔なのか。コミュニケーション内部に潜在する「意味」が持続的に「境界」を作り出すという場合、どの程度の頻度でもって行なわれているのか。ルーマンの社会システム論において、こうした問いすらも明確にはされていない。ここで浮上する唯一確かなことは、ルーマンはこれらの問いをすべて〈自然の作る規則（性）〉としての「オートポイエシス」に依拠していたということである。

したがって、〈根本条件〉の鍵を握るルーマンのいう「オートポイエシス」が法則化される可能性は限りなく低い。それゆえ、彼が〈根本条件〉の論拠として掲げていた「自己準拠的システム」および「相互浸透」も危うい論理の上に成り立つ概念であることがわかる。ここにおいて私たちは以下の結論を下さざるをえない。ルーマンの〈根本条件〉は十全に満たされる可能性はきわめて低い、と。つまり、ルーマンにおいて「システムAは境界で括り出すことによって自己と環境とを区別する」ということがつねに正しいとしても、そのシステムAの内部には秩序または規則が成立する可能性は低く、システムAは無秩序の場合も十分にありうることになる。「システムAは境界を引けば、無秩序ではない」という命題を既決のものと見なしていたルーマンにとっては、この導出された結論は自らの社会システム論の根底を覆すものになりかねない。ルーマンはこの可能性を厳密かつ十全に検討していなかった。

五　ルーマンにおける〈普遍性の保証〉とその陥穽

ルーマンが注目し社会システム論に導入を図った「オートポイエシス」は、実に狭隘な範囲でのみ起りうる現象である。[48] 単に狭隘なだけでなく、〈自然〉の中における「狭隘な範囲でのみ」、と但し書きをぜひとも付けなければならない。理論生物学者のスチュアート・A・カウフマンによれば、こうした現象は「カオス辺縁（edge of chaos）」[49] と呼ばれる場においてのみ出現する。例えば、物理的自己組織性の具体例として頻繁に例示されるものにベナール＝レイリー対流がある。[50] 鯨蠟などの薄い流体を下から熱していくと、ある一定の温度において見られる蜂の巣状の整然とした六角形の対流現象が出現するのがそれである。周知の通り、このベナール＝レイリー対流という秩序相は永続しない。微少な温度上昇とともに散逸してしまうものである。環境との相互作用を通してシステムが独自に自己の構造を作り上げていくと解されている「自己組織系」[51] はこのような事実を反映し得ているかどうかは判然とはしない。しかしベナール＝レイリー対流が鯨蠟を収容した容器と、その外から加えられる熱エネルギーとの「相互作用」によって発生する〈自然〉現象であることは間違いない。

ここで私たちはひとつの思考実験をしてみることが必要である。いま、鯨蠟の中で見えなくなる透明体の薄片によって精巧な六角形細工を容器の中に仕込み、この「装置」を用いてベナール＝レイリー対流と同じような流れを、同じような道具仕立てのもとに作り出すことができないであろうか。これは十分可能である。もしこの「装置」の中に流れる対流を人に見せた場合、彼はこれが人工物であることを容易に見破るであろうか。もし彼が「装置」の存在を知らないのであれば、彼はこれを見破ることはできないであろう。もちろん、私たちは「装置」の存在を知っているから、この二つの「対流」が、外見は似ているが、性質のまったく異なったものであることも容易に理解することができる。前者は、熱エネルギーを加える主体が人間であると否とに関わりなく生起する、〈自然〉現象の中に一瞬観察される「カオス辺縁」そのものである。一方後者は、限りなくそれに近く見えても、人為によって作り出された現象である。

先にみたように、ルーマンの社会システム論最大の拠り所となっていたのは、マトゥラーナとヴァレラによる「オートポイエシス」であった。その際に注意を喚起しておいたように、カエルの眼にこのような自発的発生機序が存在していることは、まぎれもなく〈自然の作った規則（性）〉であり、この発生機序それ自体は、すべてのカエルに共通するという意味で〈普遍的〉なものである。マトゥラーナとヴァレラが例示したカエルに唯一異なっている点があるとすると、この個体には外科医のメスが加えられていることである。上記の思考実験からもわかるように、この外科医のメスを意識化して社会システム論に取り入れるかどうかが重大な岐路となる。

ルーマンは自らの社会システム論においてこの外科医のメスを問題にしていなかった。というのも、彼の中で自発的発生的機序が存在するということと外から人為のメスが加えられたということに対し、前者の側面だけを取り上げ後者は捨てるという論理的な処置がとられたからである。これがルーマンの「オートポイエシス」概念の核心ともいうべき部分である。

ルーマンは『社会システム理論』[52]冒頭において、社会学における統一的理論の構想を企図するにあたって、必要なのは「対象把握の普遍性」の要求であると述べている。ここにおいてルーマンが「対象把握の普遍性」というのは、発生機序のことを言っているのであり、外科医のメスも入っている。実はこのメスが入らないと成り立たないのがマトゥラーナとヴァレラの指摘した実験であった。しかしその一方で、前節までに論じてきたように、ルーマンは「自己準拠的理論」こそが普遍性をもつと明言していた。[53] 彼は突如一転して「対象把握の普遍性」すなわち認識の普遍性を主張した。村中知子はこうしたルーマンの意図を、従来、観察者の観察に優位性が与えられてきた社会科学理論に対する反問の契機となると評価している。[54] こうしたルーマンの論理は、一方では観察者側に普遍性を、他方では対象側に普遍性を求めているかのように受け止められ、一見矛盾しているかのように見える。

ルーマン自身の主張に従うならば、彼は自己準拠的理論すなわち自己準拠的システムに対象側の〈普遍性の保証〉を求めた。自己準拠的システムは「オートポイエシス」概念を予定したものであり、さらには、特にルーマンが示唆していた「オートポイエシス」概念が第四節において検討した通り〈人間の作った規則〉であったことからするならば、その〈普遍性の保証〉も人為的なものでなければ整合性をもたない。ここで浮上してくるのが、第二節で考察した「意味」である。ルーマンはシステムの機能として「意味」を付与していた。「意味」こそが複合性の縮減を契機に「境界」を設定し、システムが自己と環境とを区別しうる重要な振り分け装置であった。それゆえ、ルーマンにおいて「意味」こそがまさに対象側に対する〈普遍性の保証〉であったと判断することができる。

ここでヴェーバーが「意味」に対して求めていたものを想起してみよう。ヴェーバーにおいて、「主観的に考えられた意味」なくして行為を解釈することはできなかった。すなわち、社会学的行為が〈理解可能〉な対象となるために必要不可欠であったのが「意味」であった。それゆえ、ヴェーバーにおける〈理解可能性〉は対象側に求める〈普遍性の保証〉であった。ここにおいて、ルーマンとヴェーバーは「意味」に対して同様の〈普遍性の保証〉を求めていたことがわかる。

しかし、ルーマンはこれまでみてきた対象側に対する〈普遍性の保証〉を述べる一方、従来踏まえられてきた認識論を一掃すべきだとの主張を行なっている。[55] こうしたルーマンの主張を、清水太郎は「つまり、自己言及概念を意識のみならず社会システムにも適用することは、意識を認識の特権者の地位から放逐し、通常の科学が前提とする主客二元論を放逐することにほかならない[56]」と的確に要約している。清水の解釈を踏まえ、ルーマンが主客二元論を放逐した上で、対象側にだけ〈普遍性の保証〉を求めることはいかなる意味をもっているのかをさらに追求していくことにしよう。

まさにこの問いに対するルーマン自身の解答が提示されている。「すなわち、利用される統一体のすべてをそれ自体で生産する回帰的で閉鎖的な（再帰的で閉鎖的な rekursiv-geschlossenen ――補語は引用者）システムという仮定は、外部からそうした統一体を直接に観察することを不可能にしている、ということである。すべての観察は、統一体を推定することに依拠している。しかも観察は、何かがそれ以外のものと異なっていることを確かめうるために、統一体を推定するさいに差異を手がかりとしなければならない。すべての観察は、差異図式を用いている（そのことが観察概念が何であるのかを明確に規定している）。そのさい、その差異を手がかりとして確かめられる統一体は、観察者によって規定されているのであり、観察される対象によって規定されているのではない。観察者もまたなんらかのオートポイエシス的システムであり、そうでなければ、いかにして観察者はこうした統一体を観察しうるのだろうか？[57]」。これは直ちに三点に要約することができる。㈠自己準拠的システムは外部から直接観察することは不可能である。㈡観察とは区別にもとづくものである。[58] (三)自己準拠的システムは差異にもとづき、同様にシステムである観察者によってしか規定されない。

(一)に従うならば、観察者側の〈普遍性の保証〉はまったく必要とされない。それゆえ、理論的には、対象側の〈普遍性の保証〉だけで科学性が保たれるとするルーマンの論理は整合性をもつ。問題となるのは、(二)と(三)である。というのも、(二)と(三)においては、先の対象側の〈普遍性の保証〉と正反対の観察者側の〈普遍性の保証〉が述べられているようにも受け取ることができる余地があるからである。そこには、これまで考察してきたこととまったく逆の論理が述べられている可能性も大いに潜在している。「境界」の設定によって自己と環境を区別するシステムは、システム独自の機能として付与されているのではなく、観察者というシステムによってもその差異を規定されうる可能性が存在する、と。以上の考察を踏まえるならば、ルーマンは社会学理論の科学性を裏づける上で少なからぬ矛盾を抱えてしまっていることがわかる。自己準拠的システムの導入によって、清水が述べていたように、主客二元論を放逐したはずが、その自己準拠的システム自体の特性として「外部から観察不可能性」を提示した瞬間に、根本的な問題に遭遇したのではないか。すなわち、では一体社会学者は何をする人であるのか、と。矛盾を露呈しないこの文言以前のルーマンの論理を突き進めていけば、システム - 観察者の関係はシステム - システムの関係に置換可能であり、最終的に従来、認識論によって論及されてきたいわゆる主客が不必要となり、社会システムにとっての明らかな観察者である社会学者はどこにも存在しなくなる。その存在すら問われる必要がなくなってしまうのである。いずれにせよ、ルーマンの〈普遍性の由来〉は曖昧性を帯びている。付言するならば、認識論に照らして判明したルーマンの〈普遍性の由来〉の曖昧性は、ルーマンがパーソンズの

「人間の条件パラダイム」に対し、何も答えていないことの証左でもある。

ここで先の思考実験を思い出すべきである。これまでの考察において明確化したルーマンにおける〈普遍性の由来〉の曖昧性は、実は先に述べた外科医のメスの存在を意識化しえているかどうか、にすべて帰着していることが判明する。つまり、このメスを問うことをしていない限り、ルーマンの主張には確かになんら矛盾は存在しない。というのも、「オートポイエシス」実験の中に歴然と存在する、外科医のメスが加えられているという事実を等閑視してしまうと、〈普遍性の保証〉を観察者側に求めようが対象側に求めようが、それを問うこと自体が無意味となるからである。

ルーマンは「対象把握の普遍性」すなわち観察者側の普遍性が存在するということを主張するのであるならば、まず外科医のメスが存在するということをまず言うべきなのであった。つまり、観察者側の普遍性および対象側の普遍性という二つの命題は、彼がメスを問うていないからこそ、その由来が問われる命題だったのである。

マトゥラーナとヴァレラが用いた「オートポイエシス」概念は、カエルの眼が前述したような発生機序をもっているということを明らかにするための実験であり、その意味でこの実験は動物実験により臓器移植の可能性を探る場合と同じように、〈応用原理〉なのであった。ところが、その主旨をルーマンは社会システムを説明するために用いた。ルーマンのいう「オートポイエシス」概念の中身は〈説明原理〉である。この二つの原理の区別は非常に重要なものであるが、ルーマンにおいては〈応用原理〉〈説明原理〉両者の区別が明瞭ではない。彼は「オートポイエシス」概念を〈説明原理〉としてマトゥラーナやヴァレラから理論的に摂取し、他方それを第三節で考察した「エコロジー的危急」の問題解決のために役立てる

〈応用原理〉としても適用していた。ルーマンにおいては、この〈応用原理〉と〈説明原理〉が互換可能になってしまっている。しかし、社会システム論は〈説明原理〉の段階にとどめておくべきなのか、それとも即〈応用原理〉の段階へと展開されるべきなのか。社会システム論を考える上で重要なのは、「AとBの関係がわかる」という理解（説明）と、その理解を前提とし「Cにおいて実行する」という応用は必ずしも一致しないということだ。こうした具体例は枚挙にいとまがない。臓器移植を考える場合、動物の臓器が人間に移植可能である（理論上置換可能らしい）と理解されることと、それを実行することとは違う。成長ホルモンを考える場合、家畜に効果があるということと、人間に用いるということとは違う。もし「理解・説明すること」と「応用すること」が並置されると、これらを人間に用いることに関する可否を問題にする必要性の説明がつかなくなってしまう。つまり、理解可能であれば直ちに応用可という結論は導出されない。

しかしルーマンは外科医のメスをやすやすと看過することによって、〈説明原理〉と〈応用原理〉の間にある垣根を跨いでしまった。ルーマンが垣根を跨いでいるという見まがう余地のない証拠が、第四節で確認した「社会システムは壊れない」という命題の表出である。換言するならば、この命題が社会システム論における「システム・フェイリュアーがないシステムが存在する」という誤った確信に直結することになる。

社会システムとは異なる、明らかに人工物を作るという発想に立っている工学系システムでは、「システム・フェイリュアー」がまったく起こらないとは考えられていない。工学の一部には、「システム、装置、部品などが定められた動作条件のもとで、規定の限界内でその出力特性を維持し続ける能力[59]」と定義されるシステムの「信頼性」が組み込まれ、このような能力を保持し、システムが故障しないで動作し続ける確率「＝信頼度」もつねに考慮されている。すなわち、システムは壊れるものである、ということが自明のこととされている。

例えば、以下のごく単純な条件でシステムを作ると仮定しよう。(一)システムには皆必ずkパーセントのフェイリュアーがある。(二)確然とシステムとシステム外が区別できるとする。(三)システム・フェイリュアーが存在した場合、そのフェイリュアーだけを取り替えることができる。システム・フェイリュアーを取り替える作業を二回以上n回繰り返す時のシステムの完成度をpとするならば、

$$p=(1-k/100)+\Sigma(k/100)^{n}<1\quad(k\neq 0,\ n\geqq 2,\ n\to\infty)$$

実に単純な条件のシステムではあるが、pを1に限りなく近づけるためには、無限の回数すなわち無限の時間がかかることがわかる。逆にいうならば、完璧なシステムを完成させるためには、無限の時間をかけなければならない。そういうシステムは現存しえないことが上記の数式からもわかる。

しかしながら、システムはこの数式に従うほど都合よくできてはいない。システムの構成要素のただ一つの要素が変化するだけで、雪崩現象的にシステムすべてに影響が及ぶからである。工学系システムでは、こうしたことは「品質管理」として考慮すべき必須項目に組み込まれている[60]。

以上の工学系システムの特徴から判明することは、システムにおけるフェイリュアーの存否は、システムを作る時に必要不可欠な項目であるということである。逆にいうならば、単にシステムを理解・説明し

ようとする場合には、そのような項目は一切前提とはされない。先にルーマンの社会システム論から導出される「システム・フェイリュアーがないシステムが存在する」という誤った確信は、彼の「オートポイエシス」概念の誤解に起因していた。さらに、この「社会システムは壊れない」ともいうべき神話は、二つの潜在する意識によっても支えられていた。第一に、社会システム論が自らの生きている現実社会に向けられた、ある意味において切実な理論である分、「壊れる」と仮定をすることすら躊躇されること。第二に、社会システム論は人間の知的な構想力によって作られ、言い換えるならば、合理的な人間の営為によって作られたものであるために、そこで展開される合理的な社会システムが不慮の事故によって「壊れる」ことはあり得ないと信じたくなること。社会システム論にはつねにこの二つの重大な問題点が潜在している。特に後者は、ヴェーバーやパーソンズにおける理論上の合理性への確信とさえ異なった合理性過信に踏み出している。

社会システムはなぜ人工物にしかなりえないのか。これまでのルーマンの論理を踏まえて、私たちはその答えを以下の二点に求めることができる。

㈠社会システムにおいて〈自然〉が客体化されてしまっているから。ルーマンは外科医のメスを見落としていた。そのことによって、彼はカエルに象徴される〈自然〉が客体化されているのを看過してしまった。この事実は、問題が社会システムである以上、人間という〈自然〉をも客体化していることを示唆する。ルーマン自身は、このことを全く意識していなかった。こうしたルーマンの人間という〈自然〉を客体化する論理は、以下第三部で展開する人間が〈自然〉に属するという論理とは相容れないものである。

(二)未開社会に関してならば何とか納得しうる「オートポイエシス」による説明が、西欧近代社会の延長上に位置する現代社会に適応されているから。カエルの眼の中にそもそも「オートポイエシス」という自発的発生機序が存在しているのと同様、未開社会の中にも明らかに自発的な発生と維持の機序が存在している。しかし、ルーマンはそれを見誤って現代社会に「オートポイエシス」概念を適用し、社会システム論として概念化した。

以上二つの理由から、なぜ社会システムは人工物にしかなりえないのかがわかる。

社会システム論には〈説明原理〉と〈応用原理〉とが明らかに混在・混迷している。同時に、そうした混在・混迷に紛れ込んで〈応用原理〉から突出した「作る」という観点が挿入されてくることが非常に多いことは否めない。社会システム論の深底には、こうした一つの陥穽が横たわっている。この陥穽を看過してしまうと、システム・フェイリュアーがまったく存在しない、「完璧なシステム」を完成することが可能であるとの確信につながる。誰よりも、人為的なシステムの無謬性を信奉する人間がそうさせるのである。しかし、その「完璧なシステム」は人工物の中でさえ存在しえなかった。ただそれを、一定の暗黙の〈限定〉を付した上でその範囲内で実用上十分、と見なしているだけなのである。いうまでもなく、この人工物に対する判断は、現存するいかなる社会システムに対しても拡大されてはならない。にもかかわらずそれが拡大解釈されてしまっていることを、本書冒頭に指摘した環境問題の戦慄すべき様相が私たちに教えてくれる。理由は他でもない。「オートポイエシス」実験の中でカエルに加えられたメスを私たちは自分に加えつつ、なおかつそれを捨象した「オートポイエシス」概念によって自分を説明することにより、現状と何とか折り合いをつけようとしているからである。

ルーマンの提示した社会システムが人工物に他ならず、〈自然〉を主体としないシステムであることは明確である。その原因が、一個体内部の局所的な〈生体システム〉の属性である「オートポイエシス」をシステム全体に転用したことにあったことは、これまで十分考察してきた通りである。そうであるならば、第二章から第四章にかけて精査したパーソンズの社会システム論同様、ルーマンの社会システム論も〈自然〉を理論化してきたとは容認し難いものであることがわかる。なぜなら、「進化」とは〈自然〉が主体となって万物を流転させることを指すからである。この意味で、〈自然〉を完全に客体化しているルーマンの社会システム論は進化論的発想に立つものではなかったことが判明しよう。

第二部を通してパーソンズとルーマンの論理を精査してきた結果、社会学理論において明確に確立された社会システム論が〈自然〉を理論化してこなかったことが明らかになった。第三部では、社会システム論の立論以前に社会有機体説という社会システム論を展開していたスペンサーの論理の中に〈自然〉を追求していくことにしよう。

第三部　スペンサー社会システム論の全容と〈自然〉の追求

第六章　スペンサー社会学の成立背景

一　スペンサー対功利主義者

第一部のターナーによる先行研究の考察を通して明らかになったのは、スペンサーその人が社会学の黎明期において、後世展開される「開放システム」の原型を予感させる社会有機体説をすでに提唱していたということである。ターナーが特に主張していたのは、そうした社会システム論を誰よりも早く提唱していた社会学説史上のスペンサーの重要性であった。ターナーの主張は、今日における社会システム論の暗黙の大前提として「開放システム」という体系が認識されていることからするならば、非常に意義深いものであることはいうまでもない。彼はスペンサーの提唱した社会有機体説を、プリミティヴな社会システム論ではあったものの、現代社会システム論の礎となる重要な理論であったと判断していた。

しかし第二部において、スペンサー以来およそ一世紀経過した時代における社会システム論が具体的にどのように展開され、〈自然〉を理論化する上でどこに理論的欠陥があったのかを考察してきた私たちとしては、スペンサーの社会システム論が単に社会学説史上非常に有益な理論であったと見なすだけではもはや満足することはできない。私たちの知的欲求を満たし、スペンサーの社会システム論が〈自然〉を理論化していたのかどうかを知るためには、直ちに次の二つの問題点に論及する必要がある。第一に、スペンサーの社会システム論が取り扱っている対象は、第二部で「人工物」すなわち「人工的システム」と結論づけざるを得なかった、パーソンズやルーマンの社会システム論の対象とどのように本質的に異なるのか。第二に、一九世紀半ばにおいて早々と、今日までその重要性を認識させる社会システム論をスペンサーが提唱しなければならなかった理由は何であったのか、と。私たちはこれら二つの問題点を看過することはできない。というのも、この二つの問題点からスペンサーの論理を追求していかなければ、その社会システム論の社会学説史上の重要性を明確に把握することができないばかりか、後世誤解を受け続けてきたスペンサー社会学理論の真髄を理解することもできないからである。

第三部では上記二つの問題を明らかにすることを最終目的としている。その際、重要なモチーフとなるのが第二部同様〈自然〉概念である。この〈自然〉概念は、以下の各章において論じられる土地、宇宙、機能、生物、生命、進化、群相、ふるまいといった諸概念・諸現象の中に分散して織り込まれている。

スペンサーが構想した社会システムと「人工的システム」とを比較・峻別するための不可欠な問題提起として以下の四点を挙げることができる。(一)スペンサーは功利主義者だったのか。(二)スペンサーは社会進化論者だったのか。(三)スペンサーの構想する社会システムを作るのは〈自然〉なのか、人間なのか。(四)スペンサーは社会システムに何を求めていたのか。

(一)および(二)は社会システム論の比較・検討をする上で一見不必要な事項であるように見なされるかもし

れない。しかし第二部において考察してきたように、パーソンズ以降の社会システム論は事実上行為論に基づき、社会（社会システム）の秩序および維持が可能であるとの暗黙の前提の上で立論されたものであった。すなわち西欧近代以来の理性的な個人の（行為における）自由と社会（社会システム）の秩序との調和・維持を目的とする理論であった。そう考えなければパーソンズが行為論、社会システム論と順を追って自らの体系を構築していったその意味が消失してしまうことは第二部において考察してきた通りである。この個人の自由すなわち功利と社会システムとの関係は再度第七章において論及するが、パーソンズ以降の社会システム論をこのように立論上の理論的な根底部分から考える時、人間理性と個人の功利という二つの観点は不可避な事項であることに異論はなかろう。上掲の㈠および㈡はその事項と密接に関連する問題提起なのである。主として㈠は以下第六章において、㈡は第七章において展開されている。また社会システム論に直接的に関連する㈢および㈣は第六―八章を通じて展開されている。しかし上記の問題提起はすべてスペンサーの社会学体系を遺漏なく見通すことが可能となる第三部全体が完結した時にこそ、より明確な形でその答えを手にすることができるだろう。最終的な目的であるスペンサーの構想した社会システムと「人工的システム」との本質的な差異、およびスペンサーが社会システム論を提唱しなければならなかった切実な理由もその時に明らかになろう。

スペンサーが功利主義者だったか否かという問題に論及する際、近年イギリスを中心に相次いで公刊されているスペンサー研究の傾向に注目してみると、新たに模索されつつあるスペンサー像と、同時に従来のそれが浮上してくる。マイケル・W・テイラーが一九九二年に『人間対国家（*Men versus the State*）』を、ティム・S・グレイが一九九六年に『ハーバート・スペンサーの政治哲学（*The Political Philosophy of Herbert Spencer*）』を、デイヴィッド・ワインステインが一九九八年に『公平な自由と功利（*Equal Freedom and Utility*）』をそれぞれ発表している。

スペンサーの論理に照らして近代の見直しを図ろうと試みている上記三者の議論には二つの共通点がある。第一点は、スペンサーの社会学にではなく、政治学に基軸をおいた議論が展開されていること。第二点は、スペンサーがジェレミー・ベンサムに淵源をおく「最大多数の最大幸福」を継承した堅固な功利主義者、またはその功利主義に立脚した個人主義者では決してなく、「道徳的権利」「公平な自由」にもとづく論理に支えられた功利主義を展開していたと主張されていることである。例えば、そうしたスペンサーの論理を、ワインステインは「リベラルな功利主義（liberal utilitarianism）」[1]と独自に規定している。このワインステイン独特のスペンサー論理の解釈については以下第八章で再度検討を加えることにするが、彼がスペンサーの論理に独特の規定を与えているのに対し、他方テイラーとグレイは慎重に対処している。彼らは、スペンサーの政治学的色彩の強い著作だけではなくその他数多くの著作に多方面から考察を加えることで、従来の言い古された功利主義者および個人主義者としてのスペンサー像を払拭しようとさまざまに試みている[2]。

上記第二点目から興味深いことが二点浮上してくる。第一点は、少なくともテイラー、グレイ、ワインステイン三者以前においては、スペンサーが単に従来通り功利主義者として疑われることなく認識されていたことである。スペンサーが提唱した「公平な自由」概念を裏付けとして、彼の主張における功利主義思想の色調の濃淡具合が議論されることはほとんどなかった。第二点は、彼ら三者がスペンサーに対し、従来言い尽くされてきた功利主義者像ではない、新たな功利主義者像をスペンサーに賦与しようとしていることである。前述した通り、彼らはいずれもスペンサーが「公平な自由（the equal freedom）」概念の提唱を行なっていたことに注目し、決して硬直した功利主義者ではなかったと強調している。しかしここで注意すべきは、三者はスペンサーの論理をめぐり新旧の「功利主義」の間で葛藤を繰り広げ、両者の質的な差異を示そうとすることによって近代におけるスペンサーの位置を明確化しようとはしたが、最終的に功利主義者という枠組みからスペンサーを救い出すことをしなかったということである。政治学領域における最新の良質なスペンサー研究においてもやはり、スペンサーは功利主義者の鎧を着せられたままなのである。

スペンサー初の著作『社会静学』は一八五一年に公刊されている。それ以後、彼は周知の通り、一生をかけて膨大な「総合哲学体系（A System of Synthetic Philosophy）」――『第一原理』『生物学原理』『心理学原理』『社会学原理』『倫理学原理』――を完成させ、最晩年に『人間対国家』を執筆している。(3)『社会静学』はこれら五つの異なる学問の名を冠した著作に先駆けて発表されたものであり、いわば「総合哲学体系」として開花する論理の萌芽的要素をすべて備えた重要な著作である。これはスペンサー自身にとってもかなり思い入れの強い作品であったようだ。その証拠に彼は初版から数えて四一年後（『人間対国家』執筆後）にこの作品を一度改良し、『改訂版社会静学』という形で再度世に問うことを試みている。

スペンサーは実に明快な文章によって理論構築を追求していく書き手であった。同時にその明快さを文章構築において求めるだけではなく、著作の順序すなわち自らの理論体系構築においても求め、かつ実践する実直な書き手でもあった。それゆえスペンサー社会学の全体像を捉えようとする場合、特にごく初期に執筆された『社会静学』と『第一原理』の二著を見逃すわけにはいかない。以下に考察していくように、これらはスペンサー社会学の礎ともいうべき役割を十分に果たしているからである。スペンサーがいかなる問題意識をもち各著作を執筆していったのかは、彼の論理に検討を加える過程でおのずと浮上してくる。

「こころの産物〔文化〕も、肉体の産物〔子孫・子供〕と同様〔重要なものであり〕、他の目的を忘れさせるほど人を夢中にさせるものだ。この顕著な実例が一八四九年の初頭、私にひらめいた。それは朝、セント・ジェームズ・パークを散歩している時のことだった」[4]。『自伝』におけるスペンサーの『社会静学』執筆時の問題意識はこのように記されている。言葉を補って解釈するならば、「こころの産物＝文化は、肉体の産物＝子孫と同じように続いていくものだ」という発想がスペンサーを突き動かしたのであった。スペンサーは人間のこころの産物・文化が継承されていくことに強い関心をもっていた。

こうした『社会静学』執筆時の問題意識はその後も決してなくなることはなかった。それは彼が多様な学問領域に踏み込むことによって途中さまざまな形で論及されることになるが、最晩年の『人間対国家』にまで確実に受け継がれていき、そこにおいて非常に明快な形で結実することになる。

まずは『社会静学』から考察していくことにしよう。

二　スペンサーの現状認識

スペンサーが初の著作において論及しようとした問題は、彼の直近の過去に対する認識を考察することによっても鮮明になってくる。彼にとって最も看過することのできなかった直近の先人はベンサムであった。『社会静学』の数多くの箇所で、スペンサーはベンサムの提唱した「最大多数の最大幸福」原理についての検討を試みている。(5)

上記第一節でも考察したように、最新のスペンサー研究で広く主張されるまでスペンサーは功利主義者としてベンサムと並置され、その主義も同一視され続けてきた。しかし以下に詳しくみていくように、スペンサーは明らかにベンサム功利主義の根幹部分を支える「最大多数の最大幸福」原理に対して批判を行なっている。そうした時、私たちがそこで問題としなければならないのは、スペンサーがその原理を批判することを通して主張しようとしていた論理が功利主義思想に該当するか否かである。(6)

「ある人が『最大多数の最大幸福』を社会道徳の規律として提唱する時、私たちはその創設者〔ベンサム〕がその『最大多数』の定義において人類を全員一致するものであると見なしていたと、当たり前のことのように考えてしまっているに違いない」(7)。スペンサーは一般に社会で流布されている「最大多数の最大幸福」という功利主義原理の意味はたとえ一つであっても、それを実際に社会において適用しようとすると、その原理の抱える命題が必然的に多様化することが全く考慮されていないと示唆した。スペンサーが問題視していた功利主義原理が明確さを欠くままに内包している命題は、「幸福とは何か」「人間とは何か」という二つの本質的な問題に集約することができる。

「幸福とは何か」に関するベンサムの解答は、周知の通り各個人の幸福が快楽計算にもとづいて算出され、他方「最大幸福」はそれらを加算していった結果、一義的に導出されるものであった。しかし、スペンサーにとってこの功利主義原理は実に曖昧なものにすぎなかった。なぜならば幸福の基準とは明確に定立することはできないものであるからである。[8] その理由は以下の通り二重構造になっている。

まず、人間の幸福の在り方は、個々人によっても異なるだけではなく民族・部族によっても異なるからである。スペンサーは多くの例を列挙している。[9] 例えば、放浪するジプシーにとって家は退屈なものである一方、スイス人にとっては家が無ければ惨めなものとなる。アイルランド人は議論に、中国人は野外劇や儀式に、ジャワ人は闘鶏に喜びを感じる。スペンサーは個人と民族・部族の両者を、功利主義者という人間が基準設定した同一の幸福を与えられることによって同様に満足する、画一的な存在として捉えることをしなかった。というのも、彼において「幸福とはすべての人間〔民族・部族〕の能力が満たされた状態を意味する。ある能力に対する満足はそれを鍛錬することによって生み出される」ものであったからである。[10] 敷衍するならば、Aという人間、Bという民族それぞれが有する能力の満たされる状態が「幸福」と見なされる。スペンサーはそこで他者や他の民族との比較、各々の過去と現在との幸福に関する量的比較は無意味であるとした。[11] 何よりもまずAという個体、Bという民族が以下に論及する宇宙の法則に則り、生き長らえることが最重要問題であったからだ。その考えを透徹させたのが第三節で考察する「公平な自由」概念であった。また「幸福」概念は、以下第八章において考察する『社会静学』から二八年後に公刊された『倫理学原理』の中でより明確に展開されている。

スペンサーが人間の幸福の在り方について論及する際、人間は画一的な存在ではないと見なす根拠はそれだけに止まらなかった。彼は別の本質的な裏付けを宇宙の法則に求めていた。「もしこの宇宙の移り変わりの真っ只中で、人間だけが一定不変であったならば、それは実に奇妙なことであろう。しかしそのようなことはない。人間もまた無限の変化の法則に従うのである。人間の環境もまた変化し、人間は自分自身をその環境に適応させていく。……どの年代、どの民族、どの風土もそれぞれ異なった人間性の在り方を出現させる。あらゆる時代、あらゆる民族の間において程度の差こそあれ変化は持続していくのである[12]」。人間は宇宙の法則に従って変化し続ける存在である。スペンサーがそう主張する有力かつ独自の根拠が進化論であった。彼の提唱した進化論の特徴は『生物学原理』にもとづき以下第七章において詳しく考察していくことにするが、それに先駆けてひとつだけ注意を促しておく事項がある。それはスペンサーが提示していた進化論には、ただ一方向の好ましい状態に進展していくとする「発展法則」「発展史観」の意味合いはないということだ。この解釈はすでに第一部において触れたターナーのスペンサー解釈とも共鳴するものである。

スペンサーは人間個人レベルや社会レベルにとどまることなく、宇宙全体を覆う法則、すなわち進化論を根拠に功利主義を批判していた。人間は環境に適応しながら生活していくのであり、当然変化する。またその子孫も環境に適応しつつ生き長らえていくのであるから、その民族・部族相互も個々に多様な変化を示す。それゆえ人間は画一的な存在ではあり得ず、またそのような存在としても捉えることはできない。ここで功利主義思想は理論的根拠の一つを喪失することになる。すなわち「最大幸福」を導出するための快楽計算の前提がなくなり、その計算が成立し得なくなる。功利主義者が人間を鋳型に嵌め込む原理を展開するのは宇宙全体を覆う法則に反している、とスペンサーは真摯に受け止めていたのである。彼のこうした思考は『第一原理』においてさらに彫琢されていく。

功利主義原理は「人間とは何か」ということにも明確に答えていない、とスペンサーは判断していた。彼は「道徳」に注目することで、功利主義原理がその命題に関して内包する問題点を明示しようとした。道徳に関し、スペンサーは次のように述べている。「私たちには、選択すべき前提は二つしか与えられていない。一方は、道徳とは人間ありのままの行為の規則――すなわち〔人間の〕特質上の欠点が認められ、許されている規則である。他方は、道徳とは人々の中でその彼らがとるべきだと見なす〔人間の〕ふるまいを規制する規則である[13]」。すなわち、前者は人間が普遍的に快楽を求め、苦痛を避ける特質をもつとする快苦原理を指す。その快苦原理を前提に構想した社会（社会システム）が当然ながら十全に機能しなくなるや、解決策として倫理（道徳的当為）が外から挿入される。後者はこのような倫理を指す。しかしこうした道徳は、いずれもスペンサーにとって満足のいくものではなかった。その理由は次の通りであった。前者の人間に対する現状認識は非常識極まるものであり、それゆえそこから導出される道徳を、道徳であるとおよそ見なすことはできないからである[14]。また後者は「一個の理想的な人間のふるまい」を提示しようとしているが、人間の中にある「不道徳な状態、欠点、無力さ」を全く無視することによって成立しているために、個人の行為においても社会の中での行為においても、つまるところ人間は完全な存在であると独断的に見なされているからである[15]。ここにおいてすでに提唱されている道徳を成立させるためには、「道徳という法は完全な人間のための法であるに相違ない[16]」という命題を受け入れなければならなくなる。これが功利主義者（道徳哲学者）の提示する道徳である、とスペンサーは判断していた。

仮にこうした「抽象的な正しいふるまいの原理」が行きわたった社会、すなわち「純粋に倫理的なシステム[17]」が存在するならば、人間が悪徳を認識することも、その悪徳自体が生み出されることもないはずである。しかしながら、当然現実は異なる。当時さまざまな社会問題の発生に直面し、スペンサーはユートピアのような悠長な社会を想定していたのではなかったのだから。そこで彼が着目したのは、未開人(the animal man)の科学であり、そこから道徳的な人間の在り方を追求しようとした。特に彼は生理学的発想にもとづいて未開社会を分析している[18]。

「生理学は身体生命現象の状態を分類するものと定義されている。それは正常状態（normal states）にある私たちの〔身体の〕さまざまな器官の機能を取り扱うものである。それが説明しているのは、構成員〔器官〕はお互いのために存在していること――各自の義務は何であるのか、そのような義務がどのように果たされるのか、なぜそれらが不可欠なのか、である。それは生命活動の相互依存を提示し、これらが然るべき均衡の中でどのように維持されているのかを指摘し、完全な健康を構築する物質の状態を描写する[19]」。スペンサーが想定していた「正常状態」「完全な健康」とは一個の身体が病気に罹ることを含めて生命活動を営んでいる状態を指す。彼はそのことを「道徳生理学（moral physiology）[20]」と呼んでいる。スペンサーが主張していた「道徳」の核心部分はここにある。こうした有機的発想にもとづく未開社会の「道徳的」状態は描写されていないが、人間が種として民族や部族の繁栄のためだけに生きている状態を指すのに相違ない。そこにおいては、人間が集団の中で勝手なふるまいをしたり権利を主張することはない。個人は民族や部族の存続・繁栄のために存在するのだから。このようなスペンサーにおける道徳観とあるべき社会についての論理は、以下第九章において考察する『人間対国家』の中で明示されている。彼がどのような社会を望ましいと考えていたのかはそこで検討することにしよう。

スペンサーの主張していた「道徳」論は、個人の行為における規律（カントのいう定言的命令）を提示するものではなかった。それゆえ、例えば以下の文言を表層的に理解することはスペンサーの論理を明確に捉えることにはならない。「……各自の中にある全員の幸福のための高潔なふるまいは不可欠なものであり、私たちの中にはそのようなふるまいに対する衝動が存在しており、別の言葉で言うならば、私たちは『道徳感情』をもっている、ということは本質的なことではないと考えられている。しかしそれ〔道徳感情〕は義務としてお互いのやり取り（transactions）の中で清廉（rectitude）であることを命じる。またそれは正直かつ公平な関係から満足を受け取り、正義の感情を生む[21]」。「社会組織（social edifice）は、……もし部分の構成員の中に清廉さがなく、またもし高潔な原理にもとづいて構成されているのでなければ、確実にバラバラに壊れるだろう[22]」。「生命は特殊な機能の達成に依拠しており、幸福は生命の一種特殊な形である[23]」。これまでの考察を踏まえるならば、これらの文言の中でスペンサーが主張しようとしていたことの核心部分は、功利主義者が主張する論理とは全くの別物であったと判断しなければならない。スペンサーは各個人がもつ「道徳感情」は功利主義者のいう「最大幸福」のために不可欠なものとして存在するのではなく、生命活動を営んでいると見なされる社会——後に彼がいう社会有機体——においてこそ必要不可欠なものであると主張した。彼は、各個人の利益・権利を擁護すると同時に、（あるいはより強くいえばそうすることが）社会の福利（社会システムの秩序）を達成しようとする功利主義的発想に立って論理を展開していたのではなかった。「道徳感情」「道徳」「幸福」はいずれも、人間が種として存在する、生命活動を営んでいると見なされうる社会（システム）においてその明確な意味が把握される。この主張こそがスペンサーにおける「人間とは何か」という命題についての解答なのであった。

「彼ら〔功利主義者〕は人間が現にいかなるものであるか、社会が理想としていかにあるべきかという観念をもっている。彼ら〔功利主義者〕の倫理的原理にもとづく判断は、その〔前者と後者の観念の〕一致と不一致に依っている[24]」。スペンサーにしてみれば、功利主義者は人間の現実を普遍主義的な観念とすり替え、その観念から理想としての社会の観念を対応させる学説を作ろうとした人にすぎなかった。

スペンサーは功利主義原理そのものに、次のような厳しい批判を加えている。「人間が完全である時にのみ、行為の正しい原理は実行可能なものとなる。というよりも、むしろ……人間がその諸原理に従える場合にのみ、その人間は完全になることができるのである[25]」。スペンサーはたとえ諸原理を定立したとしても人間がそれに追従していくことはできない、すなわち人間が原理を定立するということと、人間がその原理に従うこととは根本的に異なるのだと断言した。逆説的にいうならば、この功利主義原理が成立する場合は、人間が神と同じ完全性を有している場合のみに限られる。スペンサーは、功利主義者の立てる原理は「道徳」や「道徳感情」に対してそうしてしまったのと同様、人間の本質を見誤らせるものであると判断した。彼は人間が哲学的な原理によって「普遍的」に捉えることが可能な対象ではないと強く主張していたのである。

これまで考察してきたスペンサーの功利主義者に対する批判は、『社会静学』の冒頭において設定されている二つのレンマ（補助定理）にも正確に照応している。彼はレンマ一として、人間とはいかなる存在であるかを一義的に決定することのできない対象であること[26]、レンマ二として、人間は完全なる生物（存在）でも完全な法則を作ることのできる生物（存在）でもないこと[27]を設定していた。このレンマからも、スペンサーが宇宙の法則を無視し、人間をまずは画一的に捉えることによって社会原理と道徳的規範を定立しようとした功利主義に批判を浴びせていたことがわかる。

　さらにスペンサーが、自らの功利主義批判を一言で言い尽くしている文言もある。すなわち、功利主義者のいう「最大幸福」は「人工的なもの（artificial）」である、と。[28]なぜならば、スペンサーにおいて最大「幸福」とは「創造的な意図（the creative purpose）」なのであって、「便宜主義の哲学者（the expediency-philosophers）」の唱えるような「人間の直接的な目的」とはならないからである。[29]彼らは、人間世界における事実には「神の側と人間の側（a Divine side and a human side）」という二つの側面が存在することを正確に観察できなかったために、「最大幸福」を見誤った。ここで言及されている「神の側」とは、これまで考察してきた通り、人間の「幸福」や「道徳感情」に対する〈自然〉の影響力の強さの象徴である。スペンサーにしてみれば、功利主義者はその〈自然〉を全く無視し、功利主義原理という人為的な方策によって人間の「幸福」「道徳」を想定・確立しようとしたが、結局は失敗に終わってしまった。彼が、ベンサムは過去に「最大幸福」概念の定義をするという「虚しい試みを行なった」[30]と『社会静学』冒頭で述べたその理由も、功利主義思想が「人工的なもの」であるという文言に照らせばその正確な含意がわかる。この文言は『社会静学』におけるスペンサーの直近の過去に対する認識そのものを象徴していると言っても過言ではない。

これまで考察してきたベンサムの功利主義への批判は、第九章で検討を加える晩年の『人間対国家』においていっそう鋭さが増すことになる。そこでは個人の権利と国家における問題点が追求され、そのあるべき関係が模索されている。

三　土地所有における「公平な自由」概念

功利主義の典型的な論理は、私権と公権の調和を目指すところにある。ベンサムのいう「最大多数の最大幸福」はそのことを見事に言い表わした功利主義原理であった。公権、いわば社会の幸福（最大幸福）が語られる時、イギリスではまず私権すなわち個人の所有権を先行させることが前提とされ、次いでそれが社会の幸福すなわち社会システムの秩序と調和しうるか否かという問題として取り扱われる。それがロック以来のイギリスの伝統であった。

『社会静学』においてスペンサーはひとつの重要な概念を明確に提示している。それが、ワインスティン他の政治学研究者がスペンサーの論理の根幹部分であると見なす「公平な自由」概念である。「すべての人間は、他の人間が保持する公平な自由を侵害しない限り、望むところすべてのことを行ないうる自由を保持している」。(31)スペンサーはこれこそが人間の社会関係における「第一原理」であると明言した。スペンサーはこの「公平な自由」概念を基軸にして、社会におけるさまざまな個人の権利の拡大――所有権、交換の権利、自由言論の権利、女性や子供の権利、政治の権利――を主張した。(32)彼における権利とは次のように定義されている。「当今権利と呼ばれているものは、〔人間の〕能力を鍛錬するという一般的な要求を人工的に寸断したものにすぎない[33]」。ここにおける「〔人間の〕能力を鍛錬する」とは、すなわち個性を発揮・発展させることであろう。スペンサーは個々人が個性を虐げられることなく発展させるための必要な権利を要求したのであった。ただし、その能力の鍛錬に関連した「要求の人工的な分配」とは、各人が同じだけの権利を付与されることでも、それによって各人が全く同一の能力になることを意図されたものでもなかった。それは第二節において述べた「幸福」と「人間の能力」の関係からも明白である。スペンサーはそこにおいて他者や他民族・部族との比較を行なうことは無意味であるとしていた。その理由は彼が人間個人の幸福よりも、人間が種として存在し「道徳的に」生き長らえることのできる、いわば有機的結合がなされている社会の「幸福」にこそ注目していたからであった。

『社会静学』において「公平な自由」概念の抱える本質的な核心部分が最も的確に展開されている主張は、「地球を使用する権利（the right to the use of the earth）[34]」の公平性の提唱である[35]。

「自らの欲求にもとづく目的の追求を同様に主張するひとつの民族（a race of being）が所与であるならば、――その欲求を満たすことに適応するひとつの世界が所与であるならば――、つまりそのような存在〔民族と世界〕が同時に発生するならば、当然の結果として彼ら〔人間〕は不可避的にこの世界の使用に関する公平な権利をもつことになるだろう[36]」。スペンサーはこの条件下でのみ地球を使用する権利における「公平な自由」が成立するとした。すなわち地球にはひとつの民族しか存在していない。しかし反対に、他の民族が存在し、その人々が同様に地球を使用することを遮る方策が採られるならば、ひとつの民族が他の民族の人々よりも大きな自由を獲得することになり、その結果「公平な自由」の法則は崩壊する[37]。

そこでスペンサーの導き出した結論は実に明快なものであった。「それゆえ、公平さ（equity）[38]が土地の所有権を許容することはない[39]」。所有権の土地への適応を却下する理由として二つ挙げられている[40]。第一に、ある一部分における個人的な土地所有の許容は、ひいては地球全体の所有の許容へとつながる危険性があるからである。第二に、合法的な土地所有といえども、当然のことながら誰もが土地を所有し、地主なのではない。それゆえ土地をもたない借地に住む住民（landless men）は、たとえ自らの能力を鍛錬しても地主の同意なくしては生活・存在していくことができなくなるからである。以上二点の理由はいずれも地主階級に対してではなく、借地の住人・借地農を対象に発言されたものであったと考えられる。しかしここで注意しなければならないのは、スペンサーが経済的公平性の観点から、借地の住人・借地農と地主との貧富の格差が存在していることを懸念し、そういった社会状態を変革・是正するために土地所有の公平性を打ち出したのではなかったということである。

スペンサー自身も指摘している通り、土地は個人所有がなされているか、いないかの二通りの状態しかないのであり、その中間的状態はあり得ない[41]。そこで彼は「社会という大きな法人団体（the great corporate body-Society）[42]」によって土地が保持され、農業経営者（farmer）が地主からではなく国から畑地を借りることを提案した。ただしその借地料（rent）は国王ジョンとその妃に対して支払われるのではなく、共同体（community）に還元される。このように公平性が土地に適用されることによって、空き地をめぐって人々が争うことなく誰もが等しく自由に入札を行ない、借地料を支払うことが可能になる[43]。「それゆえ、明らかに、そのような制度においてはすべてが公平な自由の法に従い、地球は管理され、占有され、耕される[44]」。

もちろんスペンサーは以上のような土地所有における公平性を決して楽観的に推奨していたわけではなかった。彼は土地の「共同相続資格（the theory of the co-heirship）」を当時の社会の中で実現するのが容易ではないことはわかっていた(45)。またその方策が地主層のもつ既得権の剝奪という代償を払わなければ完遂されえないものであることも十分に認識していた(46)。しかしそうした困難な問題が山積していることを承知の上で、スペンサーは多くの借地の住人・借地農の権利が停止状態へと追い込まれていることを懸念していた(47)。それゆえスペンサーは土地所有における公平性を提唱したのであった。

先にスペンサーが土地所有における公平性を提唱したのは、あながち社会における貧富の格差是正という局地的関心のためではなかったと注意を促しておいた。ここにおける彼の本意を理解するにはすでに第二節において検討を加えてきた、スペンサーの論理と功利主義者のそれとの相違を再度想起することが不可欠である。

スペンサーは未開社会に生きる人間は功利思想を携えて生きているのではないと示唆していた(48)。その根拠には、有機的発想にもとづく未開社会の「道徳的」状態、すなわち紛れもなく人間が種として民族や部族の存続・繁栄のためだけに「生きている状態」が指摘されていた。またその状態においては、民族や部族が存続し続けることこそが「幸福」なのであり、そのための「道徳感情」だけが個々人の間に存在していた。そこにおいては、構成員である個人の幸福だけが取り出されて論じられる必要はまったくなかった。

では、そうした未開社会に生きる人間とスペンサーが生きた時代の近代人との間で、その「道徳」や「道徳感情」を決定的に異なるものにさせる原因は一体何だったのか。その解答は第二節で考察した、「人工的なもの」であると功利主義を批判したスペンサーの文言に隠されている。すでに論及したように、スペンサーが主張していた人間の「幸福」、「道徳」、「道徳感情」はいずれも「人工的なもの」すなわち人為に対置する〈自然〉の影響下におかれるものであった。他方功利主義者は、このようなスペンサーの論理とは全く違う次元において「最大多数の最大幸福」という実に人為的な原理を提示し、人間の「幸福」や「道徳」に対して規律を設け、それらを矛盾することなく確立しようとした。その功利主義者が無視した〈自然〉の象徴が「地球」であり「土地」だったのである。

　スペンサーは単なる社会変革として、貧富の格差を是正するためにだけ、土地所有における「公平な自由」概念を打ち出したのではない。むしろ借地の住人や借地農が人間として疲弊し人間の尊厳を喪失させられること、土地に根ざした慣習が破壊されてしまうことこそを懸念していた。その慣習とは社会・共同体・部族・民族を有機的なものとして維持しうる「道徳感情」に裏打ちされた人間の行為の総体を指す。この主張は、スペンサーのいう「権利」が人間の能力の鍛錬と密接に結びついたものであり、また借地の住人や借地農の「権利」が停止状態へと追い込まれかねない社会状態を懸念していたからこそ、土地所有における公平性の提唱を行なったという彼自身の言明とも一致する。また逆に、免れ得ない〈自然〉の影響力を受ける人間の種としての本質を踏まえて導出した「幸福」や「道徳」や「道徳感情」を無視して、この土地所有に関する方策を提唱していたならば、スペンサーはベンサムら功利主義者を批判する論拠を一切失ってしまい、彼自身功利主義者と見なされる在来の定説に何の矛盾もなくなってしまうのである。

　「地球を使用する権利」の公平性は、イギリスで近世以来伝統として受け継がれてきたいわゆる所有権の尊重に対する批判の上に成立する。このことは所有権に関する節において明確に論じられている。ただし注意しておくべきことは、スペンサーが「所有権」そのものを完全否定したわけではなかったということだ。「公平な自由」の法則に抵触しない「所有権」だけは容認されていたのである。

スペンサーは、「地球を使用する権利」が社会主義やコミュニズムの原理を反映したものと認識されるのを懸念していた。というのも、社会主義やコミュニズムが「社会（the public）が個々の構成員に対して土地を放出することなく、その手中に土地を収めたままであり、土地が株式会社（joint-stock agency）によって耕作され、生産物は共有される」社会体制であったからである。[49] 彼は社会主義やコミュニズムでは現実として「地球を使用する権利」の公平性を成立させえないとした。理由は二つある。

第一に、それらにおける「地球を使用する権利」の公平性は倫理的に不完全な形でしかなされ得ないからである。[50] 個人の労働の量や質に関係なく、生産物を平等に分配することだけに徹底した社会主義やコミュニズムの原理は、スペンサーが土地に対して想定した公平性とは相容れないものであった。というのも、「私たちの第一原理が必要としているのは、すべての人間がその能力に見合った所有権を平等に分配することではなく、すべての人間がそれらを追求する同等の自由と機会を持つことである」からだ。[51] スペンサーは次のように考えていた。まず社会主義やコミュニズムにおいてはこの第一原理が徹底されていない。そしてこの原理が徹底されない状況下で「公平な自由」の原理を適用しようとすると、各人は自らのすべての欲求を満たすために要求することを自由と見なし、必然的に他人の自由を侵害し、多くの資源を獲得しようとする。こういった予想しうる他人の自由の侵害は「倫理的」な事態では決してない。スペンサーにとって、社会主義やコミュニズムの原理は、個人の自由が他人の自由の規制の上に成立するものであるという認識が十分に浸透した上で定立された「倫理的な」原理ではなかった。

第二に、そもそも社会主義とコミュニズムにおいては、「地球を使用する権利」の公平性は実行不可能だからである。[52] スペンサーにとって、各人が公平に生産物を所有しうるという計画は実に抽象的であり、実現の可能性がほとんどないものであった。その理由は実に明快である。「もしすべての人間が土地の耕作者であるならば、彼らが何を要求しているのかについては正確に評価されうるだろう。しかし、生活必需品の一般的な貯蓄に向けて、精神的または肉体的労働者などの異なる業種によってなされたそれぞれの仕事（help）の量を確定することは不可能である」からだ。[53] 生産物に対する投下労働量を確定することが可能なのは、唯一全員が同じ業種に従事している場合である。それゆえ、このような各人の投下労働量の曖昧な設定は「公平な自由」の原理に反する。

社会主義やコミュニズムに対する批判に加え、スペンサーはフランスの社会主義者ピエール・ジョゼフ・プルードンやアナキストらの提示した命題にも反論を行なっている。「もし彼らが主張するように、『あらゆる財産（property）は盗奪である』ならば、――もし誰もがあらゆる商品の排他的な所有者になれないのならば――、言い換えればいかなる対象物にたいする権利も持ち得ないのならば、その結果として、一個の人間は彼が食糧として消費するいかなるものに対する権利をも持たないことになる」。[54] スペンサーは食糧を口にする人間を想定し、その食糧を盗奪しなければ彼のもの・所有物にはならないのかと問う。[55] もし消化する過程においても組織へ吸収される過程においても、その食糧の所有が認められないのならば、人間は自分自身の肉体や血液に対しても所有権を持ち得ないことになる。こうして究極的には所有権の適応範囲が確定されないためにかえって、他人の手足に対しても自分自身の手足同様の所有権を及ぼすことが可能になる。上記の推論においてスペンサーが論じようとしていたことは、次のことであった。すなわち、所有権という個体対個体における「権利」の適用範囲が明確に定められなくても、実際上食糧を食べるという行為において他人の自由を侵害することのない「所有」は存在している、と。

この「所有」に関し、スペンサーは実に巧妙な事例を挙げている。「私たちが複雑なポリプ（polyps）と同様の形態を求め、数多くの個体がそれらすべてに共通する生きた胴体につながって存在することができたならば、その理論は非常に合理的なものとなるであろう。しかしコミュニズムは、そうした広がりをもって実行されうるまでは、古い原理に依拠したままでいるのが最良であろう[56]」。このスペンサーの文言を単なる譬え話として受け止めてはならない。また単にコミュニズムというひとつの現象に対して批判が行なわれていたと受け止めてもならない。彼は、群体動物（刺胞動物、クラゲやサンゴなど）であるポリプが生命を維持する上で個体としては存在し得ないことに着目していた。スペンサーが「公平な自由」の法則に抵触しないとした「所有」の形態を示唆したのがこのポリプであった。すなわち個体が全体と有機的に〈生命〉としてつながっている場合における「所有」だけを、スペンサーはかろうじて容認していたのである。

以上の考察を踏まえるならば、土地から切り離された人間の営為を裏付ける所有権こそが批判対象となっていたことがわかる。というのも、そもそもスペンサーが述べていたように全員が土地に根ざした「耕作者」であるならば、私権としての所有権が問題として浮上してくるはずがないからである。これを逆に見れば、スペンサーの土地所有における「公平な自由」の提唱は、社会が土地に携わっている人間だけから成るという状態を前提にしてなされたのではなかったのである。産業革命の成功以来、イギリスにおいて土地から人間が流出し製造業に多く携わるようになった社会的背景をも、当然のことながらスペンサーは念頭においていたのであった。

上記第二節以来論及してきた、スペンサーが有機的発想にもとづいて想定していた種としての人間の有機的つながりを〈群相〉と呼ぶことにしよう。〈群相〉は以下第七章において考察する『生物学原理』に引きつけて考えるならば、動植物においてこそ適用しうる概念である。まさにスペンサーが例示していたポリプの生きている状態がこれに相応する。この生物学的知見にもとづく〈群相〉概念はスペンサーの論理を把握する上で重要な概念の一つである。そこで第七章において再度明確に定義し直すことにしたい。

私たちはここでひとつの結論に達することができる。すなわちロック以来踏襲され続けてきた所有権は、〈自然〉に根ざす〈群相〉から切り離された人間が生きていくためにこそ与えられた、人為的な法的権利であった、と。スペンサーはそうした所有権を理論的根源として、近代人が〈群相〉から切り離され、人間本来のあるべき姿から乖離しつつある近代人の現状を何よりも危惧していた。それが彼独自の「道徳」「道徳感情」「幸福」「所有権」を生み出す端緒となっていたことはいうまでもない。

四　『社会静学』の意義

「私たちの著作は、その〔正義の〕状態を公平なシステムへと押し広げ、各人の固有な活動範囲に適用されるその制限を他人の同様の〔活動〕範囲によって明確にし、その制限を認識することによって必要とされる諸関係を描写することになるだろう。――別の言葉で言うならば――社会静学の原理（the principle of Social Statics）を発展させることになるだろう[57]」。これが、タイトルにある「社会静学」という言葉の意味する内容と著作の目的について初めて言及された部分である。「正義」に関しては別の箇所において明言されている。「ここに、社会状態に必要とされている最大幸福を獲得するために調整されるべき状態の中で最も重要なものがある。こうした状態の実現を私たちは正義という言葉で表わしておく[58]」。以上二つの文言から、私たちは「社会静学」とは「公平な自由」原理にもとづく最大幸福が達成されるための社会システムであったと容易に想像がつく。ただしここでスペンサーのいう「最大幸福」とは、ベンサム以来の功利主義者が主張する特定の用語とは違う意味合いが込められていたことは、もはや指摘するまでもないであろう。各個人がその権利・欲求を突出させることなく〈群相〉としてまとまりをもつ社会を、スペンサーは想定していたのだから。

私たちのこの想像は『自伝』によって裏付けられる。スペンサーは初の著作にどんなタイトルをつけるべきか、父親をはじめ周囲の人々に相談をしていた。最終的につけられた『社会静学』というタイトルは叔父に勧められたものであったが、当初彼が考えていたのは次のようなものだった。「社会的および政治的道徳のシステム（A System of Social and Political Morality）[59]」。ここに先に引用した文言中の「社会静学の原理」の核心部分が簡潔に表現されている。スペンサーは独自の「道徳」という概念を主軸に、人間社会システムと政治システムの在り方を探ろうとしていたのである。ここでいう「政治的道徳」とは彼の意図を踏まえるならば、「政治的正義」と換言することが可能である。特に一国の政治（体制）における最大幸福の図り方を追求する「政治的正義」は、晩年の『人間対国家』で大いに論じられることになる。

『社会静学』は功利主義批判によって貫かれていた。それは、スペンサーの提示した「道徳」「道徳感情」「幸福」「所有権」がいずれも〈群相〉の中に生きる人間を前提とした概念であったことからも一目瞭然である。それらの概念において、個人の功利を前提とした上で全体の功利の最大化を達成しようとする問題は考慮すべき対象とはなりえなかった。というのも、その両者の功利の最大化と、人間が種として生き長らえると同時に民族・部族やそこに継承された慣習が繁栄していくこととは両立し得ない問題だったからである。本質的に功利主義とは、個人と社会とを切り離すことが理論上可能であり、逆にいうならばその前提の上に成立している思想である。そうした近世以来の功利主義が進展し続けてきた理由を、スペンサーは人間が風土すなわち〈自然〉から切り離されたためであると認識していた。彼は〈自然〉を人間存在の必要条件として考えていたのであった。それゆえ彼は従来の所有権を否定し、「公平な自由」において「地球を使用する権利」を提唱した。そもそも所有権が個人の権利の象徴であり、同様に土地（地球）が〈自然〉の象徴であることからするならば、スペンサーにおいて所有権が土地には及び得ないものであるという主張と、個人は〈群相〉から切り離し得ないという主張とは全く同じことを論じていたことになる。

後世パーソンズによって確立・提唱され発展していくことになる社会システム論は、第二部でも考察してきた通り、事実上その立論段階において功利主義を踏まえ、行為論を前提にして成立するものであった。つまりパーソンズ以降の社会システム論は、個人という社会システムの構成員の功利の達成が先行課題として存在し、その上で社会システム全体の功利すなわち秩序の達成が目的として存在する。しかしスペンサーは社会システム論に対して、パーソンズとは全く異なる任務を与えていた。それが「社会的および政治的道徳のシステム」という言葉に集約されていたのであった。その任務は『社会静学』以降一度たりとも忘れられることはなかった。スペンサー社会学のすべては『社会静学』に始まっていたのである。

五　人間の知識と宇宙の法則性

『社会静学』はいわばスペンサー社会学の辿るべき方向性を明確にする道標としての役割を果たしていた。その方向性がベンサム以来の功利主義と袂を分かつことになった理由のひとつは、スペンサー社会学が進化論を基礎としたところに構想されていたからであった。以下に考察していく『第一原理』は上述したように、「総合哲学体系」における第一番目の著作である。それは初の著作刊行から一一年後に発表されている。

『第一原理』には、『社会静学』においては明確に論じられなかったスペンサーの論理の根底部分を支える進化論・進化観の理論的特質が明示されている。換言するならば、「社会的および政治的道徳のシステム」の依って立つ理論的前提が提示されていた。同時に、そこには従来からの科学的思考に対し、進化論という新たな思考を打ち出すにいたったスペンサー側からの挑戦という意味合いも少なからず含まれていた。

スペンサーが『第一原理』において提示しようと試みた進化論の理論的な本質部分は、以下二つの観点から考察を加えることによって浮上してくる。㈠人間の知識の限界は存在するのか。㈡それによって人間の描く宇宙像はどのように変化するのか。いずれも西欧伝来の哲学的形而上学の根本部分に深く関わる重大な問題である。

スペンサーが論及した人間の知識の限界を探求する上で、知識と密接に関係する科学に対する彼の考え方を考察しておく必要がある。スペンサーは科学を人間にとって特別な知識であるとは考えず、「単に常識が高度に発達したものである」[60]と言及するだけで十分だと述べている。スペンサーは身近な事例を挙げている[61]。例えば、冬よりも夏の方が太陽が早く昇り、遅く沈むこと。鉄が水中で錆びたり、木が燃えたり、食糧を長らく放置しておくと腐敗していくこと。前者の観察が組織的になされるとやがては天文学へと、後者の観察は化学へと発展していくことになる。物理学に関しては、次のように述べられている。「私たちが持っている各種の産業行程と動力装置を通して、物理学は、その生活が環境によって規定されていると未開人が体得するよりも、より徹底的に私たちの社会生活を規定する[62]」。この文言の主旨は、近代人が未開人よりも多くの好ましい恩恵を物理学から受けているということにはおかれていない。前後の文脈からするならばそれは、物理学も、未開人が周囲の環境に対して推し量って獲得・蓄積する知識が徹底されていった結果生まれた学問であるとの主張におかれていた。

それゆえスペンサーは次のように結論づけた。「それら〔あらゆる科学〕は日常生活上の経験から個々に発生してきたものであり、〔人間が〕無自覚のうちに、成長するに従ってより間接的な、より数多くの、より複雑な諸経験を取り込む。そしてその〔諸経験〕間に、それら〔あらゆる科学〕は最もありふれた対象に関する私たちの知識を作り上げているものと同様の依存関係の法則を確定する」[63]。彼において科学とは、諸事実の関係を発見するという意味に照らすならば、日常生活レベルで発見されるものから天文学や化学や物理学といった体系的な学問領域で論じられるものまでの、すべてを一様に包摂するものであった。

そうした科学の本質をスペンサーは次のようにも明言している。「あらゆる科学は予知能力（prevision）である。またあらゆる予知能力は、究極的には程度の差こそあれ、私たちが善（the good）を発展させ、悪（the bad）を回避することを助けるものである」[64]。『第一原理』冒頭において提示されている「予知能力」に関し、彼は詳しい説明を付していない。それゆえこの一カ所だけから彼の主張を読み取ることは不可能である。本書では「prevision」に対し「予見」でも「予知」でもなく「予知能力」と訳語を当てることにする。その理由は、以下考察を進めるにつれて明白になっていくスペンサーにおける「生命観」から浮上してくる。

以上のスペンサーにおける科学観からもおのずとわかるように、彼は日常生活レベルであれ体系的な学問レベルであれ、科学に諸経験を踏まえて集積される諸事実の関係性を明示することを求めていた。すなわちそれは科学という知識が絶対的なものとして人間に与えられるのではなく、相関的なものとして捉えられることを意味している。それはスペンサー自身も「まさに生命の本質を深く掘り下げていくことで、私たちの知識の相関性を識別することができる。〔生命現象の〕重要な働き全体を分析しても、その働きのすべてを知ることができないという結論に導かれるばかりではなく、たとえ知りえたとしても、そのような知識は無意味ではないだろうか、という結論に導かれる」[65]と述べているように、「生命」の本質に論及することでより明確なものとなる。

スペンサーは「生命」を以下のように定義した。「生命とは内的関係と外的関係との持続的な調整である[66]」。これは一個の有機体、例えば動植物が熱や光に反応するといった調整活動だけが前提とされているのではない[67]。異なる種の間でも同様の持続的な調整が行なわれていることが提示されている[68]。例えば、一匹の芋虫が植物の上に這い出してそれを食べ始める。その時、当然芋虫の体内では植物から摂取した栄養分が取り込まれていく。そうした芋虫の活動をツバメがその色、形、動きから捉え、芋虫と自らの距離を測り、そして捕食する。次いでそのようなツバメの活動をタカが捉え、より複雑な神経組織や筋肉組織を使ってツバメを捕らえる。そのタカをその習性を経験上知り尽くしている狩猟者が狙う。スペンサーの活躍した時代は発酵や腐敗が微生物に作用するという事実が発見される以前であったために、この事例における狩猟者から芋虫までの連関はとぎれてしまっている。しかし、稚拙ながらもスペンサーの論理は、明らかに狩猟者・人間から芋虫まで繋がる連関（食物連鎖）をも予想させるものである。さらに最も強調されねばならないのは、個々の生物全体が個体内部と外部においてそれぞれ網の目のような関係を維持しつつ生命活動を行なっている、そうした状態すべてを「生命」であるとスペンサーが主張していたことである。その網の目のような関係はまさに生命連鎖とも呼ぶべきものである。

「もし私たちの認識しうる生命、すなわちその高度な形態において知性をも内包している生命が、内的関係と外的関係との持続的な調整の中に存在するならば、私たちの相関的な知識の特質も必然的に〔そこに〕含まれる[69]」。スペンサーは「生命」に強く象徴される人間の知識の相関性を繰り返し主張している。それは彼が不可思議な「生命」現象に惹かれていただけではなく、『社会静学』においても明示されていたように、それこそが彼が在るべき本来の姿であると論じていた有機的連関をもつ人間社会を強く連想させるものであったからであろう。ここで上記第二節で検討したベンサム以来の功利主義に対するスペンサーの批判が役に立つ。それを想起するならば、スペンサーが鋭く批判を加えていたのは、功利主義が、土地に根付いて初めて存続することができる民族・部族を形成する人間の有機的なつながりを全く無視し、単独の個人を理論的前提として想定していたことだった。功利主義において社会と個人が「生命」としての繋がりをもつという発想は皆無であった。それゆえロック以来の所有権が成立しうるのだった。功利主義に対する批判がその本質部分に透けて見えることからして、「生命」はスペンサーの論理の理論的支柱となる重要な現象であり概念であったことがわかる。

「生命」から人間知識の相関性を追求したスペンサーは、最終的に以下のような結論を導出する。「どの事象（things）がどれとともに発生するか、どの事象がどれの後に続くのかということを確かめていくことは、仮にそういったことが一切なくなるまで追求することができるにしても、〔事象と事象との間に見られる〕共存（co-existence）と継起〔が存在するということ〕を伴うだけで、私たちは結局取り残されたままなのである」[70]。すなわち、人間が知識として把握できない領域は必然的に存在する。その領域は、たとえ人間が経験を無数に集積し、法則を無数に定立したとしても、そのすべてを理解し把握することはできない。つまり人間を取り巻く現象に対し、人間は各現象の相関関係を発見することはできるが、その現象そのものに普遍性を一〇〇パーセント賦与することはできないのである。まさに「私たちは結局取り残されたままなのである」という言葉がこのことを示唆している。そのような人間の知識の揺るぎない限界を象徴するのが「生命」だったのである。

「生命」から直ちに連想される〈自然〉について、スペンサーはひとつの文言を一編の詩のように引用している。

> 自然を変えるのは自然自身であり、
> それを良くする方法など存在しない。
> ここに自然を良くする方法があると君がいうのは、
> 自然自身が作ったものにすぎない。(71)

スペンサー自身はこの文言の原典を明記していないが、これはウィリアム・シェークスピア晩年の喜劇『冬物語』からの引用である。(72) このセリフにおいても、明らかに人間の知識の限界が象徴されている。

ここで先に提示しておいた「予知能力」を、これまで考察してきたスペンサーにおける人間知識の限界の必然的な想定と関連させて考えるべきである。以下においてこの「予知能力」を明確にするために、ごく限られたスペンサーの文言から押し広げて考察を行なうことにしたい。ここで注目するべきは、前述したように、スペンサーが物理学も未開人が環境を推し量っていく知識をより徹底させたものに過ぎないと述べていたことである。敷衍するならば、近代人の駆使する物理学は、物理学という名称が付けられているだけで未開人の環境に対する知識の獲得となんら変わるものではないと述べられていた。ここでスペンサーの主張を深く考えるならば、未開人が体得しなければならない知識とは、環境という〈自然〉の中で生き延びていく方法だったということである。すなわち、未開人は近代人と同様の「科学」を〈自然〉の中で生きるためにもつ。その「科学」がまさに「予知能力」であった。そして、その「予知能力」によって発展させられる「善」とは生を、回避すべき「悪」とは死を象徴していたと看取することが適切である。スペンサーにおいて、この生と死が個体レベルのものだけではなく、民族・部族レベルのものも含まれることはいうまでもない。このことは『生物学原理』において徹底して論じられている。
「生命」に象徴された人間知識の限界の存在は、すなわち〈自然〉に対する人間の知識の限界を意味していた。「生命」を介在させることで、スペンサーは神学者や哲学者が主張するような「絶対知」が問題なのではなく、生存との関係すなわち相関性において要求される必要情報を知識としていた。そしてその知識には「科学」をもってしても人間の力が及び得ない領域、すなわち「不可知」な領域が必然的に横たわっていた。

「つねに知ることを求めては、つねに知ることができないという深い確信をもつ状態に引き戻されることによって、私たちは次のような認識を持ち続けることになるだろう。すなわち、私たちの最高の知恵(wisdom)と最高の義務はともに、あらゆるものが不可知なもの(the unknowable)として存在しているということを通して認識される、と」[73]。スペンサーにおいて人間の知識は相関的なものであるがゆえに、普遍性を確立することが不可能なものであった。このことを彼は「不可知」という言葉に収斂させていた。

これまで考察してきた通り、スペンサーにおいて科学とは「予知能力」であった。また彼は、科学が徐々にその知識の集積によって領域を拡大していくということを、周囲の無知(nescience)の部分との接触部分を拡大していくことだと述べていた[74]。こうしたスペンサーの科学観をつき合わせるならば、「周囲の無知の部分」すなわち未知の部分と、人間が接触する際に用いられるのが「予知能力」であると見なすことができる。その「予知能力」に深く関連するものが、上記文言中の「最高の知恵」なのである。人間を含む生物は自らを取り巻く未知の環境において、わずかの確率でしか生き延びることはできない。スペンサーはそうした宿命をもつ「生命」を、単にその不可思議さに惹かれて論及していたのではなかった。

彼は、人間を含む生物の環境こそが「不可知」であると強く主張していたのである。スペンサーにおいて「予知能力」とは、人間を取り巻く周囲の環境すなわち〈自然〉が「不可知」であるという事実の象徴でもあった。

スペンサーの抉り出した人間の知識の限界、すなわち「不可知」な領域の存在は、必然的に人間の宇宙像を転換させることになる。人間の側から周囲の環境へと発せられる「知ること」の追求は、やがて科学として結実する。スペンサーは科学の任務を次のように捉えていた。「……私たちは科学の中に紛れもない啓示（revelation）をすでにもっている。――それは宇宙の確立された秩序（the established of the Universe）を持続的に明らかにすることである」[75]。これまでの考察を踏まえるならば、この文言中で述べられている真意は、人間の知識の集大成である科学が宇宙の秩序をすべて解明しうるとするところにはないことがわかる。なぜなら、スペンサーにおいて科学とは対象すべてに人間が普遍性を求めることを可能にする知識ではなく、人間個体や民族・部族が生き延びていく過程で必要とされる知識・経験の集大成であったのだから。

スペンサーは、何よりも人間が「不可知」空間である宇宙の中で生きている事実を真摯に受け止めていた。こうしたスペンサーの宇宙像は、第二部で論及したデカルトの論理に象徴される宇宙像とは全く異なることがわかる。一七世紀半ば以来の宇宙像は、人間が法則や認識を介在させることによって、宇宙全体がもつ法則も解明可能であるとの主張に裏付けられていた。すなわちその宇宙像は、人間が獲得した法則を演繹することによってすべて描きうるものであり、つまるところ人為によって包摂可能なものであった。

スペンサーはそのような人間にとっての「不可知」領域、すなわち総体としての〈自然〉を認めない宇宙像を受け入れることはできなかった。というのも、彼が自らの理論的根源としていた「進化」という現象が、人間によってくまなくすべて把握可能なものではなかったからである。「あらゆるものの歴史全体は、目に見えないもの（the imperceptible）からの出現と目に見えないものへの消滅を含んでいるに相違ない。……知識は現象に限定されることを認めると同時に、私たちは暗にその知識の範囲が現象と共存するものであること――すなわち、〔そういったことを認める人間の〕意識に影響を与えるあらゆる形態の不可知なものと共存するものであることを主張してきた。……それ〔存在物 being〕に関する知識は、過去と現在と未来の歴史がすべて繋がるまでは不完全なままである[76]」。スペンサーは存在物すなわち生物に関し、どこから発生し、どこで絶滅するのかについて人間が完全に理解することは不可能であると示唆していた。人間にとって可能なのは、日々の言動においても見られるように、「過ぎ去った状態と起こるべき状態」を予想する（presuppose）ことだけなのである[77]。これこそがスペンサーの「進化」という現象に対する理論的姿勢であった。すなわち人間は一つの現象に対し、それが過去においてどのようなものであったか、未来においてどのようなものになるのかと予想することしかできない。換言するならば、進化論とは予測可能性をもつが、未来を断定する理論ではない。こうしたスペンサーの進化観は、以下第七章において彼が社会進化論者であったか否かを判断する際に有効な論拠となる。

このような予測可能性だけを提示する進化論をスペンサーが主張していた理由はもはや明白であろう。なぜなら、人間を含む生物が〈自然〉の影響下にさらされて存在すると彼が認識していたからである。敷衍するならば、生物が現在生きている状態からこの先どのように変化していくかということに関しては、

〈自然〉に尋ねるしかない。スペンサーにおいて、進化論とは〈自然〉のもっている法則性、すなわち宇宙の法則性を人間が把握したひとつの法則、法則観なのであった。その進化論にもとづいて描かれる宇宙像は、一七世紀半ば以来のそれとは全く異なることは言うまでもないであろう。スペンサーの提示していた宇宙像は、人間の作る理論・法則が〈自然〉の法則性・宇宙の法則性よりも優先すると判断し描いてきたそれを相容れることはできなかった。それゆえスペンサーは、伝統的に西欧社会で受け継がれてきた宇宙像を覆さねばならなかったのである。

六　『第一原理』の意義

『第一原理』は進化論の理論的特質を明示した、いわばスペンサーの科学論を集約した著作であった。それは、驚くべきことに、遙か一〇〇年後の現代にようやく花咲きつつある新しい科学論に直接連続する射程さえももつものであった。その理論的特質は次の二点にまとめることができる。

第一に、進化論は人間の知識に限界を必然的に設けることなくして理解することはできない。このことはスペンサーが生命現象に関する知識の相関性を提示していたこと、および人間の知識の集大成である科学を「予知能力」であると明言していたことに裏付けられていた。特に知識の相関性に照らしてスペンサーが主張していたことは、人間の知識が実在の経験という意味での現象に限定されることであり、それに対して人間は普遍性を求めることはできないということであった。これは、イギリス経験論に対する類い希な貢献であると同時に、この主張が西欧近代以来踏襲され続けてきた、人間理性に対する盲目の信奉を否定するものであったことはいうまでもない。このことは以下第二点の特質からも浮上してくる。

第二に、進化論は従来の人間によってすべて描かれうるとされていた宇宙像を転換し、「不可知」領域の存在を看取させる宇宙像を人間に賦与する。すなわち、理性的な近代人が定立する理論や法則によって、人間は宇宙の法則性をすべて捉えることはできない。その有力なひとつの証拠として、生命現象を人間が理解しつくすことができないということが主張されていた。スペンサーにとって近代人が信奉し続けてきた理性とは、認識できない対象が存在することを認識するためのものでなければならなかった。それは人間が認識できない対象の存在そのものを無視するためのものでも、存在しなかったとするためのものでもなかった。「不可知」領域にさえ万能性を発揮すると信じて疑われない近代社会における理性への盲信を、スペンサーは危惧していたのである。

上記二点は、スペンサー社会学の根幹部分を支える進化論が、従来の科学的思考を前提とする限り、十分に理解することができないことを指摘するものである。スペンサーは新たな科学観を踏まえて論理を展開する以上、従来の哲学的形而上学とは異なる発想を獲得せざるを得なかったのである。

こうして、スペンサーは『第一原理』において、それまでの人間の知識というものの総決算を行なった。そこにおいて、進化論を十分に展開するのに不適切な知識は否定された。彼は進化論によって誘発される人間の知識全体の構図の劇的な変化を論じていたのである。

以上、第六章全体を通して行なってきた『社会静学』と『第一原理』の考察から浮上してくる重要事項が二つある。第一に、スペンサーがいかなる意味でも功利主義者ではないということである。『社会静学』

においては、土地に根ざした〈群相〉が想定され、その〈群相〉における個々人の有機的な関係こそが、人間本来の在るべき姿であると主張されていた。『第一原理』においては、宇宙の法則性に不可避的に従い、変化し続ける人間存在が明確にされていた。これらの著書におけるスペンサーの論理には、個人を社会から切り離しうる可能性や、人間を画一的な存在と見なす可能性は全く存在しない。これほど功利主義原理と対立する論理を展開していたスペンサーを、功利主義者であると断定することは不可能である。そうする論拠が一切見あたらないからである。

第二に、スペンサーの論理は自然人すなわち未開人を正しく視野におさめて読み解かなければ、その主張を十全に捉えることはできないということである。スペンサーは風土をもたない人間を想定することはなかった。このことは、第一点に述べた彼が功利主義者ではなかったことからも頷けよう。まず個人の権利の優先を前提にした功利主義原理と、個人は〈群相〉の中でその繁栄と持続のために存在するとしたスペンサーの論理とが矛盾することなく両立することはあり得ないからである。

スペンサーが『社会静学』以来一貫してその論理の中に構想していた〈群相〉とは〈自然〉に根ざした社会を指す。もし彼が〈自然〉すなわち風土をもつ人間を想定することがなかったならば、「総合哲学体系」の中に生物学が組み込まれ、それを前提にした上で社会学や倫理学が展開されるはずはなかったであろう。

第七章　スペンサー社会学㈠——生物有機体と社会有機体の同質性への注目

一　『生物学原理』と『社会学原理』の関連性

『生物学原理』は一八六四—七年にかけて初版が公刊され、三四年後の一八九八—九年に一度改良が試みられている。それはスペンサーが初版公刊後、急激に進展していく生物学的研究を目の前にして、著作中の古くなった知識——例えば、「新陳代謝」や「構造」概念など——に加筆の必要性を感じたからであった(1)。本書では、『生物学原理』の初版と改訂版とを突き合わせ、彼が加筆を行なった理由や時代的背景を探求する文献考証を主たる作業としないので、スペンサーがより明確にその論理を打ち出した改訂版を『生物学原理』と記し、これについて論及している。というのも、改訂版には初版のどの部分を改訂したのかがすべて註に記されており、それを検討する限り、スペンサーが改訂版を執筆する際に決定的にその主旨を変更した形跡が見あたらないからである。

『生物学原理』に次いでスペンサーが発表したのが『社会学原理』である。この著作は一八七六—九六年の二二年という長い期間にわたって公刊された。全部で三巻から成るこの著作は、唯一第一巻にだけ初版に付録をつけるなど加筆が行なわれ、二回版を重ねている。本書ではこの著作に関し、先の『生物学原理』の取り扱い同様、第一巻だけは第三版を使用している。

従来スペンサーの理論体系における『生物学原理』は、多くの場合はなはだしく軽視されてきた。第六章において論及したテイラーやワインステインは全く無視することはなかったものの、『生物学原理』を積極的に論じることもなかった。しかし、ただ一人グレイだけが次のように一言述べている。生物学はスペンサーにおいて「人間に関する生物学的事実への理解が、社会に関する社会学的事実への理解の前提になっていた」と。[2] グレイがこのように生物学の意義を理解していることには理由がある。それは、彼がスペンサーの論理全体に「有機体主義(organicism)」[3]が貫かれていると主張するためである。スペンサーの社会有機体説に関し、グレイが理解し列挙している様相は以下の通りである。「相互依存、方法論的全体論、決定論、社会的造形(social moulding)、社会的な完全性とアイデンティティ、秩序維持、全体社会・民族・人種の福利に対する倫理的優先、パターナリズム、統合、愛他主義、成長(規模拡大化growth)、伝統、集合主義、宿命論、保守主義、政治的・軍事的・キリスト教的強制による統合」[4]。この中には不適切な解釈が散見するが、これら諸概念を、グレイがどのようにスペンサーの論理の中から導出したのかについては検討を加えない。しかし注目すべきは、彼はスペンサーの論理が単独の概念から形成されているのではなく、さまざまな概念が結合しその輪郭を形成していることを「有機体主義」という用語を用いて表現していることである。すなわち、グレイの理解する「有機体」概念では、各部分の集積・相互依存がそのまま全体の形成に直結している。それゆえ、なぜ各部分(器官)が相互依存することによって「有機体」という全体が成立するのかについては一切論じられることはなかった。すなわち、〈生命〉概念が欠如しているのである。このグレイによるスペンサー社会有機体説の解釈は、『生物学原理』に着目していたことだけは大いに注目すべきであるが、残念ながらそこから必然的に導出されるはずの〈生命〉という重要事項が欠落してしまっている。

上記グレイの理論的短所は『生物学原理』に言及しながらも、その中に盛られているスペンサーの生物学的知見を充分把握しえなかったことに起因している。第六章において論及してきたように、『社会静学』『第一原理』を踏まえるならば、〈生命〉に注目して解釈されない限り、スペンサーの提唱した社会有機体説を理解することはできないはずである。すなわち、『生物学原理』に論及せずして『社会学原理』の含意するものを十全に把握することができないのである。それゆえ『生物学原理』と『社会学原理』は一セットにして読み解かれるべきなのである。本書では両著に縦横に跨る考察を行ない、スペンサーの主張を捉えることを試みている。

〈生命〉の重要性が強く訴えられている『生物学原理』は、スペンサーの突然の思いつきによって「総合哲学体系」の中に組み込まれたのではなかった。『自伝』によれば、スペンサーは少年時代から博物学、特に昆虫学に強い関心を持っていた。(5) やがて彼の関心は、生物学を経由し人間の身体を取り扱う解剖学や生理学へと振り向けられていった。スペンサーの中では幼い頃からすでに、昆虫も人間も〈生命〉をもつという共通性への認識が培われていたはずである。そしてこの認識が、『社会静学』や『第一原理』の中で明確な表現が与えられ、そのまま人間社会へと振り向けられていくことになった。

特に『生物学原理』に関し、注意しておくべきことがある。それはスペンサーが、同書の中で例示されている膨大な生物学的知識を五人の科学者から広く摂取し、学術的意見を徴していたことである[6]。その中には著名なところだけでも、化学者ウィリアム・ヘンリー・パーキン、植物生態学者アーサー・ジョージ・タンズリー、動物学者アーネスト・ウィリアム・マクブライドがおり、それぞれ有機化学、植物形態学・植物生理学、動物形態学についてスペンサーの求めに応じていた。実直な書き手であったスペンサーだからこそ、個別分野の科学者たちの目を通しても何の問題もない論理を展開したかったのに相違ない。

『生物学原理』『社会学原理』両著に跨るスペンサーの主張から導出される主要概念は四つある。以下に考察していく進化概念、自然概念、生命概念、時間概念がそれである[7]。この四概念はそれまでの生物学的知見を如実に反映しただけではなく、それ以降の現代生物学においてもいまだに中心的課題となりつづけている。いずれも彼の提唱した社会システム論の支柱を成す概念である。

ここで、以下の行論において使用する〈群相〉概念について一言定義しておくことにしよう。〈群相〉は第六章で考察してきた通り〈生命〉と密接に関係している。しかし〈生命〉は個として観察することも群として観察することも可能である。どちらが真実か、といった議論に、質的に馴染まない存在である。そこで個を言及対象とするとき、「個体」という語を当てる。群を言及対象とするとき「群体」という語を当てる。一方、個体の生存様態を主として指すとき「個相」という表現を使用し、群体としての生存様態を主として指すとき「群相」という表現を使用する。すでに第六章では「種としての人間の有機的なつながり」と言及しておいたが、対象となる種が人間である場合は、〈群相〉は限りなく社会に近いものである。以下、必要に応じて双方をこのように使い分けることにする。

二　スペンサーの主要概念㈠——進化概念

スペンサーの進化論の核心部分は『生物学原理』に先駆け、すでに『第一原理』および論文「進歩について——その法則と原因」で提示されていた。「遠いところでは科学が推量可能な過去から、近いところでは昨日にいたるまで、進化の本質的特色は同質性から異質性への変化（the transformation of the homogeneous into the heterogeneous）にあった[8]」。スペンサーにおいて、進化は「種子から木へ、卵から動物へ」という個体発生的事実、および系統学的事実にもとづく経過だけに見られるものではなかった[9]。「地球、地球上の生命、社会、政治、産業、商業、言語、文学、科学、芸術において、単純なものから複雑なものへという同様の進化が、継続的な分化を通じていたるところで起きる。遡ることのできる最も初期の宇宙における変化から文明の最新の結果まで、進歩といわれるものの本質部分が同質性から異質性への変化にあることを私たちは知るだろう[10]」。すなわち、進化とは宇宙に生きる生物が、宇宙の中で辿る変化を指した。

こうしたスペンサーにおける進化観は、『生物学原理』の註に付された独特の概念提示にも反映されている。「通常、development と growth は同義のものとしてしばしば用いられている。そこでこれから先使用する development に関してはっきりさせておく必要があるのは、それが構造が複雑化することであり、規模が拡大することではない、ということである。進化という言葉には、development だけではなく growth の意味も含まれており、その両方の意味が含まれる場合にのみ使用を限定する[11]」。すなわち、

「development」と「growth」をそれぞれ「発展」「成長」ではなく、「構造複雑化」「規模拡大化」と使い分けるべきであり、進化とはこの二つの概念を内包した概念であると主張された。この主張は『生物学原理』に限定されたものではないことに注意しなければならない。当然、進化論を基軸にした彼の論理全体を貫くものである。そこで本書では、スペンサーの主張に即してこれら二つの概念は適宜使い分け、訳語を当てている。ここで一つ注意を喚起しておかねばならないのは、従来「development」という言葉は好ましさの価値判断を伴うものであり、例えばAからBに「発展した」と述べられる場合には、ほとんど必ずAよりもBの状態の方が好ましいと判断されてきたということである。しかし上記考察してきた通り、スペンサーはこうした価値判断を払拭しようとしていた。彼は進化現象をこうした価値判断から中立させ、その現象を正確に把握するために、「development」に「構造複雑化」という意味を与えたのである。

上記二つの進化を基礎づける概念は『生物学原理』において、「規模拡大化」が「形態学的発展[12]」、「構造複雑化」が「生理学的発展[13]」と称した部でそれぞれ展開され、各々の中で藻類から被子植物まで、原生動物から哺乳類までの、幅広い動植物の形態学的変化と生理学的変化が緻密に論じられている。「進化の現象として生物学的現象を取り扱う時には、私たちは有機体（生物）の形態学的な異質性の増大だけではなく、生理学的な異質性の増大も物質と運動の再分配の見地から説明しなければならない[14]」。スペンサーはこの二つの部のために『生物学原理』の約半分の紙幅を割いている。すなわち、彼は進化を一側面だけから単純に把握することのできる現象としては捉えていなかった。それがこの、博物学的と評してもあながち誤りとはいえない膨大な紙幅を割く姿勢にも現れている。

進化という複雑な現象には必然的に、死、絶滅が伴う。スペンサーはその事実を次のように象徴的に述べている。「たとえば、一個の植物は何千もの種子（seeds）を作る。これらの種子の大部分は、それを常食とする生物らによって〔発芽のための組織を〕壊されてしまうか、さもなくば発芽することができないような場所に落とされてしまう。〔無事に〕発芽し成長した若い植物の中で、多くのものはその周囲のもの〔植物〕によって光を遮られてしまうか、別のものは虫によって枯らされてしまうか、さもなくば動物によって食べられてしまう。平均的な場合をとるならば、それらの種子の中でほんの一個だけが、あらゆる危険を逃れ、種属（race）を持続するのに必要な成熟した種子をもたらし、その種（species）の完全な見本を作り上げる。以上のことは、あらゆる生物にあてはまる」[15]。進化途上においては、「死」にいたる生物種が無数に存在する一方で、逆に無事に進化を遂げ「生」にたどり着く生物種はごくわずかしか存在しない。スペンサーはそのごくわずかの確率で生き延びた生物種を「ほんの一個」の種子によって象徴させていた。進化は動植物の〈生命〉にとって好都合な状態だけをもたらすのではない。スペンサーは進化が単に一方向に進展していく現象ではないことを主張した。この進化は社会においても同様に起こった。「社会の崩壊（絶滅）は明らかに、他国からの攻撃の結果生じるものであるか、または歴史が示しているように、社会進化が終止した時に生じるものである。こうしたことは広い観点において見るならば、〔社会の崩壊は社会が〕新たな外的運動を受容する時に生じている。社会の崩壊は、征服された社会が分化する時やその構成員が分離する時に生じ、文字通り、そこでは軍事的側面と産業的側面双方で行なわれている協働的作用が停止し、〔その作用は〕個人的なものかまたは非結合的なものへと衰退していく」[16]。社会進化が終止・衰退することも、社会が崩壊することもありうる。このようなスペンサーの進化観の理解は、第一章で言及したターナーの解釈とも一致している。

スペンサーの主張する進化論の本質は、論文「進歩について」冒頭においても表明されている。「昨今用いられている進歩の観念は、移ろいやすくて曖昧なものである。……しかし、現在通用している進歩の観念は多かれ少なかれ不明瞭なものであるだけではなく、非常に誤ったものである。……現行の〔進歩の〕観念は目的論的なものである。その〔進歩の〕現象は単に人間の幸福を生むものとして期待されている。直接的または間接的に人間の幸福を増す傾向のある変化だけが進歩を構成すると考えられ、それら〔変化〕は人間の幸福を増す傾向にあるというその理由だけで、進歩を構成すると考えられているのである」[17]。スペンサーは目的論的に進化現象を捉える認識を批判した。彼が矛先を向けたこうした認識は、啓蒙思想以来の「発展法則」観に特徴的なものである。スペンサー以前の啓蒙思想においては、その独特の進歩観に従い、動物と人間の間には精神・理性の有無にもとづく厳然たる厚い壁が存在していた。しかも、その両者はそれぞれ別個に、人間は未開人から近代人へ、動物は下等動物から高等動物へと漸次進展していく、進展していかなければならないと主張されてきた。スペンサーはこうした人間側の希望的要求にもとづく「発展法則」とは画然と距離をとった進化論を展開しようとしたのである。「development」に新たな明確な意味を賦与していたのもその現れであった。なぜなら彼の論理においては、人間はその希望的要求にかかわらず、宇宙の法則のみに従う生物有機体の一つにすぎないからである。人間を含む地球上の生物は、すべて同様に進化の法則に従う。このことはすでに第六章で考察した。

上記考察してきた通り、スペンサーの進化論には「発展法則」「発展史観」の意味合いは皆無である。しかしそれにもかかわらず、従来彼によって社会に適用された進化観は特に偏見をもって論じられてきた。

ステレオタイプ通り、発展法則に則りスペンサーの社会進化観を捉えたものにロバート・G・ペリンの論考がある。[18] ペリンは「理想的な『社会状態』へと向かう社会進化」「機能的なサブシステムに社会集団を分化する社会進化」「労働分業を進歩させる社会進化」「社会における種の起源としての社会進化」という四類型の進化観を、スペンサーの中に読み取ろうとした。ペリンの主張の最大の眼目は、スペンサーの進化観がイデオロギー的色彩を備えたものであったというところにある。スペンサーと同時代人のチャールズ・ダーウィンの提唱した「自然選択」概念を重ね合わせ、「種の起源」というフレーズを用いていることからもそのペリンの強いイデオロギー的反発をうかがうことができる。今世紀初頭の右翼、左翼、キリスト教、科学主義、テクノクラシーなどの激突した『種の起源』をめぐる特異なイデオロギー状況は周知のことではあるが、社会学者ペリンがそれを今世紀七〇年代まで持ち越しているという事実には、ほとんど唖然とさせられるものさえある。控え目にいっても、上記四類型では一様に「進歩」「進化」に対し、スペンサーの批判した理想的な状態に進展していくという人間の側からの欲求が込められている。ペリンの中にはこのような一義的な「進化」観が潜在していた。それゆえ、スペンサーの進化観の核心部分が捉えきれなかった。

スペンサーにおける明確な進化観が社会に適用され、別の言葉で置き換えられたのが、著名な「軍事型社会から産業型社会へ」というフレーズである。簡潔に考察しておくならば、「軍事型社会」の特徴は以下の通りである。[19] この社会では、戦士の割合が多くを占めており、軍隊の指揮系統に明確に表れているような「集中化のシステム」が敷かれている。「身分」にもとづいて個人は国家にその自由や財産を管理されている。すなわち個人は国家に支配されており、この社会においては社会（国家）の維持がまず到達されるべき第一目的であり、各構成員の生命・生活の維持は第二目的となっている。個人には社会維持のために強制的な協働が課せられている。スペンサーはインカ帝国や古代エジプトにその原型を見いだしていた。それに対して「産業型社会」の特徴は以下の通りである。[20] この社会では、個人は自らの生計を維持するための働き手であり、例えば戦士も自由な働き手としての地位を獲得している。個人を支配する「独裁的な規制」は何もなく、各構成員の「個性」を守ることが社会の義務となる。個人の自由、所有は完全に守られている。社会には個人による「自発的な協働」関係が張り巡らされている。

しかし、スペンサーは現状認識として当時のイギリスが産業型社会に到達しているとは考えていなかった。「特に戦争状態に適応している有機体は、産業に適応する特質を覆い隠している。軍事型という理論上構成された概念は、従来多くの社会の中に見られたのでその本質に関してはほとんど疑いの余地はない。しかし産業型については、〔社会の中に〕まだ残存している軍事型の特徴があまりに支配的なので、それがどのような特徴をもつかは、どの事例を取ってみても部分的な例示しかできない状態である[21]」。すなわち、純然たる産業型社会はまだ存在していないとスペンサーは考えていた。彼は軍事型が戦争状態の続く中世社会、産業型が産業革命によって商工業を発展させた近代社会、と見なしていたのではなかった。彼は、当時のイギリス社会を、世界に先駆けて産業型に到達した見本となるべき典型的な社会として擁護していたのでもなかった。スペンサーにおいては、当時のイギリスも依然として軍事型の要素が残されたままの社会であったのである。彼の当時のイギリス社会に対する批判は第九章で考察する『人間対国家』に噴出している。

ではスペンサーが、「軍事型社会から産業型社会へ」という提唱を行なわなければならなかったその理由はどこにあったのか。その理由を探るための端緒となる文言がある。彼は次のように述べている。「私たちは、どのようなタイプの個性（individual nature）[22]が産業型社会に伴うのかを考えてきた。個人の性格だけではなく集団の性格の考察からも、確証を導出することが可能となった。平和的な生業に従事して生活を送ってきた未開人は、自立性、強制への抵抗、貞節さ、誠実さ、寛大さ、愛情に特徴づけられると証明された。より戦争の多い期間を過ごした私たちの祖先の個性（characters）と私たち自身の個性とを比較するならば、交戦状態に対する産業主義の割合が増大するにつれて、自立性の成長、より顕著でなくなった忠誠心、より過小な政府に対する信頼、より制限された愛国心が生じた。その一方で、自主的な行為、権威に対する信頼の減少……なども生じた。個性（individuality）の尊重に伴い、他人の個性に対する侵害を減少させること、他人の幸福に対する努力を増大することが推奨されることによって、他人の個性の尊重も行なわれるようになった[23]」。スペンサーは未開人、軍事型社会に生きた人間、近代人を比較して、近代人は失ったものは多いが「個性」を尊重する気運だけは育ててきたと述べている。しかし、未開社会や軍事型社会において人間に「個性」が全くなかったとは述べられていない。彼の主張を汲み取るならば、単に「個性」がより尊重される社会状態ではなかったために、「個性」尊重の気運が顕在化されなかっただけなのである。スペンサーは「産業型社会」に人間の「個性」の尊重を託していた。すなわち、彼が「軍事型社会から産業型社会へ」という社会変化において注目し主張していたのは、社会類型に伴い適応・変化していく「個性」の在り方であった。人間の「個性」がより尊重される社会状態を希求するスペンサーの主張の表れが、独特のフレーズの中に集約されていたのである。しかしここで一つ注意すべきことがある。それは先の文言にも象徴されているように、「個性」の尊重がより行なわれるようになったことを除くと、彼は未開社会に対し近代社会がすでに喪失したある種の長所を嗅ぎ取っていたということである。スペンサーが未開社会に込めていた真意が何であったかは、『人間対国家』においてなされている。その詳細は第九章で展開することにしよう。

　スペンサーは『社会学原理』を以下の言葉で締めくくっている。これはすでに『社会静学』で論じられていた一節と同じものである。「究極的な人間（the ultimate man）とは、その個人の要求を公共の要求に一致させた人間のことであろう。彼は自発的に自らの個性（nature）を達成する中で、結果的に社会の単位としての機能も果たしている人間であろう。しかし、他のすべての人間が彼と同様にすることによってのみ、彼は独自の個性を達成することが可能になるのである」[24]。人間が他人の「個性」を侵害することなく、自らの「個性」を進展させていく必要性を強く訴えるために、スペンサーはこの一節を『社会学原理』巻末に置いたのである。その主張は『社会静学』で展開された「公平な自由」に裏付けられていたことは言うまでもないだろう。スペンサーとしては社会の構成員全員の「個性」が尊重されていない状態を「産業型」と見なすわけにはいかなかった。彼は人間が持つ潜在的力能である個性が抑圧されることのない社会を希求し、それを「産業型社会」の中に求めていた。スペンサーが『社会学原理』に次いで『倫理学原理』を執筆したのは、こうした主張があったからである。

　以上考察してきたスペンサーにおける進化概念は、今日の分子生物学の知見における「中立」説にもとづくとその本質的な特徴がより明確に浮上してくる[25]。中立説は、ダーウィンの提示した自然選択における「適者生存」概念に新たな解釈を加えて展開された理論である[26]。従来の「適者生存」概念には、自然環境に対して適用する種が進化を遂げ、逆に適用することのできない種は進化することができずに絶滅する、という二元的な進化現象観が前提におかれていた。しかし、中立説では「適用」と「不適用」のいずれにも属さないニュートラルな位置にある「中立」の変異をミクロレベルで保有する種が理論化されている。すなわち「適用」「不適用」の種は従来通りの進化、絶滅を繰り返し、その一方で「中立」の種も自然環境の影響を受けて存在し続ける。しかしその途上で、「中立」の種も分子や遺伝子といったミクロレベルにおいて確実に多様化し、長い時間をかけて可視的な変化を発現させる場合がある。これが「中立」説の骨子である。

従来スペンサーの論理は、啓蒙思想以来のいわゆる「発展法則」「発展史観」にもとづき、理性を備えた人間がその欲求通りに、人間にとってより好ましい一方向に社会を作り替えることが可能であるとする社会進化論であると見なされてきた。同時に、彼の論理は、生存に適さない人間を切り捨てることが可能であるとする社会ダーウィニズムである、とも牽強付会されてきた。しかしこのように理念化された社会進化論や社会ダーウィニズムには、生物がそれを取り巻く環境すなわち〈自然〉に強く影響され、その形態・形質を変化させられるという進化観をそのまま社会に対しても適用しようとする主張が存在する余地はまったくない。『生物学原理』に提示されているこうした進化観は、上記考察した「中立」説の核心部分と期せずして一致している。それゆえ、スペンサーの提示した進化論を、いわゆる社会進化論や社会ダーウィニズムと混同して解釈するのはその本質をはなはだしく見誤ることになる。

三　スペンサーの主要概念㈡——自然概念

生物有機体は自らを取り巻く自然環境との相互作用なくして生存することはできない。この当然の事実を、スペンサーはまず人間が日頃接するありきたりの生命現象を通じて示唆した。「春に温度が上昇すると葉を繁らす樹木、太陽の昇り沈みにより開いたり閉じたりする花、土壌が乾燥するとしなだれ、水分で潤うと首を再びもたげる植物、これらはこのような変化を起こすことから生きていると見なされる。突然日陰になるとどんぐりの外殻が収縮することや、地面が持続的に揺れると虫が這い出してくることや、攻撃されるとハリネズミが身体を丸めることも同じことである」[27]。すなわち、生物有機体は自らに適した自然環境の中でしか生きることはできない。魚が空中で生きることも、人間が水中で暮らすことも、海藻が海中以外で生きることもできない。というのも、「動物はそれぞれある一定範囲の気候条件に、植物はそれぞれある一定の緯度と高度の層〔植物層〕に制限される」からである[28]。それゆえ、突然の自然環境の変化によって、動植物は絶滅の危機にさらされることもある。例えば土地が隆起して山脈を形成するといった地形変動が生じると、従来の植物層や動物層が崩壊し、その後新たな気候条件に適した別の動植物が繁殖していくということがある[29]。鳥だけが突然異常発生すると、確実にその環境下にある食物連鎖に不均衡が発生し、鳥に植物が食い荒らされ、虫が食べ尽くされ、やがて鳥自体も餌の不足から餓死することになりかねない[30]。

こうした自然環境との過酷なやりとりは生物有機体に特有のものではない。全く同様のことが人間の集団内部においても起きる。それは社会の規模が拡大していく時に象徴的に考察される。「有機的進化を始めたばかりの生きている原初的な分子集団のように、未開社会の集団は単純に人数が増加することでそのまま大きくなることはない。フエゴ島民（Fuegians）の住む地域では、厳しい天候下で生み出される野生の食糧の供給量は少なく、島民全員が同じ地域に住んでいられるほどの量もない。……荒涼とした土地を放浪するブッシュマンの住む地域では、小さな群れだけが〔生存〕可能であり、氏族は『同じ地点からはすべての人間に十分な食糧が供給されないために、時折分散することを強いられる』。……人数が増加し集団が拡大していくと、未開部族はほどなくその一部分をバラバラに分散する。未開部族はそうした状態になると、〔地域ごとにもともと話されていた言葉とは〕違う方言を話すようになる」[31]。スペンサーは、厳しい自然環境に直接さらされる中で生き延びるために、集団内の人数の増加、集団の分化・分散、部族間の抗争、人数の減少、絶滅という動的な過程を繰り返しながら、多様化していかざるを得ない未開部族の状況を論じている。

スペンサーは、人間や人間集団を含む有機体が自然環境に直接影響を受けていることを目に見える現象として認識させるのが、個体数（人口）であると看取していた[32]。特に先の文言に象徴的に述べられていたように、彼は「食糧」の増加率と「人口（個体数）」の増加率との不均衡の指標である、いわゆる「人口圧（個体数圧）」に注目していた。この「人口圧（個体数圧）」に対する着目は、半世紀前に同じくイギリスの先人であるトーマス・ロバート・マルサスによって『人口の原理』の中で提示されていたものであった[33]。「食糧」という概念が、固有の風土を前提とした自然環境要因の一つを指示する概念であり、それに対して集団（社会）を構成する人間の数の総称が「人口（個体数）」である限り、この「人口圧（個体数圧）」は確実に集団（社会）と自然環境との対峙様相を映し出す指標となる。スペンサーが人口（個体数）に注目せざるを得なかった理由の一つはそこにあった。マルサスは産業革命以来イギリス国内の農業が衰退し、食糧生産量と人口増加率の均衡を維持できなくなった現実上の人口問題に論及することで、〈自然〉に根ざして生きてきた人間だけに備わっていた徳性・個性が疲弊していく現状を強く世に訴えた。それに対しスペンサーは、人間を含む生物全般が宇宙の法則に従って進化する、〈自然〉から乖離することのできない存在であることを、理論上の人口（個体数）問題から突きつめていった。マルサスと同じくスペンサーが、生物としての人間本来の個性を疲弊させないためには〈自然〉に根ざす〈群相〉に着目することが不可欠であると主張していたことは、すでに第六章で『社会静学』に照らして考察してきた通りである。スペンサーの著作の中では直接マルサスに言及されている箇所を発見することはできない。しかし、両者が近代社会に対して提示していた本質的な問題点を追究していくならば、スペンサーが明らかにマルサスの提起したものを受け継ぎ、その重大な問題点を理論的に展開していたことがわかる。

こうした鋭い問題意識を生物の個体数に向けていたスペンサーは、執筆活動のごく早い時期の一八五二年、『ウエストミンスター・レビュー』に「個体数の理論（A Theory of Population）」を発表した。この論文は後に加筆され、『生物学原理』の中の「増加の法則」と題された部に収録されている。

過去のスペンサー研究において人口（個体数）問題に論及せざるを得なかった彼の論理を誰よりも早く指摘したのは、ジャン・D・Y・ピールである。ピールの功績は、何よりも従来のスペンサー研究において全く議論の対象とはされてこなかった人口を取り上げたところにある。以来、ワインスティンをはじめとするスペンサー研究者も、人口に言及する際には必ずといっていいほどピールの著書を引用している。ピールは「個体数の理論」から二点の重要な観点を導出した。[34] 第一に、「動物の個体とその食糧供給との間には素朴な均衡〔関係〕」があること。第二に、適者生存や自然選択によって種の中で個体数が動的均衡を繰り返す結果、種が進化を遂げること。このことから彼は次のように判断した。「人口の中に自己調節メカニズムが組み込まれており、人口が進化を副産物として確保している」と。[35] このピールの見解は非常に興味深いものである。というのも、彼がスペンサーの論理の中に人口（個体数）と〈自然〉との関係を読み取っていたと看取することができるからである。しかし残念なことに、ピールの議論は先に指摘した意味での社会進化論を中心として展開されていたために、ここに引いた見解以上の人口に対する論及がほとんどなさていない。それゆえ、スペンサーにおける人口（個体数）の理論的な位置づけが明確化されることはなかった。こうしたピールの理論的欠陥は、彼以外のスペンサー研究者にも共通している。

「その他の状況を無視するならば、私たちは有機体の各種属（race）に影響を及ぼす要因が二つの矛盾する状態を生み出していると考察することができる。一方では天敵、食糧不足、大気の変化などによって引き起こされる自然死と呼ばれるものによって、種属は絶えず絶滅させられている。他方では、一部は構成員の持久力、体力、俊敏さ、機敏さに、一部はその繁殖力によって、種属が絶えず維持されている」。[36] ここでスペンサーは重大な事実を私たちに述べている。それは、生物が「絶滅」と「存続」の間で、ある種のアトラクターをめぐって遷移するという動的均衡を絶えず繰り返す存在であるという事実である。こうした状態におかれているものが〈生命〉である、とスペンサーは示唆していた。

上記文言にある通り、自然環境に対する生物個体の適応の失敗が「自然死」となり、逆に自然環境の克服が個体数の増加と種属の維持に結びつく。スペンサーは生物と自然環境との適応状況を如実に示すものとして個体数を捉えていた。彼は、有性生殖と無性生殖のケースに二分し、真菌類（fungi）から人間までの個体数がどのように増加あるいは減少していくのかを詳細に論及していった。例えばクロウタドリ（black bird）とベニヒワ（linnet）とを比較し、栄養状態、繁殖力、卵の個数、ヒナの大きさ等の相互の関係についても論じている。(37) スペンサーの〈自然〉の中に生きる生物に振り向けられた関心は、たとえ何十種類の生物種の個体数に関して事例を挙げようとも全く尽きることがなかった。

ここで上記第二節において考察したスペンサーにおける進化概念と個体数概念を合わせて考えてみるならば、彼が進化の指標と見なしていたものが浮上してくる。彼の進化観の本質的特徴を集約した「同質性から異質性への変化」には、進化とともに種が多様化する事実が織り込まれていた。また上記考察してきた個体数（人口）の増減現象も、社会有機体を包摂する生物有機体の進化の途上で見られるものであった。すなわち、スペンサーは進化の指標として多様化、個体数（人口）の増減の二つを想定していた。彼は「個体数の理論」を提示することによって、進化を多様化とは別の角度からも捉えていたのである。

これらいずれの指標の推進力ともなっていたものが自然環境である。「進歩（progress）は偶然ではなく必然である。文明は人工的なものではなく、それは自然の一部である」(38)。スペンサーにおける自然概念は、進化の指標の中に溶かし込まれていたのであった。

四　スペンサーの主要概念㈢――生命概念

第六章において考察してきたように、スペンサーにおける〈生命〉概念は次の文言に集約されていた。「生命とは内的関係と外的関係との持続的な調整である[39]」。この定義は今日にまで通用する、〈生命〉現象の理論的な本質部分を的確に表現したものである。特に注目すべきは、一個の有機体と自然環境との連続的な調整活動だけが言及されていたのではなく、異なる生物種から成る生命連鎖とも呼ぶべき全体が同様に連続的な生命活動を営んでいると主張されていた点であった。『生物学原理』ではこのことが多くの生物学的知見を踏まえて論じられている。スペンサーは一般論に止まっていた『第一原理』に具体性をもたせると同時に、自らの社会システム論の骨格を成す論理により大きな信頼性をもたせようとした。

「『有機的機能の分業（division of organic function）』を構成する植物と動物との活動の違いを述べるにあたって、私が言葉を常識的ではない意味にまで拡張しすぎる、と多くの読者は考えているかもしれない。というのも、有機的機能という概念は、それ（有機的機能）が存在する場所として組織化された全体を必要とするが、動植物はそのような組織化された全体を構成していない（意味上は、していないように見える）からである。だがこの概念には、従来予期されなかった、正しさを支持する根拠が今日出現している。その根拠は、一世代前にはまだ発見されていなかったが、今日ではすべての生物学者が正しいと認めるものである。そこで私は共生現象（the phenomena of symbiosis）に言及する。共生現象は植物と動物のそれぞれの機能が同一の有機体内部で果たされるというものであり、今日さまざまな事例において見られる。

すなわちその〔共生の〕事例は、個々の植物が栄養物質を蓄積する時や、個々の動物が植物を消費する時の協働においてではなく、植物と動物のそれぞれの要素が同じ一個の有機体の一部分を構成する際の協働において見られる」[40]。スペンサーは異種の生物種が個体を越えて〈生命〉として関係する紛れもない事例を共生現象に求めた。この文言にはさらに重大な論点が提示されている。それは、〈機能〉の有機的分業は〈生命〉現象に照らして初めて言及することが可能となるという事実である。この重大な主張は、後世『社会分業論』を著すことになるエミール・デュルケムに対するスペンサーの遺言とも受け取ることができる。この遺言がどのようにデュルケムの中で咀嚼され展開されていったかについては、以下第八節において考察することにしよう。

今日の生物学的知見によれば、「共生」にはいくつもの種類が存在する。例えばマレーシア・サラワク州の熱帯雨林における共生系を研究した井上民次は、共生を「送粉共生」「種子散布共生」「被食防衛共生」「栄養共生」の四つに分類する[41]。この分類に従えば、スペンサーが実際に『生物学原理』で事例を取り扱っていたのは、そのうちの二つ「送粉共生」と「栄養共生」であった。スペンサーは、ミツバチ、蝶、蛾と植物の共生（送粉共生）、藻と真菌類との共生、テントウムシとアブラムシの共生（栄養共生）などを取り上げている[42]。同時に彼は、「寄生」も通常は寄生者が宿主から一方的に利益を受けるものではあるが「共生」の一形態（片利共生）であると見なし、バッファローとアフリカ鳥の寄生、アブラムシとアリの寄生、イソギンチャクとヤドカリの寄生などに言及した[43]。

以上のさまざまな生物種間における共生を踏まえ、スペンサーは次のように結論づけた。「生命がいたるところ、相互依存にもとづく結合形態を持たないなどということはなく、この相互依存関係の中でゆっくりと発生してくる、ということを考察した。分化が進むにつれて、結合が進む。それゆえ、個体としての有機体の生命に加えて、全有機体の総計としての生命が規模拡大化していくこと――すなわち部分におけるサーヴィスの交換が全体の生命へと高められていくことを理解することができる[44]」。他の生物種と相互依存をまったくもたない生物は存在し得ない。すなわち、生物は生命活動を営む限り必然的に他の生物種と相互関係をもち、そしてその関係全体において一個の〈生命〉を形成している。こうした生物有機体全体から成る〈生命〉としての関係を、スペンサーは「有機的世界を通じた緻密な統合(integration throughout the organic world)」と呼んだ[45]。彼が〈生命〉概念に言及する時には、特に断りがない限り、つねにこの有機的世界の統合が念頭におかれていた。「規模拡大化、構造複雑化、崩壊(絶滅)の過程にある各有機体によってなされる生命現象の調和がある。有機的世界全体によってなされる生命現象の調和がある。そのいずれか一方を他方から切り離しては〔生命現象を〕正しく取り扱うことはできない[46]」。スペンサーにおいて、生物有機体は単にその個体内部の器官の機能を機械的に追求していけばその全貌を完全に理解することのできる対象ではなかったのである。

スペンサーはこうした明確な〈生命〉概念を、そのまま社会に対しても適用した。人間が生物有機体に他ならず、社会が個々の生物有機体から構成される限り、その社会が「有機的世界を通じた緻密な統合」を成していると見なすことに、彼は何の迷いもなかった。そうした理論的姿勢こそが『社会学原理』第一巻の章のタイトルに付せられた「社会は有機体である」との言明を生み出したのである[47]。「一個の社会の特質(attributes)は、死んでいる身体のようなものなのか。それとも、生きている身体のようなものなのか。それとも、そのいずれとも異なるものなのか。これらの疑問のうち第一のものは、もっぱら否定さるべきものである。生きている部分から成る全体が、死んでいるという個性（character）を表わすはずがない。第二の疑問は、即座に答えられるものではないが、肯定すべきものである。というのは、社会の部分における永続的な関係は、生きている身体の諸部分における永続的な関係に類似していると主張することができるからである[48]」。ここにおいて述べられている「永続的な関係」が、まさに〈生命〉に相当する。『生物学原理』において十分に生命現象を検討してきたスペンサーが、単なるアナロジーとして「社会は有機体である」と提唱するはずはなかった。それは以下第六節において考察する彼における〈機能〉概念からも明確になる。

スペンサーの論理から導出される進化現象には、大別して二つの過程がある。第一の過程は、個体（有機体）の形質が変化・多様化することである。第二の過程は、群体の形質が拡張し、変化・多様化することである。前者は『生物学原理』において多くの紙幅を割いて論じられていた。逆にいうならば、『生物学原理』はこの過程を具体的に論じるために執筆されたといっても過言ではないだろう。後者は上に考察してきた、さまざまな生物種によってなされている「共生」を具体例とする進化の過程を指す。今日の生物学的知見を踏まえるならば、「共進化」の過程でもある[49]。この共生・共進化を人間社会に適用するならば、それはある風土に特異的に成立する「文化」の多様性となる。例えばロシアのシベリア北東部に位置するチュコート半島のツンドラ地帯に暮らすトナカイ・チュクチの人々は、その名の通りトナカイと共生している。厳寒の土地に暮らす彼らの生活を唯一維持しているのがトナカイなのである。彼らはトナカイの毛皮で寒さを防ぎ、その肉で飢えをしのぐ。儀礼においては神にトナカイの血を捧げ、一年の無事を祈る。ここにおいて人間とトナカイが一個の群性を備え〈生命〉として関係していることは一目瞭然であろう。チュクチの人々の個体としての形質はトナカイを取り込んで拡大している。スペンサーはこうした風土に根ざす「文化」を明らかにその視野におさめていた。『社会静学』で一般論として展開された人間と風土との〈生命〉としての関係は、『生物学原理』で具体的に例示され、『社会学原理』でさらに広く一般化されていったのである。

一個の有機体における生命現象を超越して、異種の有機体間に網の目のように張り巡らされた生命連鎖に着目したスペンサーの論理は、今日の生物学においてようやく理論上の大前提となっている。生物有機体全体が個々の有機体同様に〈生命〉をもち、有機的に統合した世界を構築している状態は、生物学的事実として認識され、今日混迷を深めている環境問題が取り上げられる際には必ずといっていいほど論及されている。そうであるならば、私たちはこうした論理をそのまま個々の人間から成る社会全体に適用したスペンサーの社会有機体説を、稚拙な譬え話と誤解して等閑視すべきではない。なぜなら、スペンサーの提唱したこの社会システム論は、生物有機体と社会有機体の間にある〈生命〉という共通性に着目し、人間個体や一個の社会を超越した生命界全体が有機的に統合しているとの確固たる認識のもとに構想されていたからである。

五　スペンサーの主要概念㈣――時間概念

スペンサーは『生物学原理』において時間[50]という概念を項目として特別に掲げて論じることをしなかった。ただし時間について、註が付され言及されている箇所が一カ所だけある。「時間という要素が結果をどのように作り替えていくかという問題は、急速に作られる場合には結晶が小さくなり、ゆっくりと作られていく状態のまま放置された場合には結晶が比較的大きくなる、というごくありふれた事実によって〔その答えが〕示される[51]」。結晶の大きさによって、それを形成する際に時間がどれだけ経過したのかを、人間は比較し読み取ることができる。すなわち、結晶の変化する現象そのものの中に時間がすでに組み込まれている。スペンサーはその当たり前の事実を結晶作用を通じて象徴的に述べていた。

生物を観察する生物学者としての視点も兼ね備えていたスペンサーの論理の中では、時間概念は不可欠な要素であったことは言うまでもない。これまで考察してきた通り、進化とは個体や群体における形質の変化と多様化を示す現象であり、個体数とは進化に即した個体や群体の継承具合を示す指標であった。それゆえ、進化現象や個体数について論及されているスペンサーの論理には必然的に時間概念が組み込まれていることがわかる。自然界に生じる無数の現象のうちの、ただ一つの変化を人間が観察する場合においても、時間軸を設定しない限りその現象の変化を追うことはできない。なぜなら、人間自体が刻一刻と変化する宇宙の中に生きる、変化し続ける存在だからである。また、変化とは本質的に時間現象だからである。スペンサーや自然科学者が必然的に対象の中に溶かし込み、対象とともに把握していた時間概念を、一般化し考察していくことにしよう。

人間を含む生物は少なくとも「宇宙の時間」「種・共同体の時間」「個体の時間」という三つの重層的な時間の中に生きている。[52] この三つの時間はいずれも生物全体に分け隔てなく作用する。「宇宙の時間」とは、太陽系の一惑星として位置する地球が支配される時間である。「種・共同体の時間」とは、進化を繰り返し、変化・多様化していく中で一つの生物種が存続していく時間である。「個体の時間」とは、一個の生命体の誕生から死までを刻む時間である。レヴィ゠ストロースは「種・共同体の時間」と「個体の時間」を区別することをしなかった。というのも、自生的な未開社会において人間は「種としての個(l'individu comme espèce)」として存在しているからであった。[53] レヴィ゠ストロースの見解にもある通り、「種・共同体の時間」はその他二つの時間を繋ぐ時間でもある。この時間においては、各生物種は他の生物種を侵害することなく、独自の時間を生きている。人間に限って考えるならば、それは「共同体の時間」となる。異なる文化にはそれぞれ固有の時間が流れている。つまりこの時間の中では、人間もそれを取り巻く自然環境の中に生きる生物種の「種の時間」を侵害することはない。〈自然〉と共生する自生的な共同体すなわち〈群相〉としての社会だけがこの時間の中で生を営むことができる。

しかし近代以降の人間社会にはもう一つの時間が存在する。それは「制度・システムの時間」である。この時間は上記三つの時間の中に挿入された形で存在し、近代人はこの時間の中でも生きている。すなわち、「制度・システムの時間」とは、人工的システムの中でのみ流れる時間である。いわば〈自然〉から乖離した空間に流れる人為的な時間である。「宇宙の時間」「種・共同体の時間」「個体の時間」は宇宙の法則性のみに従う〈自然〉の時間を指す。この〈自然〉の時間を踏まえ、スペンサーは『第一原理』において議論を展開していた。彼は〈自然〉の時間に逆らわず、人間と共同体（社会）が生き延びていく形態を社会有機体の中に求めていた。すなわち第六章でも考察してきたように、自然人・未開人を正しく視野におさめなければ十全に理解されえないスペンサーの社会システム論は、「制度・システムの時間」を前提として展開されていたものではなかった。

生物学は上記重層的な三つの時間が確実に前提におかれた上で展開されている学問である。すなわち、生物学は現存している生物種だけを対象にした学問ではない。現存している生物を中心に、死んだ生物・絶滅した生物種、これから誕生する生物・存続し続ける生物種を射程に入れることなくして、種の絶滅の繰り返しに他ならない進化現象に論及することはできないからである。

六　〈機能〉と〈生命〉と進化

生物有機体内部の〈機能〉は進化途上において複雑化していく。このことを、スペンサーが『生物学原理』において「生理学的発展」と呼んでいたことはすでに言及した。例えば、藻類から高等植物へ、鳥類から高等哺乳動物への進化現象における〈機能〉の変化は次のように述べられている。「体内のどこででも消化作用を行なうことができる多くの藻類（algae）に見られるような均一の組織ではなく、高等植物になると根、茎、葉が発生し、そこではそれぞれの器官に対応して異なる過程が進む」[54]。生物と自然環境との相互作用の結果促進されていく進化過程において、より高等な組織への機能的進化すなわち「生理学的発展」が見られる。上記の例でいうならば、藻類の組織全体の消化活動から高等植物の根、茎、葉における分化した消化活動への進化がそれである。この事例を踏まえて言及されているスペンサーのいう〈機能〉は、二つの揺るぎない事実を私たちに示唆している。第一に、〈機能〉とは人為の及ばない領域で進化とともに確実に作られていくものであり、逆に人間が関与しては作り上げることができないものである。第二に、〈機能〉とは〈生命〉活動の一端を担うものである。特に第二点は第四節で考察してきた「共生」が、異種の生物種が個体を越えて〈生命〉として関係する「有機的分業」であると見なしたスペンサーの主張も反映している。すなわち、スペンサーは個相および群相に不可欠な〈生命〉の維持を〈機能〉に賦与していた。このスペンサーにおける〈機能〉を「生命維持＝機能」と呼ぶことにしよう。

第一部で考察したターナーをしてスペンサーこそが「真の社会学的機能主義の第一人者である」[55]と言わしめたのは、スペンサーの社会有機体説の特徴として以下の二点が論及されていたことによる。[56]第一に、生物有機体ならびに社会有機体が「維持システム（the sustaining system）」「分配システム（the distributing system）」「規制システム（the regulating system）」という三つのシステムすなわち三つの〈機能〉によって分業・維持されていることである。第二に、この三つのシステムの〈機能〉に関し、生物有機体と社会有機体との間で比較してみるならば、それぞれ神経組織と政府・軍隊、消化器官と産業、血管組織と交通・通信網に相当することである。ターナーはスペンサーの論理を肯定的かつ積極的に解釈し、社会とは所与の環境において「社会という身体（the body social）」の生存能力を維持するために諸部分や諸機能が作用する有機体であると主張した。(57)

スペンサーの社会有機体説を社会学的機能主義の先駆的理論とするターナーの説は正しい。しかし、その論拠も解釈もいささか不十分である。周知の通り、スペンサー以降第二部で論及したパーソンズをはじめとして、多くの社会学者が構造‐機能主義を提唱し、それに立脚して社会システム論を構築した。一時期、構造‐機能主義が隆盛を極めたのは紛れもない事実である。しかし、彼らが提唱したさまざまな理論は、いずれも原子論的な「自由な個人」の前提をそのままに、「社会が安定・維持されるための条件」を探求することに理論的な関心をおくものであった。すなわち、社会システムの構造を安定・維持するための〈機能〉が必要不可欠な項目として追求され、その〈機能〉が人間によって構想され設定されうると理解されていた。このようにパーソンズ以来の構造‐機能主義が展開した〈機能〉を、「構造維持＝機能」と呼ぶことにしよう。ターナーによるスペンサーの社会有機体説解釈を理論的に不十分と判断せざるを得ないのは、スペンサーが本質的に展開していた「生命維持＝機能」と「構造維持＝機能」との差異を明確にしなかった点による。

ただし注意をしなければならないのは、ターナーが注目していたように、スペンサーもその理論的手段として「構造維持＝機能」を用いなかったわけではないということである。そもそもスペンサーが主張した「生命維持＝機能」にいう〈生命〉には、少なくとも個体と種の両方が含まれている。そうであるならば、種が維持される過程において、個体の構造維持が必要とされる場合も多くありうる。つまり、「構造維持＝機能」は「生命維持＝機能」のごく小さな部分集合なのである。例えば先に引用した、藻類の「組織全体」の消化活動と高等植物の「根、茎、葉」に分化した消化活動を比較・説明する上で「構造維持＝機能」概念は必要とされる。なぜならこの概念がなければ、生物学者は藻類と高等植物の体内での活動を関連づけて説明することが不可能であるからである。しかし、スペンサーは「構造維持＝機能」だけから〈生命〉を十全に論及し尽くすことが可能であるとは考えてもいなかった。理由は明快である。「構造維持＝機能」では種の維持をすることも生命体を構成することもできないばかりか、「生命維持＝機能」の全体集合にもなり得ないからである。以下にみる、彼の構造概念からもその理由は判断できる。

当然だが、スペンサーは後世の学問的な慣習同様、〈機能〉に言及する場合にはつねに構造を念頭においていた。しかし、スペンサーの論理が主張する「生命維持＝機能」と「構造維持＝機能」が質的に異なることは、以下の文言に象徴されている。「構造が機能を生み出すのか、それとも機能が構造を生み出すのか――は、かねてより見解の相違があった問いである。幅広い意味合いをもつ機能という言葉を、あらゆる生命活動の全体性〔を意味するもの〕として用いるならば、先の問いはこのようになる。すなわち、生命が組織を作り出すのか、それとも組織が生命を作り出すのか、と[58]」。しかし、スペンサーはこの問いに対して答えを出すことをしなかった。いうまでもなく〈生命〉に照らす限り、その構造、機能のいずれが先行するのかを決定すること自体が無意味なのであるから。生命界の自然法則においては、〈生命〉に先立つ〈機能〉は決して存在することはない。私たちは、こうした深い意味合いを含む問いを、スペンサーが一九世紀後半という時代にすでに提起していたことに驚きを覚える。「各有機体は機能の動的均衡を行ない、構造の相関的な調整を行なっていると考えられている。その機能と構造は、あらゆる〔生物種の〕子孫が継承してきた有機体とその環境との間で発生した作用と反作用の集積によって作られてきたものである」[59]。これまでの考察を踏まえるならば、スペンサーが有機体の構造と〈機能〉に関し、確実であると見なしていた事実は次の三つである。第一に、有機体の構造が規模拡大化するにつれて〈機能〉が複雑化していくことである。第二に、構造と〈機能〉はともに環境との相互作用から生み出されていくことである。第三に、〈生命〉はいずれか一方の観点からだけではなく、構造と〈機能〉両者から捉えられるべきものであることである。生命体＝生物を前提とする限りすべて自明のことである。しかし第一点を除き、これらの事実は「構造維持＝機能」には該当しないものばかりである。

スペンサーの主張した「生命維持＝機能」は、人間が目的をもって作ることが不可能であることに重点が置かれていた。なぜならスペンサーにおいて〈機能〉を作ることができるのは、進化という宇宙の法則に従う〈自然〉だけだったからである。

七　〈機能〉と目的の理論的根源

ここでスペンサーにおける〈機能〉概念をさらに深く追究するために、一度スペンサーの論理から離れ、〈機能〉と目的の理論的な関係を辿っておく必要がある。

この両者の理論的淵源はアリストテレスにまで遡るものである。周知の通り、アリストテレスの『形而上学』では実体の存在を裏付けるものとして、四種類の原因すなわち質料因、形相因、始動因、目的因が挙げられている[60]。アリストテレスによって頻繁に用いられている技術制作の事例を踏まえるならば、先の四原因はそれぞれ石材、彫刻家のイメージしたヘルメス像、彫刻家、完成したヘルメス像となる。これらのいずれを欠いてもヘルメス像が存在することはない。ここで彫刻という行為に着目するならば、その行為を通して彫刻家が最初に頭の中に思い描いたイメージと、最終的に完成したヘルメス像は一致する。それゆえ、形相因と目的因は一つに帰する。[61]

アリストテレスのいう〈制作者〉がある事物を〈創造〉する際には、〈目的〉が必然的に伴う。しかし上述した通り、この〈目的〉は形相因と目的因の両側面を有するものであった。それゆえ先の例でいうならば、彫刻という行為を始動する前に彫刻家が念頭においていたイメージの中には、ヘルメス像がいかなる〈機能〉を備えるべきか、という問題も確かに内包されていたはずである。すなわち、〈制作者〉の〈目的〉には〈機能〉という側面も内在されていたことになる。後世アリストテレス哲学がキリスト教における神の存在を証明し、キリスト教の権威づけのために用いられたことからするならば、アリストテレスにみる〈制作者〉〈目的〉〈機能〉三者が織りなす世界は、神を含む〈創造者の世界〉であった。

〈機能〉が明確な概念として確立するには、アリストテレスの時代から時を経て、デカルトが活躍する時代まで待たなければならない。デカルトにおける〈機能〉概念を考察する上で看過してはならないのは、彼が動物を一種の機械すなわち「自動機械（automate）」であると見なしていたことである。[62] デカルトは（人間が）骨、筋肉、神経、動脈、静脈といった諸部分を組み立てさえすれば、その全体は動物や自動機械のように完成され、生命をもった生物として動き出すと確信していた。[63] このことは『情念論』において、生きている身体と死んでいる身体との相違に言及することによって論じられている。「……生きている人間の身体と死んでいる身体との違いは、組み立てられた一個の時計または別の自動機械（いわゆる自分で自分を動かす機械）において、その内部にそれらが作られるための物理的な原理と作動に必要なものすべてが備わっている場合と、同じ時計と別の機械が壊れており、その運動の原理が作用することを停止した場合〔の相違である〕と判断しよう」[64]。人間の身体と時計や自動機械は、その原理に照らすならばまったく同等のもの、同質のものと見なされていた。この見なしにおいて必要不可欠であったのが〈機能〉概念であった。

こうしたデカルトにおける確信は、時代背景を念頭におくならば徹底したアトミズムに支えられていたことがわかる。すなわち、人間が数多くの部分を解明していけば、ある一つの全体像を認識・発見することが可能であった。それゆえデカルトは『方法序説』において、当時著名であったウィリアム・ハーヴェイの血液循環説を踏まえ、動物の心臓を中心とした生体機能を延々と記述した[65]。デカルトが証明しようとしたことは、細部にわたる心臓、動脈、静脈、肺臓間をめぐる血液の循環に見られる生体機能が動物だけに限られるのではなく、人間の身体についても認められるという事実であった。そのために提唱された独自の概念が、周知の「動物精気（les esprits animaux）」である[66]。ただしデカルトが心身二元論を提唱している以上、動物の生体機能から類推して説明可能なのは人間の身体だけであり、動物と差異化を図る人間の精神（理性）に〈機能〉概念が有効ではなかったことはいうまでもない。〈機能〉概念は、実際に観察可能な生体の部分を記述し、その生体の従う法則を発見するのにこそ有効なのであった。

デカルトに体現される〈観察者〉は、ある生体の従う〈法則の理論化〉を行なうために不可欠な手段として〈機能〉を用いる。このデカルトの科学に対する精神こそが近代科学の礎となった。〈観察者〉〈機能〉〈法則の理論化〉三者が織りなす世界は〈科学者の世界〉であり、上述した一〇〇〇年以上遡るアリストテレスの論理の根底にある〈創造者の世界〉に比べて、ある対象に対する客観性が重視されていたことがわかる。その客観性を支える科学的精神がアトミズムに他ならず、部分の総和から全体をはじき出すことが可能とされた。

スペンサーの主張していた〈機能〉が、アリストテレスのいう〈制作者の機能〉でも、デカルト以来近代科学を支えた〈観察者の機能〉でもないことは明瞭である。それは、彼が〈機能〉を人為の及ばない〈生命〉との関係において論及していたからである。この意味でも、進化論は新しい法則観、科学観の成立を意味していたといえる。

〈生命〉は、スペンサーの進化観にも強く打ち出されていたように、ごくわずかの確率においてしか誕生することはない。レズリーの引く現代の生物学的試算では、理想的な環境条件が整った惑星上ですら〈生命〉が誕生する確率は一〇の三〇〇〇乗分の一ほどでしかない。[67] ジャック・モノーによれば、宇宙における〈生命〉の出現の確率は限りなくゼロに近いものであった。[68]〈生命〉はその誕生をモノーの意味の「偶然」によって支配されていた。[69] レズリー、モノー両者の主張する〈生命〉誕生にまつわる不可思議さは、時代こそ異なれスペンサーにおいても共有されていた。見事な形態と〈機能〉を備えた〈生命〉のデザインを操る累積的な自然選択は、リチャード・ドーキンスの秀逸な表現を借りるならば、「盲目の時計職人（the blind watchmaker）」の手によるものである。[70] この時計職人は時計作りにおいて、前もって見通しや結果に対する目論見および「目的」を一切もつことがない。いや、もつことができない。なぜなら彼は盲目なのだから。偶然とも思えるような宇宙の必然として生物進化がなされると主張したスペンサーの進化観は、モノーやドーキンスの進化観を先取りするものだったのである。

スペンサーの論理は以下のように集約することができる。すなわち、宇宙における〈生存者〉の〈生命〉は「目的」をもつことはない。一〇の三〇〇〇乗分の一という〈偶然〉に支配される限り、〈生存者〉は〈機能〉を意図して〈生命〉を作り上げることができない、と。スペンサーにおける〈生存者〉〈生命〉〈偶然〉三者が織りなす世界は、まぎれもなく〈進化論の世界〉であった。人間の力、目的に一切左右されることのない生命界における揺るぎない事実を、スペンサーは強く主張していた。

八　デュルケムにおける〈機能〉の有機的分業

スペンサー以降に、生物有機体の〈機能〉に直接関連して社会状態に言及したのがデュルケムである。彼は『社会分業論』において、スペンサーに対しさまざまな批判を加えていたが[71]、その論点の一つに〈生命〉を介した〈機能〉概念の捉え方がある。

デュルケムの提唱した〈機能〉概念は、『社会的方法の規準』（以下『規準』と略記）において「社会有機体の一般的必要」と簡潔に定義されている[72]。ここでデュルケムのいう「社会的事実」が、個人に対して外的な拘束力を及ぼすいわゆる「集合意識」[73]を意味し[74]、それこそが社会学的に探求されるべき対象であると主張される限り、「社会有機体の一般的必要」と定義された〈機能〉概念は、「集合意識」と密接な関連をもって展開されるものであることがわかる。それゆえそれは「集合意識の一般的必要」と解釈することもできる。

しかしこのような「社会有機体の一般的必要」という定義は、簡潔でありすぎるために逆に〈機能〉が示唆する意味も漠然としたものになりやすいことは否めない。そこでデュルケムにおける〈機能〉概念の本質的な意味を理解するには、『社会分業論』冒頭における〈機能〉の二分類に着目することが有益である。ここにいう〈機能〉とは、第一に身体内部で行なわれる生命活動そのもの、第二に生命活動と有機体の必要との対応関係（correspondance）を示すものを意味すると指摘され、後者こそが社会学的に理解されるべき〈機能〉であると主張された[75]。後者に重点を置くデュルケムにとって〈機能〉概念に即して解明すべき問題は、生命活動の状態ではなく、その生命活動が有機体全体の中で必要とされている事実であった。例示されている「呼吸」に即するならば、「動物の肉体組織内に気体を取り入れる」という生理的事実を、動物の「生命の維持」に必要であるという生理的条件に対応させるのに必要な概念が〈機能〉となる[76]。デュルケムのいう〈機能〉は、人間が生理的事実と生理的条件の対応関係を概念化するために不可欠な理論的装置であったといえる。

　デュルケムが〈機能〉に言及したのは、社会的分業の果たす役割を考察するためであった。先の二分類に従うならば、〈機能〉は社会的分業を社会の生存（存立）条件に対応させるものとなる。生物学に関連させつつ、デュルケムが有機体と分業について述べた箇所がある。「ウォルフ、フォン・ベーア、ミルヌ―エドワールらの業績以降、分業の法則が社会と同じように有機体にも適用されることがわかった。一個の有機体はその諸機能が専門化しているほど、高等動物であるということができる。……それ〔分業〕は、人間の知性と意思を基礎とする一つの社会制度であるばかりか、一般的な生物学で取り扱われる一現象でもある。その現象の〔分業〕状態は有機体の本質的諸特性の中に求められるべきものであろう[77]」。このデュルケムの論理は以下の二点にまとめられる。第一に、社会と生物有機体はともに高度に進展するほど、諸機能が専門化していく。第二に、そうした分業化は生命をもつ有機体の一つの現象であり本質的特性である。特に後者から導き出されるのは、彼が分業と生命を関連させて考察していたということである。ここでいう分業化が諸機能の専門化を指すことからするならば、デュルケムにおいて〈機能〉も〈生命〉と関連させて考えられていたことがわかる。

スペンサー同様に〈機能〉と密接な関係をもつとした、デュルケムの〈生命〉概念が端的に現れているのが、著名な「有機的連帯」である。彼は結果的に「道徳（morale）」を招来する社会的分業における複数の個人間の、個人意識を超越した強固な結びつき――「有機的連帯」にこそ〈生命〉を求めていた。[78]「この連帯〔有機的連帯〕は、高等動物の中に観察されるものと似ている。事実、そこにおいては各器官が専門的な特徴や自立性をもっているが、有機体の統一性は諸部分の個別化が顕著なほど大きくなってくる。このアナロジーから、私たちは労働分業にもとづく連帯を有機的と呼ぶことにしよう[79]」。すなわち、生物有機体内部の諸部分の相互作用の存在が〈生命〉の証とされた。しかしここで注意を払わなければならないのは、デュルケムが「有機的連帯」を〈生命〉であるとは述べていないということである。「有機的連帯」は高等動物と同等関係にあると見なされてはいない。両者はアナロジーすなわち類似関係として結ばれているだけなのである。その証左に、先に考察したデュルケムによって社会学的に理解されるべきとした〈機能〉は「生命活動と有機体の必要との対応関係を示すもの」なのであり、その「対応関係」が「同等関係」と言及されることはなく、事実そうであったと読むことは明らかに不可能である。

こうした高等動物のアナロジーから導出された〈生命〉観は、未開社会に見られる「機械的連帯」よりも近代社会に見られる「有機的連帯」の方が壊れにくいとする主張にも反映されている。「労働が分化していくに応じて、事情がまったく異なってくる。集合体における諸部分は、それぞれ異なる機能を果たしているために簡単には切り離され得ない[80]」。彼は異なる働きをする諸〈機能〉が集積されているその状態に、「有機的連帯」の特性を求めていた。デュルケムにとって諸〈機能〉の集積こそが、社会の全体性——〈生命〉と類似する「有機的連帯」の在処だったのである。それゆえ〈生命〉概念と〈機能〉概念との両立を図ることが可能と見なされた[81]。後世デュルケムにおける社会を「生命性」から捉えなければならないと主張されたのも、このことに裏付けられている[82]。

これまで考察してきたデュルケムの論理における諸部分と全体との関係から、彼が〈生命〉を有機体内部の相互作用に求めていたことがわかる。デュルケムは一個の生物有機体内部の諸器官の相互作用をそのまま社会に適用し、人間が諸器官のように有機的に相互作用している状態を「有機的連帯」と提示した。しかし、この「有機的連帯」は高等動物のアナロジーとして論及されている限り、あたかも諸部分から全体が演繹可能であるとの発想を誘発しかねない。そこには、人間個体そのものが一個の〈生命〉を維持していること、個体を超越した群体が一個の〈生命〉を共有していること、そして個相ならびに群相がともに自然環境との相互作用の上に維持されていることを呼び覚ます発想は皆無であったからである。それゆえスペンサーが『生物学原理』において提示した共生現象に如実に示されている「機能の有機的分業」を、デュルケムは本質的に理解・咀嚼し自己の「有機的連帯」に反映することはできなかった。

デュルケムの提示していた〈生命〉観が、スペンサーの主張したものとは著しく異なることはもはや明白であろう。スペンサーは「生命とは内的関係と外的関係との持続的な調整である」[83]という定義にもある通り、〈生命〉を有機体と自然環境との相互作用すなわち有機体内部と外部の相互作用に求めると同時に、群相としての生命活動が営まれている状態にも着目していたからである。他方デュルケムには、この自然環境との相互作用をこそ理論化するという姿勢を見いだすことは困難である。スペンサーは、〈生命〉が宇宙法則にのみ従うがゆえに、人間が関与することが不可能であることを十分に認識していた。それゆえその〈生命〉が人工的に諸部分の集積から演繹されるとは考えてもいなかった。

こうした両者の顕著な〈生命〉観の相違は、「有機的連帯」および社会有機体内部における諸個人・諸部分の特性の捉え方の相違にも反映されている。先に考察したように、デュルケムは有機体内部の「各器官が専門的な特徴や自立性をもっているが、有機体の統一性は諸部分の個別化が顕著なほど大きくなってくる」と述べ、分業形態における各器官の専門性や自立性に注目をしていた。この論理を敷衍するならば、このような「有機的連帯」とは、近代人という能力の特化された人間から成る連帯を指していたと見なすことができる。個々人の能力が単能化するほど、「有機的連帯」は強固なものになるのである。こうしたデュルケムの「有機的連帯」に対する評価は、近代社会が「機械的連帯」をもつ未開社会から進展して「有機的連帯」をもつ社会へと完全に到達しているとの認識を前提としている。

あたかも「有機的連帯」における近代的な分業形態を擁護するかのような、またはその優越性を無条件に前提とするかのようなデュルケムの論理とは正反対に、スペンサーの論理においては、経済発展に伴う近代的分業によって促進される「個人の自発性の喪失」が懸念されていた。その理由は、スペンサーにとって近代社会は「個性」が尊重される「産業型社会」にはほど遠い社会形態に止まっていたからであった。

このことは第二節において考察した通りである。デュルケムが強く批判した「産業型社会」において「個性」が尊重されるとのスペンサーの主張も、そうした個人の尊厳に対する懸念を内的に抱えていたからに他ならない。(84)

スペンサーの人間「個性」に対する関心と懸念は、彼が有機体内部の諸部分に求めた役割すなわち〈機能〉からも浮上してくる。「まさに部位の合体（融合 coalescence）と部位ではないものの分離——これはつまり、機能の細分化の増大と同じことであるが——は、社会の構造が複雑化する中で生じる。最も初期の社会有機体はほぼ一つの要素の反復から成る。すべての人間が、戦士、猟師、漁師、大工、農夫、道具職人である。共同体のどの部分も他のあらゆる部分と同じ義務を果たしている。それは、それぞれが薄いひと切れであるポリプの身体が胃であり、筋肉であり、皮膚であり、肺であるかのようなものである」(85)。スペンサーは未開社会を「同質的社会」と呼んでいた。その社会では諸個人間に明確な役割分化は見られない。しかしその代わり、人間は社会におけるいかなる役割をも果たしうる万能性を保持していた。この文言における主張を敷衍させるならば、本来的には専門化されることなく「戦士、漁師……」であることのできた近代人が、その専門化・分業化をどこまで進展させるとそのような万能性を持ち得なくなるのか、というところにもスペンサーの懸念が向けられていたことがわかる。

このようなスペンサーの論理は、今日のクローン技術を想起するとより明確になる。(86) 生物体内の全細胞に共通する遺伝子はAという器官にあった時にはその部分に適合した〈機能〉aを果たすが、別の器官に移植されるとまたその部分に適合した〈機能〉bを果たす潜在能力を本来的にもっている。スペンサーは今日のクローン技術に照らした説明ほど明快にではないが、一般的な〈機能〉を果たしていた器官が、ごくわずかな程度特殊な器官に適応するにつれて、その特殊な〈機能〉を果たすことを例示している。[87]例えば、ジャガイモの塊茎は地表で日光にさらされると、地中にあるときには行なわない葉緑素をその表面上で作り出すようになる。人間の足と腕は、老人期や幼児期、または登山を行なっている最中や非常事態の場合には、その互いの〈機能〉を交換させる。ここで注目すべきなのは、スペンサーがこうした各器官から別の器官への〈機能〉上の適応がどの程度行なわれているのかは証明できないが、と但し書きをつけて論及していることである。[88]このスペンサーの理論的姿勢は、〈機能〉の絶対性を疑わない人間への警告とも受け取ることができよう。彼は特定の器官と〈機能〉とが癒着する論理を正すことを諦めなかった。

以上考察してきたスペンサーとデュルケムの論理の差異は次の七点にまとめられる。

㈠ 「個」は「種」の発現であり、同時に「種」は「個」によって維持されるという相互関係の認識がデュルケムにとっては重視されていない。

㈡ したがって集合意識という有機体は群体とは別のものである。

㈢ 生物学における高等動物の「高等」とは、進化の階梯のより末端に位置するということを表現するのであって、より優れた生物という含意をもたない。スペンサーはこの認識を共有している。しかしデュルケムは「高等」をより優れた、という意味に取っている節がある。

㈣ 特に、生命体はとりわけて自然環境との「持続的調整作用」を通して存続する現象であるという認識が、デュルケムには存在しない。

㈤ それゆえ生命体と有機体との「対応関係」は、一個の生物の個体と集合意識であるところの「有機的連帯」が類似している、という「類似関係」のレベルに止まっている。
(六) 集合意識（社会）を集合意識たらしめているのは、「法」である。[89]
(七) だから、デュルケムの〈機能〉は生命体や種の存続を保証する「生命維持＝機能」とは別物になってしまう。

上記七点にみる決定的な差異が、生物学的知見に立って展開されていたスペンサーの〈機能〉と比較してデュルケムのそれが理論的に不十分なものであることを浮上させる。ここで私たちが想起しておくべきは、デュルケムが行なった「有機的連帯」を高等動物に「なぞらえる」という理論的作業が大きな危険を伴うということである。このことは、第二部でルーマンの提唱した「オートポイエシス」を考察した際にすでに論及した。「なぞらえる」という作業を前提として社会という対象を理論的に構築していくと、社会の本質を見損なうことに陥りかねないのである。

スペンサーは、生物学を基底にして人間の生物としての原点を見据え、社会を考察していた。それゆえ、デュルケムのように生物有機体における諸器官と社会における諸個人とを一義的に対応させ、その結果〈機能〉が分化するほど連帯が「有機的」であると安易に言及することはできなかったのである。

九　スペンサー社会システム論の本質

生物学的知見にもとづく実に周到な論理を展開することによって、スペンサーは生物有機体と社会有機体の共通性に深く論及していった。彼の論理は、進化、自然、生命、時間という四つの主要概念と、その上に立って論じられている機能概念が縦横に織り込まれたものであった。そうした彼の論理から浮上してくるのは、人間も社会もまた宇宙の法則に従う有機体に他ならないという、それまでの啓蒙思想とは隔絶した揺るぎない認識であった。このスペンサーの認識を結実させた『生物学原理』と『社会学原理』は、それぞれそれに先立つ『第一原理』と『社会静学』にその原点を見いだすことができる。すなわち、『生物学原理』は『第一原理』の原点であり同時にその帰結であった。『社会学原理』は『社会静学』の原点であり同時にその帰結であった。本章冒頭においても述べた通り、『生物学原理』と『社会学原理』が一セットにして読み解かれるべき著作であり、さらに両者がそれ以前の著作と切れ目ない関係を持っていたというこの意味においても、スペンサーの社会システム論は『社会静学』『第一原理』への言及なしにはその本質が把握され得ない理論であったことがわかる。

スペンサーにとって社会を考察するということは、人間の生物としての原点を見つめることであった。一個の生物は、どのように過酷な自然環境の中で生き延びていくのか。どのように子孫を繁栄させ、種を維持していくのか。どのように他の生物と相互関係を保ち、生命界全体を支えていくのか。進化現象に即して行なわれる生物の個相の観察は、〈生命〉に着目する限り、直ちに〈群相〉の論及にたどり着く。社会有機体は生物有機体に包摂されうると認識していたスペンサーにおいて、観察・論及されるべき対象は、事柄の本質として「個人（個体）」ではなく「社会（群体）」であった。生物学を基底にした論理において、個体と群体をどのように両立させるかという問題は決して生じることはない。なぜなら、両者はそれを両立させようという人為が介入することのない次元、すなわち自然環境の影響下においてただ生存と死滅を繰り返しているのであるから。こうした論理を踏まえ「社会（群体）」に論及していたスペンサーが功利主義者でなかったことは、もはや繰り返すまでもないであろう。

『社会静学』以来一貫して主張されてきた、スペンサー社会システム論の鍵となる〈群相〉概念は必ずしも可視的とは限らない種概念であるという意味で、ひとつの抽象概念である。なぜなら、たとえ〈群相〉や群体そのものが構想されている時でさえも、実際目に見えているのは個相や個体であることがしばしばだからである。そのために理解され難い概念として映るかもしれない。しかし、実は〈群相〉とは限りなく社会に近いものなのである。

スペンサーの論理から導出される〈群相〉概念を端的にまとめるならば、それは風土すなわち〈自然〉に根ざす集団・共同体において〈生命〉を営む、人間を包摂する生物有機体の生存様態であった。彼の生物学を前提とした論理においては、人間は本来的に〈群相〉としての社会の中に生きてきたのであり、そうすることによって「個性」は抑圧されることがないと主張されたのである。

しかし、スペンサーの主張するこの〈群相〉概念に照らして社会を理解しようとすると、私たちは一つの重大な問題に突き当たることになる。すなわち、〈群相〉概念が構築されている理論的基盤と、これまで社会学で用いられてきた集団、コミュニティーなどの概念を構築してきた理論的基盤とが異質である場合が多いということがわかるからである。両者の基盤の相違は、風土が前提となった上で人間集団・共同体が理論化されているか否かに帰着する。スペンサーとほぼ同時代人であるフェルディナント・テンニースは「ゲマインシャフト」の基本的な種類として「㈠肉親、㈡近隣、㈢朋友」の三つを挙げていた。[90] すなわち血縁、地縁、相互扶助にもとづく共同体が「ゲマインシャフト」である。テンニースの提示した「ゲマインシャフト」は、血縁、地縁にもとづく一定の風土を前提にしている限り〈群相〉を指示する共同体概念に相当すると見なすことができる。しかし、テンニースを事実上最後にして社会学者は地縁、血縁を前提とした共同体を理論化することが次第に稀になってしまった。風土をもたない社会システム論の内包する難点については、第二部で具体例に則して論述した。しかし風土をもたない「共同体」概念という点できわめてイロニカルな社会の概念が、第八節で考察したデュルケムの主張した「有機的連帯」であろう。「有機的連帯」は近代的な労働の分業形態を前提として、諸個人が専門化されるにつれて連帯の結びつきが強固になると主張されていたからである。

　今日社会学理論において展開されている集団、コミュニティー概念は、テンニースの「ゲマインシャフト」に見られる地縁や血縁のいずれか、またはいずれも欠けた前提において理論化されていることが多い。すなわち〈群相〉から乖離した次元において、単独に生きる個々人を一つにとりまとめる場合、一般に使用されるのが集団概念でありコミュニティー概念である。このことからも、〈群相〉に着目して社会に論及したスペンサーの社会システム論が、彼以降に提唱されたさまざまな社会学理論や社会システム論とは異なる理論的基盤の上に構想された、きわめて重要な理論であったことがわかる。スペンサーは生物としての人間と有機体に他ならない社会に深く論及するために、〈群相〉という概念に着目し議論を展開したのである。

　「究極的な人間とは、その個人の要求を公共の要求に一致させた人間のことであろう。彼は自発的に自らの個性を達成する中で、結果的に社会の単位としての機能も果たしている人間であろう。しかし、他のすべての人間が彼と同様にすることによってのみ、彼は独自の個性を達成することが可能になるのである」[91]。前述した通り、社会有機体説というスペンサーの社会システム論が展開された『社会学原理』末尾にこの文言がおかれていた。その意図を汲み取るならば、彼の求めるべき社会の在り方がこの文言に凝縮されていたと判断されよう。すなわち、構成員である人間すべてが「個性」を抑圧されない社会状態こそが求められていた。スペンサーが社会システム論を提唱した最大の理由はここにある。鍵となる人間「個性」の在り方は、『倫理学原理』においてさらに深く追求されていく。

第八章　スペンサー社会学㈡——倫理とふるまいの理論的位置づけ

一　土地所有における「公平な自由」概念の継続

一八七九―九三年にかけて公刊された『倫理学原理』は「総合哲学体系」のいわば締め括りに当たる著作である。しかし「倫理学原理」というタイトル自体は、J・S・ミルらの支援の下に「総合哲学体系」が計画された当初つけられたものではなかった。一八六〇年春の時点でのタイトルは『道徳の原理（The Principles of Morality）』であった。[1]刊行内容を提示するプログラムの中でも、当初章のタイトルは「道徳に関するデータ」「道徳に関する帰納的推論」などと付けられていたが、後にこれらは「道徳」の部分がすべて「倫理」に置き換えられている。こうしたタイトル変更に関する経過は、『倫理学原理』公刊直前の一八七八―七九年頃の『自伝』の中では一切触れられていない。実直な書き手であったスペンサーが綿密な計画とともにつけたタイトルをやすやすと変更するとは考え難いが、逆にそれが事実であるならば、次のようにも考えることができる。すなわちスペンサーは「道徳」と「倫理」との間に明確な区別を設ける必要性を感じてはいなかった、と。このことは以下第三節および第四節において考察していくことにしよう。

すでに第六章で言及しておいたが、以下に考察するスペンサーの論理とミルの論理を比較検討する上で非常に重要な手がかりとなるのが、ワインステインのいう「リベラルな功利主義」[2]概念である。ここで一つ注意を喚起しておくならば、「リベラルな功利主義」という言葉はもちろんスペンサー自身が提示したものではなく、ワインステイン独自の用語であるということである。本書ではたびたびこの用語に言及するが、私たちは彼の主張とスペンサーの論理そのものとを混同しないようにしなくてはならない。

「本スペンサー研究は、彼がリベラルな功利主義者であったと主張するものである。彼は徹頭徹尾リベラルな功利主義者であった[3]」。ワインステインがスペンサーの論理に関係なく定義している「リベラルな功利主義」とは、「幸福を構成する主要なもの」として「個性の発達」を重視する功利主義の一類型である、とされる[4]。やや煩雑な彼の論理を簡潔にまとめるならば、人間が「道徳的権利」に裏打ちされた「個性」を拡大し、「幸福」になるように推進していこうとする主張そのものが「リベラルな功利主義」であるとされる。現代社会における個人の行動はこの「リベラルな功利主義」によって裏付けられており、それゆえ「リベラルな功利主義」に照らす限りにおいて、スペンサーは現代社会の人間と道徳、自由、国家との関係を探求する上で言及すべき先達となる[5]。したがってワインステインにおいては、スペンサーがその「道徳的権利」を主張する論理をもっていたか否か、および人間の「個性」の拡大を推進する論理をもっていたか否か、が論及すべき問題だとされている。この双方の論理を満たしうるとワインステインが力を込めて論及するものが、スペンサーの提唱した「公平な自由」概念であった。ワインステインは、スペンサーの論理において「道徳的権利」が公平な自由概念の「論理的『言い換え』」として提示されていると主張している。[6] すなわち、スペンサーその人は「公平な自由‐道徳的権利」を論理的な基軸とし、最終的に「道徳的権利」を個人に賦与すべきと近代社会に提唱し続けた「功利主義者」であったと主張されている。この意味において、ワインステインはスペンサーが「リベラルな功利主義者」であったと見なしたのである。

　幅広い先行研究を踏まえて議論を展開しているワインステインのスペンサー研究の基盤は、彼の執筆活動の初期の『社会静学』と後期の『倫理学原理』に置かれている。彼によれば、スペンサーの「リベラルな功利主義」に論及するにはこの二著だけで十分なのであり、スペンサーの生物学や心理学や社会学は不必要とされる。[7] この主張を逆に読むならば、それだけスペンサーの論理が複雑多岐な様相を呈するものであった証左となる。さらに深読みするならば、ワインステインにおいて「リベラルな功利主義」は、スペンサーの生物学や心理学や社会学を前提として論及すると迷宮に陥りかねないと懸念されるものであった。それゆえ、彼の労作においてはスペンサーの生物学の占める割合がきわめて過小である。ここが、人間を生物として見つめ直すスペンサーの理論的中枢に生物学があったとする本書の採る立場と決定的に異なる点である。本書とワインステインとのこの決定的な差異は、スペンサーが憂慮していた近代社会が抱えていた問題性の捉え方にまで及んでいる。

　スペンサーは風土、土地といった〈自然〉に根ざす慣習とともに育まれる人間の個性をこそ重視し、それが抑圧されることのない社会の在り方を『社会静学』以来一貫して論及し続けてきた。この彼の主張は、私的所有権の批判を通して提唱された土地所有における「公平な自由」概念からおのずと浮上してくる。スペンサーは、〈自然〉から乖離した生業に就くことによって〈群相〉から切り離され、商工業が進展した社会の中で生きてゆかざるを得ない近代人の個性が疲弊しつつあることを何よりも憂慮していた。それゆえ彼は、人間を土地から切り離し、慣習を破壊する元凶の一つとなった、功利主義的発想にもとづく近代社会特有の私的所有権の伸張を容認するわけにはいかなかった。とくにスペンサーにおいて、私的所有権は土地に対してはまったく馴染まないものであると判断されていた。このことは第六章、第七章において詳細に考察してきた通りである。

『倫理学原理』においても土地所有における「公平な自由」概念は主張され続けている。ただしその公平性を擁護する権利の名称が変えられている。『社会静学』においては「地球を使用する権利」であったが、『倫理学原理』では「自然生活条件を使用する権利（the right to the use of natural media）」となっている。「このこと〔地球の表面の専有〕は、物質的環境の一部分が形成されていくにつれて、公平な自由の原理の下でその使用が要求される生活条件の中に含まれる必要があるように思われる。地球の表面では〔他人の迷惑になる〕理不尽な生命維持活動を行なわない限り、いかなる人も〔地球の表面を使用することを〕無条件に拒まれることはない。人間は〔地球上では〕無力の立場に立たされていないので、その結果公平な自由の原理が必要とされる。これを厳密に解釈するならば、地球の表面は諸個人によって無条件に専有されるのではなく、他の人間たちからも究極的な所有と認められるような方法の中でこそ諸個人によって借用（occupied）されるものである。すなわち地球の表面は、社会全般によって借用されるものである」(8)。地球の表面は人間個人によって専有されるべき対象ではあり得ない。生物学的知見に照らしてみても十分に納得がいくように、人間は地球に住まわせてもらっている一個の生物にすぎないからである。スペンサーはこのような認識にもとづき、土地を含む人間が生きていく上で不可欠な「日光」や「空気」といった自然生活条件の公平性に論及した[9]。「空気」に関連して大気汚染や煙草を吸う場所などについても言及されている。工場から発生する大きな騒音、早朝鳴らされる教会の鐘の音などは法的に禁止されるべきだと攻撃される一方で、中央駅における汽笛の騒音は禁止されるべきものと十分には認識されていないと指摘する。その後で、スペンサーは次のように述べている。「このように空気（atmosphere）の使用に関し、各自の自由はその他すべての人間の自由によって制限されると主張されることはなかったが、このことは暗黙のうちに、しかし多くの場合は倫理的かつ合法的に主張されるようになってきた[10]」。彼の眼目は広範な自然環境を考察することで、土地に私的所有権が馴染まないように自然生活条件全般にも人間個人の専有は妥当しないと示唆することにあった。すなわち、土地所有における「公平な自由」概念が自然生活条件のそれから理論的に捉え直されていたのである。

「地球を使用する権利」から「自然生活条件を使用する権利」への名称の変更そのものに注目し、スペンサーがそのように変更した理由をワインステインは次のように考察している。「……スペンサーは土地国有化（nationalizing land）が〔個人の〕一般的な功利を相当に浸食すると確信したので、実際問題上、土地に関係する公平な権利を諦めたが、原則上それ〔土地国有化〕を公平な自由の原理の一つの『言い換え』として援用した[11]」。資料を駆使した結果ワインステインは、一八五一年公刊の『社会静学』において提唱された土地国有化政策は大いに批判の対象にこそなれ、国政を揺るがすような議論の対象にはまったくならなかった、ということを自説の論拠としている。[12] ワインステインによれば、スペンサーは「公平な自由」から導出される土地所有に関する「道徳的権利」を実際に無効にすることができるものと見なす一方で、原則的には無視できないものと捉えていた。[13] つまりこのワインステインの主張に従うならば、それゆえスペンサーは自らの手で土地国有化という大胆な主張を、「自然生活条件を使用する権利」と名称変更をすることで取り下げざるを得なかったことになる。スペンサーが提唱していた土地所有における「公平な自由」概念の核心部分をワインステインは「土地国有化」と判断しているが、それは「土地国有化と財産所有」が一九世紀イギリス政治の二大争点であったという時代背景を考慮しているためである。[14]

当時の社会状況を合わせて考えてみるならば、イギリスは資本主義経済の恩恵に深く浴していたのであり、何の政策的基礎もないところに提唱された土地国有化政策が社会改良政策として受け入れられる可能性は限りなく小さいものであったに相違ない。自らの論理が直接政策に反映されなかったと考えたスペンサーが、時代に対する行き場のない憤りの結果名称を変更した可能性も全くゼロではなかったのかもしれない。しかし、ワインステインは重大な論点を見逃している。それは、厳密に言えば『倫理学原理』の公刊時とわずかに重なるのであるが、一八九二年にスペンサー自らの手によって編集された『改訂版社会静学』における「社会主義」という名称の節の中に、初版『社会静学』の「地球を使用する権利」の核心部分が再度収録されているということである。このことはテイラーも指摘している。[15] 第六章において詳察したので繰り返し細説しないが、そこでは社会主義やコミュニズムと自らが提唱する「地球を使用する権利」との違いについて論じられている。[16] スペンサーは『社会静学』で提唱した、土地そのものに関係する「地球を使用する権利」を四一年後の一八九二年においても諦めたり投げ出したりしてはいなかったのである。それゆえ『倫理学原理』における「自然生活条件を使用する権利」は、ワインステインの主張する「実際問題上」と「原則上」の二側面をもつ、便宜的側面の強い「公平な自由」概念の狭間で提唱された権利ではなかった。ワインステインの唱えるスペンサーの宗旨替え説は、実に皮相なものでしかなかった。

『倫理学原理』において、自然生活条件と土地所有との理論的な関係は以下のように論及されている。「奴隷制や農奴制が社会構造の中に深く浸透していた時代では、つねに激しい対立が自由の権利への主張を掻き立ててきた。しかし今日では、各人が行きたい場所を自分の足を使って自由に動き回ることができるという事実に矛盾するような観念、感情、習慣といったものは少なくとも私たちの中にはない。環境に関しても同様である。……しかしすべての人間が生活し、すべての人間が生きる上で必要な生産物も獲れる環境――生活条件とは言い難い環境――を分配して使用することを人間が同等に要求するという目的は、古くから私たちに伝えられてきた観念や取り決めに反するものである。この観念や取り決めは、公平の重要性が奴隷や農奴として人間を保有することに影響を及ぼすと同時に、土地所有に影響を及ぼす時に発生してきた。社会的規律が醸成した倫理観を持ち、個人所有によって分断されることのない土地を持つ以上、人間は日光や空気に対する要求の公平性〔平等〕を主張することに躊躇しないのと同じほど、土地に対する要求の公平性〔平等〕を主張することに何の躊躇も持たないはずだ」[17]。スペンサーは当時問題視されつつあった自然生活条件を使用する権利の主張が、所有権にもとづく土地の個人所有に起因していると判断していた。彼は、古くからの「観念や取り決め」すなわち慣習の消失こそが土地の個人所有の誘発因であり、またその結果でもあると見なしていた。

スペンサーの想定する、古くから取り決められてきた慣習としての土地所有形態はつぎの通りである。「初期段階の農業では土地がすぐにやせてしまい、耕す価値がなくなってしまうために、個人は他人の開墾した土地に移り、後にそこから立ち去って別の土地を開墾していくというのが、未開状態や文明化がやや進展した状態における習慣であった。だが原因の如何を別にして、初期の段階では土地の私有という観念が無かったことは事実である。土地の使用権が耕作者に属し、一方土地そのものは暗黙のうちに部族の所有物と見なされていた。現代でもスマトラ島民その他はそうしているし、私たち自身の先祖もそうしていた。すなわち、マーク〔チュートン人の村落共同体〕の成員たちは、彼らがおのおの耕作する共有地の収穫を個別に所有するが、その土地そのものを所有するということはなかった。まず彼らは同じ氏族、部族、クランの一員であり、領域が一群の関係（a cluster of relation）にもとづく限りにおいて、各共有地の所有が個別に認められていた(18)」。

上記文言には『社会静学』以来徹底して提示され続けてきた、〈自然〉に根ざす共同体における人間の在り方が凝縮されている。ここでいう「一群の関係」とは、人間が種として部族の存続・繁栄のために生きている、まさに〈群相〉に相当する。スペンサーは〈群相〉に着目すれば、土地所有や自然生活条件に対する「公平な自由」概念は取り立てて提唱する必要はないほどに自明だと考えていた。なぜなら〈群相〉においては、人間が土地を私的所有するという発想、自然生活条件を好き勝手に使用するという発想、各人が同等に土地や自然生活条件を使用するという発想は一切必要ないからである。彼は人間が〈群相〉において土地を共有し、自然生活条件に対して個人が特別な権利を振りかざし主張する必要のない社会状態を希求していたのである。

二　ミルという「リベラルな功利主義者」

人間社会を〈自然〉に根ざす〈群相〉から捉えていたスペンサーにおいて、そうした社会状態には馴染まない個別の権利や自由を個人に賦与し、社会の幸福を最大化するという発想は皆無であった。それゆえ彼はいかなる意味においても功利主義者ではない。第六章、第七章を通じてスペンサーの論理を考察してきた私たちには、このことは繰り返すまでもなく至極明快な事実である。

ところで第一節で言及したワインステインは、従来のスペンサー研究を踏まえつつ、スペンサーと以下に考察するミルの両者を「リベラルな功利主義者」と規定している。「スペンサーは、真剣に公平な自由の原理に従っていたという理由ではなく、強力な道徳的権利によってその公平な自由の原理を明言した理由から、リベラルな功利主義者であった。スペンサーにとって強力な道徳的権利こそが幸福の最大化を追求するために必要なものであった[19]」。すなわち、ワインステインがいうスペンサーにおける「道徳的権利」とはすぐれて自由権のことであり、それは社会の幸福を最大化するために提唱されたものであったと見なされている。この意味においてワインステインはスペンサーを「リベラルな功利主義者」と主張したのであった。

しかしこのワインステインの議論は（従来のスペンサー研究者の議論も同様だが）、すべてスペンサーが「功利主義者」に他ならないという大前提の上でなされているのであり、そこにはその前提が正しいか否かを検討する発想そのものが存在していない。これまでのスペンサー研究においては、彼にまず「功利主義者」という鎧を着せ、つぎにその鎧の色を細かく詮索し直す理論的作業しか行なわれてこなかったのである。こうした理論的姿勢の是非はともかく、私たちは「功利主義者」という鎧を取り払わない限り、スペンサーの論理の骨子は捉えられないことを再度確認し、彼と同時代に活躍したミルの論理を『自由論』を中心に考察していくことにしよう。

『自由論』の核心部分に言及するには、ミルがその冒頭で訴えた主張を切実に受け止める必要がある。彼は従来「個人の自由」と「社会的統制」との間をいかに調整するか、という問題が議論の俎上にのぼることがなかったと指摘する。[20] この問題は、人間がつねに暗黙裡に同意してきた問題であると錯覚し、社会の中で行なわれてきた規制が自明でありかつそれ自体が正しいものであると認識されてきたために浮上することはなかったとする。ミルはこのように習慣化し、近代人の中に潜在する認識を「普遍的錯覚」と見なしていたが、[21] この主張から浮上してくることは、彼が生きた時代の直前まではいわゆる〈自由な個人〉は自明であったということである。それゆえミルが提起したように、「個人の自由」と「社会的統制」との調整問題が問われることになった。その理由は明白である。すなわち、人間の本来的に備わる自由の自明性を踏襲してきてこそ、イギリスは資本主義経済を発展・繁栄させてきたからである。敷衍するならば、〈自由な個人〉の自由な活動の結果集積された富が「社会の幸福」に直結する、とイギリス経験論以来確信されてきたからである。

近代社会に発生した自由の問題の懸案性に対する解決策を、ミルは二つの観点から提示した。第一の解決策は、個人に対する社会の権限の限界に関する二つの公理の提示である。「その公理は、第一に個人は自分以外の人間の利害に抵触しない限り、社会に対し自分の行為の責任を取ることはない。……第二に他人の利害に損害を与えるような行為に対して個人には責任があり、また社会が社会的もしくは法的刑罰は個人の防衛として必要であるという見解をもっているならば、個人はいずれか一方の刑罰を受け取ることになる[22]」。この二公理は、いわば「個人の自由」と「社会的統制」の限界をそれぞれ設定しようとしたものであったと考えられる。第一の公理に従うならば、他人の利害を侵害しない個人に対し社会が直接行ないうるのは「忠告、指図、説得、回避」のみである[23]。第二の公理に従うならば、他人の利害を侵害した個人に対し社会は法的制裁措置を行使することができる。

第二の解決策は、ワインステインも注目していた、個人の個性・自発性の発展である[24]。ミルのこの解決策に対する論拠は次の通りである。そもそも「個人の自由」が「社会的統制」によって統制可能な小さな存在であると見なされてしまうのは、人々の間で「個人の自由」に対する認識が薄いからである[25]。「この原理〔個性の発展〕を主張する上で遭遇する最大の困難は、ある認識された目的に向けられる手段の評価にあるのではなく、目的そのものに対する一般の人々の無関心にこそある。個性の自由な発展が幸福の主たる要素の一つであると感じられており、またそれ〔個性の自由な発展〕が文明、指導、教育、文化という言葉によって表されるすべてのものと同等の一要素ではなく、それ自体がこれらすべてのものの不可欠な部分であり条件であるならば、自由が過小評価される危険性はないであろうし、またそれ〔自由〕と社会的統制との間の境界の調整が並はずれた困難を与えることもないであろう[26]」。ミルにおいては自由こそが目的そのものであるために、人間個性の発展は、いわば「社会の幸福」に確実に到達するための一要素となった。個性が自発性とともに発展すると同時に、自由そのものの本来的な価値や意味の重要性が人々の間で認識されるようになる。その結果「個人の自由」が容易に統制可能なものとは認識されなくなっていくのである。

ミルは実に長期的なスパンを念頭において、「個人の自由」を危険にさらしている本源的な原因すなわち人間個性の喪失を指摘し、その個性を復活・発展させようとした。この主張は第一の解決策として提示された二公理とはまったく異なる性質をもっていることがわかる。二公理は最終的に制度を改良することによって二種類の自由の境界を設定しようとするものであった。これに対して、個性の復活・発展は制度を設定・操作する人間の本性に関わる部分からの改良を提唱したものであった。それゆえ上記の解決策においては、まず個性の復活・発展が根底におかれ、その基盤の上で二公理の成立する可能性が模索されていたと考えるのが妥当である。ミルは近代社会において人間の個性が喪失されてしまう可能性が高いと懸念していた。その表れの一つが「個人の自由」と「社会的統制」の明確な二分化であったのである。

さらにこうした個性の復活・発展に関し、ミルが論及していた注目すべき点がある。それは、人間には自らの個性を抑圧しないためのさまざまな権利があるが、その権利は、他人の権利を侵害する場合においては「道徳的非難」「道徳的報復」を受ける対象になりうるということである。[27] 他人の権利の侵害は、すなわち他人の個性の抑圧につながり「道徳的」とは見なされない。社会において他人の個性を抑圧することは、社会全体の「善の総計」を減じる「悪徳」に相当する。人間の個性を守るためには、こうした「道徳上の真理（moral truth）」をまず確立することが重要である。[28] ミルは人間個性の復活・発展は社会の「道徳」と深く関連していると考察していた。

ミルにおける功利概念を合わせて考察するならば、『自由論』冒頭近くでは次のように述べられている。

「私は功利とはあらゆる倫理的な問題の究極的手段であると見なしている。しかし、それは進歩する存在である人間（man as a progressive being）の永久的な利害の上にもとづくという最も広い意味においても功利でなければならない」[29]。この文言から二つのミルの主張を読み取ることができる。第一点は、彼が「広い意味」において功利概念を捉えており、ベンサム流の功利概念とは一線を画する概念を示唆していたということである。ここにおいてミルが、ベンサム流の功利主義は「狭い意味」において功利を展開していたと判断し批判していたと考えることができる。第二点は、「倫理的な問題の究極的手段」として念頭においていたその手段が、個性の復活・発展に相当するということである。その論拠は『自由論』巻末において「国家の価値は、長い目で見れば、それ〔国家〕を構成する諸個人の価値である」と明言されていることによる[30]。この文言と先の功利を「倫理的問題の究極的手段」と見なす文言は、明らかに照応している。すなわち、自由を介することでその特質を浮上させたミルにおいて、「個性の復活・発展」は最終的に「国家の価値」を生み出しうるものであり、人間の「倫理的問題」を解決する「究極的手段」であると考えられていたのである。

第六章、第七章の考察を踏まえるならば、確かにある一面ではスペンサーとミルが非常に類似した同時代診断を下していたことがわかる。両者はともに、その論理に人間を画一化するベンサム流功利主義に対する批判を潜在させ、近代社会の抱えるさまざまな問題性の一つの表出が「個人の自由」の狭量化であると判断していた。さらにそれを社会が克服するには、第一に個人の個性の復活・発展が必要であり、第二にそれを促進するには「道徳」に注目しなければならないと主張していた。ワインステインは、スペンサーとミルがともに「人間は自らの高い能力を鍛錬して増強する時に最大の幸福を経験する」と考えており、「道徳的権利」を提唱していたと理解している。[31] この意味においては、両者を「リベラルな功利主義者」と称することも、理解できなくはない。

しかしこうした二点の共通点だけから、ワインステインのようにスペンサーとミルが本質的な部分において同じ思想を保持していたと断言することはできない。ワインステインが看過したスペンサーとミルとの重大な差異を、ミルの自由問題における実際上の解決方法から明確にすることにしよう。

ミルの『自由論』は、彼自らが生きた時代に対する対症療法的意味合いがかなり強い著作である。自由を私的な領域すなわち「個人の自由」と公的な領域すなわち「社会的統制」とに区分して設定し、最終的にその両者を調整する方策が追求されていたのも、すべて従来踏襲されてきた〈自由な個人〉の伝統が近代社会の中で崩壊しつつあると懸念されていたことに起因していた。しかしそうであるにもかかわらず、ミルは〈自由な個人〉の伝統の崩壊に拍車をかけた資本主義経済にもとづく政策を温存する政府を、「個人の自由」と「社会的統制」の両者の調和を試みる主体として容認していた節がある。一方スペンサーは、この点に関して明確に異なる見解をとっていた。このことは第九章で詳しく述べるとして、いまミルの論理を読み解く上で、『自由論』における次の三つの観点が重要である。

第一に、ミルの論理において「私有財産制」は一〇〇パーセント否定されているわけではない。彼は「民主主義と貴族主義、〔私有〕財産と公平、協働と競争、奢侈と禁欲、社会性と個性、自由と規律」といった対立概念において、一方の存在そのものが他方の有用性を導出すると見なし、それゆえこうした対立概念様式は有益であると主張していた。[32] すなわち、「公平」概念の存在は「私有財産」概念の存在によって、その有用性と必要性が導出される。ミルにおいては各対立概念は現実的には対立しているが、理論的には互いがその欠点を相殺し合うと考察されていた。それゆえ各対立概念は社会の中で両立しうる。ミルにおいて「公平」概念と「私有財産」概念は矛盾無く両立した。

第二に、ミルの論理には進歩史観と呼ぶべきものが少なからず存在している。彼は特にイギリス人が「変動性に富むと同時に進歩的」な国民であり、それゆえ未来に向けて「個性」の発展という課題に取り組むことができると主張した。(33) ミルがいう「進歩」とは、これまでイギリス人が謳歌してきた経済的繁栄を伴ういわゆる「進歩」を意味している。過去において西欧諸国は「個人、階級、国民」が「一様(all alike)」にではなく「多様性(diversity)」をたどる道を選んできた。(34) ここにおいて別段明言はされていないが、ミルは数国間での国際比較の結果、および一国内の現在と過去の状態比較の結果、「進歩」を多様化であると判断したのであろう。彼は多様化という言葉に、「進歩」の結果西欧諸国のような先進国とそうではない後進国が不可避的に出現してしまうという意味を込めていた。ミルには個人が「個性」を発展させるためには、地位の格差を生み出す経済的繁栄を否定し、その理論的・構造的な基盤をすべて棄却しなければならないという発想はほとんどなかったに相違ない。

第三に、ミルが提示した政府の個人に対する干渉への反対理由の中には、政府の経済的干渉を想定した上でそれを弁護している節がある。「私は、政府による干渉の限界に関する大きな一群の問題を巻末のために残して置いた。これは本試論の主題〔自由について〕に密接に関連するが、厳密にいうならばそこには属さない問題である」。(35) ミルは本質的に政府の個人に対する干渉の限界問題と「自由」の問題を峻別しておきたかった。その理由は、彼の持説が上記第二点においても考察された通り、資本主義経済を暗に前提として「自由論」を展開していたからである。政府の個人に対する干渉への反対理由のうち、「政府よりも個人の方がよりよく行なうことのできる事柄が存在する」「政府の権力を不必要に増大させると害悪が伴う」という理由も、ミルが個人に対する政府の経済的干渉を想定した上で、その過度な干渉を防御することを試行しようとしていた、と言外に読み込むことができるからである。[36] 事実ミルは具体的には明記していないが、過去において政府がたびたび産業に対して干渉を行ない、非難を受けていたことに触れている。[37] 彼においては、過度な経済的干渉を行なう政府が批判対象だったのであり、懸案の「自由」の問題を解決する上で不可欠な「社会的統制」を行なう主体としての政府はその対象とはならなかった。すなわち、前述した通り、ミルは個人に対する政府の干渉の限界問題と「自由」の問題を峻別することで、「社会的統制」という政府の機能を温存しようとしたのである。ただし、ミルはベンサムほど政府を過大評価してはいなかったが。[38] ここで同時代の政府に関連し、ミルとスペンサーの見解の決定的な相違に触れておくならば、ミルは『代議政治論』において代議制が十全に機能すれば政府もその機能を万全に発揮することができる、と代議制に期待を寄せていた。[39] それに対し、スペンサーは代議制に全く幻想を懐いていなかった。代議制が政府の存在そのものを許容する理由にはならない、と彼は主張していた。このことは第九章で詳しく述べることにする。

以上三つの観点の考察から、ミルが事実上立脚していた論理が功利主義そのものであったことが明確に浮上してくる。基底的に資本主義経済を是認する社会において、「個人の自由」に裏付けられた「個人の幸福」は、最終的に利益の追求という合理的行為によって達成される。その諸個人の経済的行為の結果一国の富が蓄積される。この一国の富とは、イギリス経験論以来踏襲されてきた鉄の論理に従うならば「社会の幸福」に相当するものである。すなわち「個人の幸福」と「社会の幸福」は前者の追求の上に後者が実現されるという意味で連続しており、この社会には「個から全体へ」という明確なベクトルが存在している。ミルは〈自由な個人〉の自明性が崩壊しつつあるという問題意識から『自由論』を著していたにもかかわらず、「個人の自由」と「社会的統制」の実際上の調整主体として政府を容認したために、両者の両立を可能とし、当初の問題意識とは矛盾する結果を招来してしまうことになった。

スペンサーとミルの論理における「自由」「道徳」に関する差異は以下の五点にまとめることができる。

(一) ベンサム流の功利主義が量的に把握していた「自由」の問題を、ミルは質的に把握していた。ミルにおいて「自由」を私的、公的二つの領域に区分して議論が展開されていたのもその現れである。それに対して、スペンサーにはこうした折衷的論点は見られなかった。彼が主張していたのは、自立的な共同体における「自由」であったからである。

(二) ミルは、商工業が発展し土地に根ざした生業を営まなくなったために個人が単独化した近代社会では、社会構成員間の「一体感」によって「功利主義的道徳」が生み出されると主張した。[40] この論理は第七章で考察したデュルケムのいう「有機的連帯」を髣髴させる。スペンサーはまさにこのような性質の一体感をこそ批判していた。彼において社会構成員間に一体感が生まれるのは、唯一その社会が自生的社会である場合だけであった。

(三) ミルは実際上、私有財産制を容認していた。他方スペンサーは、私有財産制を否定していた。

(四) それゆえミルが注目した「道徳」は、土地とともに生きる自然社会の中で、人間が規律として分有することで内発的に育てられた「道徳」ではなかった。それは土地から切り離された人間の集合体である近代社会に、いわば外発的に導入された一つの価値であった。それに対し、スペンサーが主張していたのは未開社会において多く見られる内発的な「道徳」であった。彼はそのような「道徳」を、近代社会がすでに喪失してしまったと考えていた。

㈤　以上のような「自由」「道徳」を基底として論理を展開したミルこそは、ワインステインのいうまさに「リベラルな功利主義者」に相当すると見なすことができる。しかし、第六章においても考察した通り、スペンサーはいかなる意味においても功利主義者とは認められなかった。

以上の考察から、たとえスペンサーとミルがともに、社会の中で人間個性が抑圧されているという同時代診断を下していたとしても、またともにベンサム流の功利主義を批判し、個性に大きな影響力を及ぼす「自由」「道徳」に着目して議論を展開していたとしても、両者の論理にはそもそも立論の土台において決定的な違いがあったことが明らかになった。それゆえスペンサーとミルを同様の「リベラルな功利主義者」としてカテゴライズしうるとしたワインステインの主張を認めることはできない。

スペンサーが重要視した人間個性の在り方を、「総合哲学体系」のその他の著作を集約しつつ『倫理学原理』において提示された、「自由」「道徳」「ふるまい」「幸福」との関係からさらに深く論及していくことにしよう。それによって、スペンサーが「リベラルな功利主義者」とするワインステインの判断が失当であることも、より明確になるだろう。

三　「ふるまい」概念の重要性

スペンサーの提唱した「自由」「道徳」「ふるまい（conduct）」「幸福」の四概念は、『倫理学原理』ならびに初期の『社会静学』二著における鍵概念をなしている。

人間の「幸福」と「道徳」との関係は、第六章において考察した「道徳感情」を定義している文言の中で明確にされていた。「……各自の中にある全員の幸福のための高潔なふるまいは不可欠なものであり、私たちの中にはそのようなふるまいに対する衝動が存在しており、別の言葉で言うならば、私たちは『道徳感情』をもっている、ということは本質的なことではないと考えられている。しかしそれ〔道徳感情〕は義務としてお互いのやりとりの中で清廉であることを命じる。またそれは正直かつ公平な関係から満足を受け取り、正義の感情を生む[41]」。ここにおいて「幸福」「ふるまい」「道徳」三者の関係が浮上してくる。すなわち人間は本来的にその倫理的特性として、「ふるまい」「道徳」「幸福」を、この順で備えている。人間にそもそも備わる「ふるまい」は「道徳」に裏打ちされて「高潔なふるまい」となり、その結果「幸福」を生む。これは、人間がその本性において利他的である、と述べていることに等しい。イギリス経験論の人間本性論と、明確なコントラストをなす主張である。

スペンサーのいう「幸福」は、「全員の」幸福すなわち「私たちの幸福」である。したがって上記の関係において、「ふるまい」「道徳」に関してスペンサーが本質的に論及しようとしていたのは、「私たちが行なうふるまい」であり「私たちの道徳」であったことがわかる。彼は「ふるまい」の主体として、明確に「私たち」を念頭においていた。それゆえ彼において「ふるまい」とは、個人的な活動を突出させることのない、種の中の個の活動を意味していたことがわかる。このことは第六章における詳察の結果とも一致する。以上の考察は同時に、スペンサーの提唱した社会システム論における重大な観点も導出している。すなわち彼の社会システム論において、「個人の幸福」と「私たち（社会）の幸福」は完全にイコールで結ばれており相互包摂している、と。それゆえ、「個人の幸福」を集積することによって「社会の幸福」を作り出そうとする発想自体が皆無であったと推論することができる。この推論を以下の行論も踏まえて検証していくことにしよう。

上記三概念に加えて残りの「自由」概念を含めた関係がわかれば、四概念の関係が明確化するわけであるが、最後のポイントをなかなかスペンサーは越えさせてはくれない。四つの概念自体の関係を提示する確証的な文言がないのである。しかし、以下の文言は間接的にそれらの関係を導く端緒となっている。「あらゆる他人の自由を尊重しさえすれば人間は望み通りのことを行なうことができるという自由を主張し、私たちが酩酊したり残酷なふるまいをすることも自由の中に含めてしまっているのならば、本質的に〔他人の〕幸福を破壊することを行なう時にも人間は自由である、と矛盾する主張をすることに陥る[42]」。また、「幸福」の破壊と「自由」との間で二者択一が生じた場合に、どうするべきかをスペンサーは次のように述べている。「最大幸福の到達のためには、必要とされる自由をもいくつか制限すると明らかに宣言せざるを得ない[43]」。ただし、ここで彼がいう「最大幸福」とは功利主義の用語としてのそれでないことはもはや繰り返すまでもないだろう。〈群相〉を想定していたスペンサーにおいて、一個人を突出させる「自由」が〈群相〉全体の「幸福」すなわち「最大幸福」に先行して容認されることはあり得ない。それゆえ、ここにおいてようやく懸案だった「幸福」と「自由」の関係が明確になる。すなわち人間はその倫理的特性として「幸福」「自由」の順でこれらを備えている。人間には「幸福」を破壊する「自由」は存在しえないし、「社会の幸福」すなわち〈群相〉の幸福のためには当然、個人の「自由」が制限されねばならないものだからである。

したがって四概念は、「ふるまい」「道徳」「幸福」「自由」の順で包摂関係をなし人間の倫理的特性として備わっている。それゆえスペンサーにおける「自由」概念を明確にするには「ふるまい」を看過してはならないことがわかる。事実『社会静学』公刊後二〇年以上経過してから執筆された『倫理学原理』では、「道徳」が「ふるまい」を基底にして徹底的に論究されている。スペンサーは「道徳」を解明するには四つの見地から「ふるまい」を考察することが必要であると主張した。すなわち、第一の「身体的見地」、第二の「生物学的見地」、第三の「心理学的見地」、第四の「社会学的見地」がそれである。いずれの見地にも見られる二点の共通点がある。第一点は、確認をするまでもなく、スペンサーが言及する「ふるまい」をするのは人間だけではないことである。[44] 彼はいずれの見地においても人間を含む生物全般に幅広く言及している。第二点は、これらの見地に対して、正確な意味で二〇世紀にまで通用する進化論的観点から考察が加えられていることである。すでに詳察した通り、スペンサーは特別にそれだけを取り上げて論及することはなかったが、この進化論的観点には必然的に「時間概念」が組み込まれていた。宇宙の法則性に則り、刻一刻と変化し続ける進化現象を考察していた彼にとって、「時間概念」は対象を正確に把握するのに不可欠かつ自明な要素であった。こうした論理にもとづき、特にスペンサーは「道徳」を「時間概念」に即して検討しようとしていた。彼がこの「時間概念」を不可欠とした理由は第五節で考察するが、これら二点の特徴は第七章で考察したスペンサーの論理における四主要概念に照らすと、出されるべくして導出された特徴であることがわかる。ここにおいても、人間および人間社会を、生物および生物社会に〈生命〉として深く関与している存在であると判断していたスペンサーの理論的特質が裏付けられている。

　第一の「身体的見地」に立って考察される「ふるまい」とは、生物身体の生理的機能がどのように働き〈生命〉を維持しているか、と集約することのできる概念である。ここで第七章において行なったスペンサーの〈機能〉に関する議論が有効なものとなる。スペンサーにおける〈機能〉とは、〈自然〉によって作られていく〈生命〉と密接不可分な「生命維持＝機能」であった。それは身体内部の諸機能を機械論的に「構造維持＝機能」として捉え、生命体＝生物の全貌を把握しようとするものではなかった。その理由が〈生命〉といういまだ謎のベールに包まれた現象にあったことはすでに述べた。

　この「身体的見地」において、スペンサーが繰り返し主張していることは第七章で考察した「生命概念」に他ならない。例えばポリプ、軟体動物、鳥類、哺乳類と生物が進化していくに従い、不定期に食物摂取することしかできなかった状態が、徐々に「生理学的リズム (physiological rythms)」を獲得し、環境に適応して生活していくことのできる状態へと変化していくことが考察されている。[45] 生物のこうした食物摂取行動における事実を踏まえ、スペンサーはつぎのように述べている。「道徳的と呼ばれる生命とは、動的均衡の維持が完全〔な状態〕に、またはほぼ完全な状態に近づきつつある〔状態の〕ものであると結論づけられる[46]」。だから、「理想的にいうならば道徳的人間とは動的均衡が完全に行なわれているか、もしくはそれが完全〔な状態〕に近づきつつある人間のことを指す、という事実は生理学的用語に置き換えて言うならばこうなる。すなわち、その人間はあらゆる種類の機能が正しく〔作用する状態に〕到達している人である、と」[47]。ここでスペンサーにおける〈生命〉の定義──「生命とは内的関係と外的関係との持続的な調整である」[48]を想起するならば、上記文言中の「動的均衡」とは生物身体内部の作用および身体内部と環境との作用を指している。以上二つの文言から、生物が身体の動的均衡において〈生命〉維持を行なっている事実が「ふるまい」と呼ばれ、その「ふるまい」そのものが「道徳的」と見なされていることがわかる。

第二の「生物学的見地」から考察される「ふるまい」は、「福利に対する快楽と苦痛」を鍵概念として論及されている[49]。「ここで詳しく論及されるべき人間の思考上の過ちがある。すなわち、人間は人間生命(human life)の一般的な現象に何の注意も払うことなく、生命現象全般を全く無視している一方で、倫理が取り扱うのは人間生活(human life)の特別な諸現象であると理解している」[50]。スペンサーがこの見地を立てることで主張しようとしたのは、もちろん生命現象をこそ倫理として重点的に取り扱われねばならないということであり、倫理が扱うべき対象は、人間生活のある特別な部分現象ではない、ということである。この意味において有益な視座を与えてくれるのが生物学なのであった。それゆえスペンサーは四つの見地の中で、特にこの「生物学的見地」が最も重要度が高いとした。私たちはスペンサーが「倫理」と〈生命〉を関連づけて論述しようとしていたことに注意を払わなければならない。この論点は、後にわかるように『倫理学原理』最大の特徴でもある。

この見地において展開されている生物学的事実は、すでに第七章において『生物学原理』を詳察してきた私たちにとっては重複する部分が多いので細部を繰り返すことは省略する。そのスペンサーの主張を簡潔にまとめておくならば、意識の有無にかかわらず、結果において生物は快楽を追求する方向に向かって〈生命〉を維持し、そうすることで進化を遂げてきた。そうした生物の生命活動はいわゆる「自己保存活動」と「子孫の養育に必要な活動」の二つに概ね集約される。[51] 前者は「個体の生命維持活動」、後者は「種の存続（生命）維持活動」と換言することができよう。またスペンサーが論及していた、人間が自らの行為の中で快楽の量を多くするように能力を自発的に鍛錬するのも、またその鍛錬の不足した分をできる限り苦痛に振り向けないようにするのも、直接的には「個体の生命維持活動」であり、間接的には「種の存続（生命）維持活動」であると解釈することができる。[52] すなわちスペンサーにおける快楽と苦痛は、ベンサム流の功利主義によって原理的に規定されるもの、すなわち人間のみに限定された「人間本性」論のことではない。またこの「人間本性」は、政府あるいは広義には社会によって統御され、それによって自由と秩序との関係を統合するような性質のものではない。それは、なにより〈生命〉全体を念頭に置いて設定された概念であった。「すべての快楽は生命力を増大し、他方すべての苦痛は生命力を減少させる」。[53] この確固たるテーゼをその論理の根底においていたスペンサーが、ベンサム流の功利主義と同じ快苦原理を提示するはずがなかった。

ここでスペンサーとベンサム流功利主義における快苦概念の差異を明確にしておくならば、ベンサム流功利主義において規定された快苦は人間を対象とし、（政府という主体によって）暗黙のうちにその判断基準が設定された概念である。それに対し「生物学的見地」の考察から判明したスペンサーにおける快苦は、快楽が〈生存に支障を来さないもの〉であり、苦痛が〈生存に支障を来すもの〉であると換言することが十分に可能な、生物全般に通用する概念である。それは人為が及ばない生命現象を踏まえた概念でもある。

地下室に放置されたジャガイモの根が日光が射し込む格子に向かって伸びていくのも、紛れもなく〈生存に支障を来さないもの〉に向かって突き動かされて行なわれる生命活動の一つなのであった。(54)

スペンサーは倫理を「道徳科学（moral science）」とも呼んでいた。(55) ここで上記の考察を踏まえるならば、二点にわたるスペンサーの主張が浮上してくる。第一に、最終的に生物にとって〈生命〉を維持する活動が快楽すなわち〈生存に支障を来さないもの〉に通じていることである。第二に、その生命維持活動すなわち「個体の生命維持活動」「種の存続（生命）維持活動」という「ふるまい」自体が、道徳的であることである。彼は『倫理学原理』において、この主張をどこまでも透徹させていた。

第三の「心理学的見地」はスペンサー自身も述べているように、結果的に「生物学的見地」における考察と同じ到着点へと辿り着く。(56) 前者の見地が論及したのは感情的な快苦にもとづく「ふるまい」であり、後者の見地が論及したのは身体的な快苦にもとづくそれであったからである。そもそも快楽と苦痛という概念が感情を無視しては成り立たないものであることからするならば、この論理的な結論は頷くことができる。

第四の「社会学的見地」は上記三つの見地を補完するものである。(57) しかし、最終的にこの見地から導出される考察もまた、先の「心理学的見地」同様「身体的見地」および「生物学的見地」が到達した結論に集約することができる。なぜなら、スペンサーの生物学的知見を踏まえた論理に従うならば、生物（人間）が集団（社会）を形成して生活しているその理由は、個体および種の生命維持活動に有利であるからだと看取することができるからである。ただし、この社会学的見地の眼目が、人間は自己利益を追求しつつ生きている個々人の集合状態の中に生存しているのではないことは他の生物と同じである、という事実を指摘することにあることは、繰り返すまでもなく明らかであろう。

四　倫理とふるまい

四つの見地の考察から浮上する「ふるまい」概念の本質的な意味を解き明かすに先立ち、以下の考察に不可欠なスペンサーの論理における個体（個人）概念の在り方に論及しておきたい。その際前述したベンサム流功利主義と比較・対照すると有意義な考察をすることができる。容易に想像がつくように、快苦の概念の差異に加え、スペンサーとベンサム流功利主義には個体（個人）の在り方にも差異が求められる。しかしこの両者の差異を十分に読み解かないと、スペンサーの提唱した社会システム論の本質部分と深い関連性がある彼の倫理学を理解することも、彼がなぜ「個性」に着目して議論を展開してきたのかを把握することも、きわめて困難になるといっても過言ではない。

ベンサム流功利主義では、一個人は自分以外の他者と対立せずに自己の存在を主張することはできない[58]。すなわち他者との差異化を図る最良の手段が快楽計算であり、それにもとづいて一個人は自我を確立することが可能となる。そのような自我を確立した人間をまとめ上げ、斉一性をもたせるのに必要な概念が「最大多数の最大幸福」であった。こうしたベンサム流の功利主義にみられる個人の在り方は、第二部において詳察した「人間の条件パラダイム」におけるそれと本質において同じものであったことがわかる。このパラダイムにおいて言及された人間は、合理的な行為を通して自らの目的を個々に追求し、その結果において自己を確立する一個人であったからである。その行為過程において、この一個人が先のベンサム流功利主義にみられる一個人同様、自らの目的を実現するために他者と利害関係上少なからず対立していることはいうまでもないであろう。ベンサムは快苦原理にもとづく功利原理の正当性を裏付けるために一〇項目の問題を列挙しているが、その四番目の問題は以下のように提起されている。「ある行為を考えた場合、自分自身の下した承認と不承認が結果に関係なく、自らの判断や行為の十分な根拠になるのならば、その人間には次のように自問させなければならない。すなわち、自分の感情がすべての他人に対して善悪の判断基準になるのかどうか、もしくは各自の感情はその善悪の判断基準と同様の特権をもっているのかどうか、と」(59)。ベンサムの論理に従うならば、上記の問題に対する答えはいずれも「否」である。つまり、ベンサム流功利主義において必要とされる「倫理」「道徳」とは、対立する個々人の保持する主観および判断基準を、全面的に他人に押しつけないよう抑制するものであった。

他方スペンサーの論理において、一個人は各個人が〈生命〉として有機的に関係する〈群相〉の中に溶かし込まれた存在であり、共同体・民族・部族の存続のために存在していた。それゆえ各個人が利害を対立させることは原理的に皆無であり、一個人だけが〈群相〉から突出する存在となるための権利を付与されることもなかった。これがスペンサーにおいて提示された個体(個人)の在り方である。

ただしここで注意をしなければならないのは、スペンサーのいう「個性」と個人は全くの別概念として取り扱われていたということである。一個人は必ず他者とは異なる「個性」をもっている。たとえ〈群相〉に個人(個体)は溶かし込まれていようとも、各個人はそれぞれの「個性」を保持する存在である。それは同一種であるネコの中にも、ネズミを捕まえるのが上手なものがいたり、眠っているのが好きなものがいたりするのと同じことであり、自明のことである。こうした各個人における「個性」の発現は〈群相〉の存在とはなんら矛盾することがない。それゆえスペンサーはその「個性」の発展を主張していたのである。したがって、スペンサーにおける「個性」の主張が、個人主義にも功利主義にも発展することはあり得ない。この点もまた、きわめて重要であるにもかかわらず、従来のスペンサー研究が看過してきた点である。

スペンサーの論理において各個体は〈生命〉として関係している存在であった。それゆえ彼の求めた「道徳」「倫理」は、近代社会に根ざした人間観とはまったく異なるものを基底としていたのである。

第三節において検討した四つの見地から明らかになったのは、スペンサーの着目した生物の「ふるまい」は一個の生物が生き長らえることだけにではなく、種全体が存続していくことにも着目して導出された概念であったということである。彼は、生物が「生命維持活動」を行なう「ふるまい」をこそ「道徳的」と呼んでいた。また彼は「倫理」を「道徳科学」と見なしていた。このことからひとつの判断が導き出される。すなわち、スペンサーにおいて「ふるまい」「道徳」「倫理」は〈生命〉を介在させると同義概念になる、と。これこそが『倫理学原理』における最大の特徴である。このことからも、本章冒頭で指摘しておいた、スペンサーが「道徳」と「倫理」との間に明確な区別を設ける必要性を感じていなかったことがわかる。

事実、スペンサーは「道徳」および「倫理」という二つの概念を明確に定義し分けていない。「倫理」に関しては、例えば人間行為の「善悪」の判断基準として、個人の生活に対して外側から調整するような「非公式な主張をするもの」と見なされている、と論じるだけに止まっている。(60) 特に「倫理」には善悪の判断基準、「道徳」には善行、と一義的に捉える偏見が人々の間に流布していることが何よりも問題であるとスペンサーは捉えていた。「倫理」「道徳」にそれぞれ善行の判断基準、善行という偏見が必要とされている社会こそが、先にベンサム流の功利主義における個体（個人）概念に引きつけて確認したように、まさに近代社会なのであった。スペンサーにおける両概念は生物学的知見を基底として成立しているものであった。しかし、そうした論理は生物学的知見や進化論的知見を人間に対して適用することに偏見をもつ人々にはなかなか理解され難いものでもあった。スペンサー自身このことを十分に認識していた。「この著作〔『倫理学原理』〕の第一部を読まなかった読者は、上記のタイトル〔動物の倫理について〕に驚かれるだろう。しかし『一般的なふるまいについて』や『ふるまいの進化について』といった章が、それを読んだ人に動物的倫理（animal-ethics）と見なされるべきものが存在していることを明らかにするだろう」(61)。それゆえ、スペンサーは「道徳」「倫理」という二概念を明確に定義し分けるという方法を選択するのを必要と考えなかった。そこで彼は自らの論理を裏付ける生物学的および進化論的知見を折りに触れて繰り返し述べ、人間と生物がまったく同じ有機体として生きているという紛れもない事実を主張する方法を選択したのであった。

そのために、これまで考察してきた『倫理学原理』は実に巧妙な論理的戦略に即して議論が展開されていたことがわかる。この著作冒頭でスペンサーは「倫理が一部分を成しているものの全体は、一般にふるまいの理論によって構築されている全体である」(62)と述べ、「ふるまいは一全体である。それはある意味で有機的な全体である……」(63)と論じていた。すなわち、「倫理」とは一有機的全体である「ふるまい」の一部分を指示する概念である、とだけ提示されていた。しかしスペンサーは「ふるまい」を曖昧な概念のままに放置していたのではなかった。その証左に、彼は「ふるまい」概念を上記四つの見地から論及していくと、「ふるまい」「道徳」「倫理」三概念が同義概念であることを最終的に浮上させる論述を展開していた。その結果、「ふるまい」「道徳」「倫理」を定義し分けなくても、これらがすべて同様に生命界において重視されるべき概念であるとの主張が達成されていたのである。

いささか迂回したかに思われるこれまでの考察は、スペンサーの提唱した社会システム論の特質をも浮上させる概念規定を捉えたものであり、非常に有益であったことがわかる。最終的に以下のことが導出された。すなわち「道徳」「倫理」をそれぞれ「ふるまい」から切り離すことはできない、ということである。なぜなら「道徳」「倫理」は「ふるまい」という有機体の一部分なのであり、ある時には「ふるまい」そのものを指示する概念であったからである。同様に、スペンサーの論理において「道徳」「幸福」「自由」は――人間の倫理的特性として備わっている包摂関係を援用するならば――「ふるまい」から切り離し得ない概念でもあった。その論拠は「ふるまい」以下四概念は有機体という一全体を構築しているからである。この概念規定を逆に考察するならば、「ふるまい」は個々の「道徳」や「倫理」を集積していくことで出来上がる概念ではない。その論拠は上述した通りである。

それゆえ「ふるまい」を介在させて考察した結果明白になった通り、スペンサーの主張する「自由」は「倫理」からそれだけを切り離すことはできないものである。しかしワインスタインは、スペンサーの「自由」と密接な関係をもつ「幸福」概念を次のように論じている。「……幸福とは、スペンサーにとって単に〔人間の〕能力を鍛錬する規範的な目的である。……自由は、この目的に到達するための手段となるものである」[64]。これまでの議論を踏まえるならば、このワインスティンの主張は的外れであると言わざるを得ないだろう。スペンサーにおいて一全体であると見なされていた「ふるまい」に包摂される「幸福」「自由」は、単独に切り離された上で人間が「目的」として追求する性質のものではなかったからである。ワインスティンのこのような性急な判断も、すでに確認したようにスペンサーの論理が〈生命〉を基底にして成立していることを看過したことに起因している。そもそも上記ワインスティンの文言は、まさに目的論を主張するものに他ならない。それゆえその議論は、「幸福になること」が目的であり、「生きること」はその手段だ、のような議論に容易に飛躍する可能性をもっている。彼が、あたかもスペンサーが「ふるまい」から「自由」だけを切り取る作業を好んで行なっていたかのように断定したのも、そのような目的論的発想に立っていたからである。

スペンサーにおける有機的に構築された概念規定の在り方は、彼自身がオーギュスト・コントの『実証哲学』に対して言及した論考「コント氏の哲学に反対する理由」の中でも明確に提示されている。スペンサーは人間の知識における科学の果たす役割が大きいという判断そのものはコントと共有しているが、コントと自らの論理とではそもそも出発点が異なっていると指摘した[65]。スペンサーは「三段階の法則」に関し、コントが論及したように知識は「神学的段階」「形而上学的段階」「実証的段階」と段階的に発生していくのではなく、それぞれが同時に発生すると主張した[66]。この主張はその一〇年前に発表された論考「科学の起源」の中でも明示されている。「……科学はそのいずれも単独に進化したのではなく――論理的にも歴史的にも独立しているのではなく、程度の差こそあれそれらはすべて相互作用を必要とし交換してきた」[67]。社会の中で科学が単独に発生し一直線に発展していくことはあり得ない。スペンサーはそのように鋭く指摘した。
こうしたスペンサーにおける科学的な知識の在り方は、上述した「ふるまい」に包摂される「道徳」「幸福」「自由」各概念の在り方にも反映されている。これら四概念は相互的に補完し合っていた。先に導出された包摂関係もその一つの証左に他ならない。それゆえ、上記四概念はいずれか一つだけを取り出して人間が追求することは不可能なのである。スペンサーにおける有機体観は、決して社会システム論においてだけ展開されていたのではなかった。

五　〈群相〉としての社会と個性

スペンサーの提唱した「個性」を深く理解するために、紙幅を割いて「ふるまい」「道徳」「倫理」「幸福」「自由」各概念の包摂関係に論及してきた。そこで明らかになったのは、彼の論理においてこれらはすべて有機的に関係し合っており、個々に切り離すことが不可能な概念であるということであった。ここでこれらの概念規定を詳しく解読していくことにしよう。

社会の構成員である個人は、生物有機体であるがゆえに当然のことながら〈生命〉を有している。ただしその〈生命〉は人間個人だけが単独に有しているのではなく、ホモ・サピエンスという種によって長い進化過程を経て獲得され、共有されているものである。スペンサーの論理においては特に後者が有する〈生命〉が重視されていた。それゆえ、彼の論理が本質的なところで意味する「ふるまい」は「私たちのふるまい」であり、個人は既述したレヴィ＝ストロースの言うところの「種としての個」として存在している。個人は快楽すなわち〈生存に支障を来さないもの〉を追求する。その結果個人によって獲得される功利すなわち「幸福」は、〈生存すること〉に他ならない。またそれは最終的に〈種が存続すること〉を意味する。しかし〈生存すること〉をいくら集積しても〈種が存続すること〉にはならない。このことに関しては、もはや多くの説明を必要としないであろう。例えば社会において男性（女性）ばかりが〈生存すること〉という「幸福」を享受しても、女性（男性）が存在しなければホモ・サピエンスという種は繁栄も存続もすることができないのだから。以上考察してきた、個人と種の関係に照らして解読したスペンサーの「幸福」を踏まえると、彼の提唱した社会システム論においては「個人の幸福」を集積することによって「社会の幸福」を創出しようとする発想そのものが皆無であった、と第三節で提示した推論は正しかったことがわかる。もともとスペンサーに「功利主義者」の名を冠すること自体が、「プロクルーステースの寝台」のような暴挙なのである。

スペンサーのいう「ふるまい」「道徳」「倫理」が〈生命〉概念を介在させると同義概念になることはすでに述べた。先に考察した通り、「幸福」が〈種が存続すること〉と規定することが可能であるならば、それを包摂する「ふるまい」「道徳」「倫理」三概念はさらに大きな意味合いをもつことが容易に想像される。スペンサーは以下のように述べている。「文明を次のように一般化することができる。文明とは、人間（の本性）と社会の構造が、すべての各人の個性を完全に顕示（manifestation）することができるよう要求する方向に向かっていくひとつの変化（progress）であると言うことができる。人間が生まれつきのままでいること――つまり、人間が自発的に行なっていることをただ行なうこと――は、各自の十分な幸福と社会の構成員全員の最大幸福のために欠くことのできないことである。それゆえ、適応の法則によって私たちの社会の変化（progress）はあらゆる人間の要求がすべて満足のいくものとなり、個人の生活は完全に達成されることが可能となる状態へと向かうに違いない[68]」。「人間が生まれつきのままでいること」「人間が自発的に行なっていることをただ行なうこと」とは、まさにスペンサーのいう「ふるまい」に相当する。すなわちそれは人間が生きている状態を指している。第七章でも詳察したように、そもそもスペンサーには人間だけを特別視する啓蒙思想以来の特異な人間観は存在していなかったことを踏まえると、「ふるまい」とは人間を生物として包摂する〈生命システム〉そのものを指示する概念でもあったことがわかる。「道徳」「倫理」も同様である。

いよいよスペンサーのいう「自由」に到達することができる。繰り返して確認しておくべきことは、彼の「自由」は「ふるまい」「道徳」「倫理」「幸福」のいずれの概念からも切り離して捉えられることはないということである。そうであるならば、社会において〈生命〉として関係している諸個人が分有することで内発的に育てられた「道徳」は、諸個人の「自由」に分解することができない。付言するならば、この意味においてデュルケムが『規準』で述べたことは実に適切であったといえる。しかし「道徳」「倫理」と「自由」は、ワインステインを初めとする最近のスペンサー研究者のように分けて考えるべきものなのか。すなわち、西欧近代社会の「個人の自由」が拡大していきさえすれば社会の「道徳」は向上するのか。「個人の自由」が獲得されさえすれば「個人の倫理」も向上するのか。これらの疑問にスペンサーはすべて否と答えている。

ここでミルによって提唱された、近代社会に特異な〈自然〉から切り離され単独化した個人に必要とされる「自由」の概念を想起してみることにしよう。単独化した個人が個々に「自由」をもち、その各自の「自由」を相互に結びつけるものが何もない状態は人間固有のものである。そこにおいて、「自由」は個人同様、単独化している。それに対して、生物において単独化した「自由」をもっている種は一つとして存在しない。狩りを行なうライオン集団の中の一匹の雄ライオンに単独の「自由」はあるのだろうか。沼地に群生するミズバショウの一株に固有の「自由」はあるのだろうか。雄ライオン、一株のミズバショウに「自由」が与えられることは、すなわち〈群相〉から引き離されることを意味し、死を意味するのではないか――などと自問すべきであろう。

スペンサーは人間を生物の一種であると認識していた。その生物はそれ自体単独で生き長らえることができ、かつ種を繁栄・存続することができるという発想がまったく通用しない世界に生きている。それゆえ、スペンサーのいう「自由」とは〈種が存続することの前提条件〉であるとも規定することができる。前述した「私たち（社会）の幸福」が世代を越えて〈種が存続すること〉であったことを踏まえるならば、「自由」と「幸福」はともに〈生命〉概念を介在して確実につながっていることがわかる。確認するまでもなく、個々の「自由」の集積は「幸福」に直結しない。〈種が存続することの前提条件〉だけが無数に集積されても、そこから世代を越えた〈種の存続〉はなされ得ないからだ。それが〈生命システム〉のもつ不可思議さの所以であることはすでに述べた通りである。

第二節で考察したように、ワインスティンは「個性」と「道徳」に着目したスペンサーとミルの両者を同様に「リベラルな功利主義者」と概念化している。しかしその一方でワインスティンは、ミルの方が厳密な意味で「リベラルな功利主義」的発想を保持しており、特に両者の論理の間には二点にわたる質的な差異があると指摘している。[69] 第一に、スペンサーの「道徳的権利」は土地国有化政策に関する理論的姿勢の変遷からすると擁護し難いものであったこと。第二に、ミルにおいて道徳的な個性は遺伝的特性を備えたものではなかったが、スペンサーにおけるそれは世代を経て個々人の遺伝的才能が強化されていくものであったこと。第一の指摘は、細説を繰り返すまでもなく、第一節で検討した通り、スペンサーの本質的な主張を看過しているものであった。ところが、第二の指摘は以下に考察する二つの重要な観点を導出する。そしていずれの観点も、本書が述べようとしている論点を、まさに逆説的に傍証してくれている。

第一に、ワインステインがスペンサーの論理の中に世代を継承して才能が強化されていくとの主張があると読み込んでいたことは、すなわちスペンサーの「道徳」に照らした論理が「時間概念」を踏まえたところに成立していると示唆していることに他ならない。このことはスペンサーにおける「道徳」が〈生命〉の備える本質的な要素を踏まえていた、との本書の主張を間接的に証明するものである。ここでミルの論理を想起するならば、そこにおいては個人の単独化が透徹されていたので、たとえいかに「道徳」が強調されようとも、社会の功利は個人の功利の集積によって一瞬のうちに求められ、そこに「時間概念」が介在する余地は一切なかった。さらにミルが外発的に導入した「道徳」は、スペンサーが提唱したような〈生命〉概念を基底としたものではなかったから、そこにも「時間概念」が介在する余地はなかった。すなわち功利主義とは、「時間」を「無化」することで個々人をまとめあげる思想であることがわかる。

第二に、スペンサーの論理が単独化した〈自由な個人〉を前提にしていなかった、との本書の主張を裏書きしている。スペンサーにおいて、人間が生命界で〈生命〉を営んでいる限り完全に自由であるということはあり得ない。なぜならば、「私」という一個体は自分自身だけで現存することが不可能だからである。「私」はそれが誕生する以前からの連綿としたホモ・サピエンスという種の存続があってはじめて存在する。この事実は、特に自然社会を想定してみると明確になる。祖父、祖母、父、母、そしてそれらの人間を取り巻く環境など、これら一切の影響から切り離したところに「私」は存在しない。この意味において、一個体は完全な自由をもってはいない。スペンサーがその論理の基盤に生物学的知見をおき、進化論的発想を縦横に反映させていたのも、近代社会がその理論的基盤と見なしてきた〈自由な個人〉は本来的にはどこにも存在しないとの強い主張があったからである。

上記考察してきたように、スペンサーの提唱した〈群相〉としての社会において、一個体は近代の意味での完全な自由をもってはいない。その理由は、一個体の「自由」は〈共同体・民族・部族（種）〉が存続することの前提条件〉であると見なされていたからである。敷衍するならば、一個体は〈群相〉の中に溶かし込まれた存在であり、単独で生きるべき使命を与えられてはいないからである。しかし、スペンサーは個体の発現である「個性」も完全に社会に溶かし込まれ、人間個体を画一化し没個性化すると容認していたわけではもちろんなかった。なぜなら、それは生物学的事実に反することでもあったからである。このことは第四節において論及した。スペンサーは各個人が有機的に関係している〈群相〉としての社会を主張すると同時に、その中に生きる人間の「個性」の尊重を強く主張していたのである。

ここで第四章第三節において保留にしておいた、パーソンズによるスペンサー批判に最終的な評価を下す必要が生じる。パーソンズによるスペンサー批判は以下の二つの観点からなされていた。

第一に、パーソンズは、スペンサーにおける「進化」を「単線的（linear）」なものと捉えていた。[70] これまで考察してきたように、スペンサーの展開した進化論はとうてい「単線的」という言葉では集約されえない特質を備えたものであった。もともと進化論は、現代においてさえ単線的などではあり得ない。数多くの種が生存する場所＝環境の個々の特徴を比較すれば、単線性はあり得ないからである。スペンサーにおける進化観も、〈自然〉のもつ厳格な力・法則性によってのみ押し進められるものであり、その過程において必然的に絶滅・崩壊を余儀なくされる種、部族、社会が存在することを容認するものであった。それは、人間を含む生物が自然環境に強く影響され、その形態・形質を変化・多様化させられるという特質を備えた進化観であり、今日解明されたところの「中立」説の核心部分にさえよく一致するものであった。こと社会に限っていっても、スペンサーの進化論には啓蒙思想以来の「発展法則」や「発展史観」にもとづき、人間にとって望ましい一方向に社会を進展させることができるとするいわゆる社会進化論の特質や、生存に適さない人間を切り離すことが可能であるとする社会ダーウィニズムの特質は皆無であった。したがってパーソンズは〈自然〉のもつ法則性を踏まえたスペンサーの進化論をまったく理解することができなかった、と判断せざるを得ない。

第二に、パーソンズは、スペンサーの論理を個人主義および功利主義にもとづくものと主張していた。彼によれば、スペンサーは個々人が「利益と個人的な目的」を追求することが「万人の最大欲求の充足」につながるという論理を展開していたとされる。[71] パーソンズいわく、このような諸個人から構成される社会システムには個人の利益追求のためのメカニズムが作用している。それゆえ、彼はスペンサーの社会システムを円滑に作動させるための前提条件として、諸個人の利益追求が存在するはずだと結論づけた。しかしこれまで考察してきた通り、〈群相〉の中に生きる生物としての人間に着目したスペンサーの論理には、個人主義および功利主義的発想は皆無であった。もしも彼の論理に「個から全体へ」という発想が存在していたならば、土地所有における「公平な自由」概念が提唱されるはずはなかった。なぜなら土地所有における公平性は私的所有権の否定の上にこそ成立するものであったからである。そもそもパーソンズがスペンサーに対して功利主義者だと判断した論拠には、特にスペンサーの論理において契約という形態に顕著にみられる経済活動が容認されていたことに焦点が置かれていた。[72] しかし、この意味の経済活動とは諸個人が利益の追求という合理的行為によって達成される経済的行為の総体をこそ指す。そうであるならば、その諸個人による利益の追求の結果蓄積されていくのは私有財産のはずである。しかし、スペンサーにおける〈群相〉にはそうした私的所有権にもとづく私有財産は必要とされなかった。パーソンズはスペンサーにおける「個人」と「個性」を混同して考え、スペンサーが主張した「個性」の尊重を「個人」の経済活動の拡大と誤解したのであろう。残念ながら、これは軽微な誤解とはいえない。先に考察した通り、スペンサーにおける「ふるまい」概念にもとづくならば、生物有機体に他ならない個人の「功利」すなわち「幸福」とは〈生存すること〉に相当する。パーソンズも最近のスペンサー研究者同様、このような〈生命〉概念に深く根ざすスペンサーの論理の本質部分を見誤ったのである。

上記第一、第二の観点から明らかになるのは、〈自然〉の中に生きる有機体——生物、人間、社会——を基底として近代社会の問題性に論及したスペンサーそのものの論理と、パーソンズが読み取っていたその論理との間には紛れもなく大きな隔たりが存在していた、という事実である。それゆえ第四章第三節で(一)〜(三)までの問題点を挙げて保留にしておいた最終的な評価は、(一)パーソンズはスペンサーの主張するところをまったく理解することができなかった、と判断することが妥当である。パーソンズは、ついに本質的な論理を理解することなく「スペンサーは死んだ」と断言し、他の多くの社会学者に誤った観念を植え付けたと言わざるをえない。

第六章以降考察してきたスペンサーの著作の公刊順序を再度記すならば、『社会静学』『第一原理』『生物学原理』『社会学原理』『倫理学原理』である。第七章で言及した通り、『生物学原理』が『第一原理』の原点であると同時に帰結であり、『社会学原理』が『社会静学』の原点であると同時に帰結であったことからするならば、先の公刊順は『生物学原理』(『第一原理』)、『社会学原理』(『社会静学』)、『倫理学原理』とまとめることができる。スペンサーはまさにこの著作の順に即して議論を進めていった。彼は、(一)人間の原点を見つめるべく、人間がおかれているあらゆる条件を生物学に依拠しつつ検討し、その上で(二)人間によって生きられた社会の存在そのもの、およびその全体性に関する特徴に言及し、そして(三)その社会の中で人間がどうあらねばならないのかを「個性」に着目して論じた。スペンサーは見事な三段階にわたる論理構成で社会学を展開していたのである。この論理構成はスペンサーの社会システム論を決定づける特徴でもある。スペンサーは(一)の生物学的見地に立脚していたからこそ、(三)に先立ち(二)の見地から導出される、「個」に還元することのできない社会有機体説を提唱したのであった。

スペンサーが近代において提唱した社会学は、上記著作を(一)、(二)、(三)の観点の順で考察して初めてその核心部分を浮上させることが可能となる。これらの観点もまた有機的な関係をもっている。それゆえ、その一部分だけを取り出して彼の社会学の全貌に論及することはできない。上述したように、ワインステインは主として『社会静学』と『倫理学原理』の二著からスペンサーの論理を捉えようとして失敗した。その原因は、特に㈠の観点からの考察が決定的に不足していたからである。それゆえワインスティンもスペンサーを功利主義者と断定せざるを得なかったのである。

「あなた方はただ周囲で進行している変化を見るか、または主たる特徴をもった社会有機体を観察するかして、これら〔諸社会〕が超自然的なものや個人的な人間の意思によって決定されるものではなく、……普遍的な自然的原因の帰結であると知る必要がある[73]」。

これはスペンサーの社会システム論における理論的姿勢の表明である。彼が観た社会システムを作るのは〈自然〉なのであり、あえていえば人間ではなかった。この論理は社会システムの構成員である個人の在り方にも押し広げられていた。「個性」に直接影響を及ぼす「ふるまい」「道徳」「倫理」「幸福」「自由」これらの概念が、いずれも人為的には構築されえない〈生命〉概念を介して論及されていたのもそのためである。「究極的な人間とは、その個人の要求を公共の要求に一致させた人間のことであろう。彼は自発的に自らの個性を達成する中で、結果的に社会の単位としての機能も果たしている人間であろう。しかし、他のすべての人間が彼と同様にすることによってのみ、彼は自己の個性を達成することが可能になるのである[74]」。スペンサーが社会システムに求めていたのは、すべての人間が「個性」を抑圧されない社会状態であった。しかし現実的には、スペンサーの生きた当時のイギリス社会において、人間が「個性」を抑圧されないように保持することは困難であった。いや、時を追ってますます問題性が露呈し、困難の度が深まった。『人間対国家』においてスペンサーはこのことを激しく追求している。

第九章　スペンサー社会学の集大成

一　近代国家という奴隷制到来への警鐘

「人間性が無限に多様だとすれば、それ〔人間性〕は道徳的真理を試すものさしとて使われるはずがない」[1]。

スペンサーが功利主義者でも社会進化論者でも社会ダーウィニズム論者でもなかったということは、以上に繰り返し述べてきた通りである。それゆえ彼が〈自由な個人〉を前提にして最大幸福を追求し、最終的に社会の秩序を維持するという功利主義的発想にもとづく社会システム論を展開するはずはなかった。しかし、特に晩年の『人間対国家』は功利主義思想が強く表出された作品である、と従来いわれなく見なされてきた[2]。

『人間対国家』は一八八四年に公刊されている。この著作は独立した四つの論考——それぞれ「新トーリーイズム」「奴隷制の到来」「立法者の罪」「大いなる政治的迷信」と題された論考——から構成されているが、そもそもこれらの論考は『コンテンポラリー・レビュー』に一八八四年二月号から七月号にかけて一度掲載されたものである。[3] それゆえ著作として出版される以前に、これらの論考に対しては多くの批評、批判が寄せられていた。そこでスペンサーは出版に際し、いくつかの反対意見や批判の誤解を取り除くために「あとがき」を付け加えている。[4] ただしこの『人間対国家』は四つの論考から構成されているとはいえ、全編の考察を通して初めて『社会静学』以来一貫して提示され続けてきたスペンサーの主張の最終的な到着点を知ることができる作品である。それゆえ本書では各論考をその形式上のまとまりに関係なく縦横に考察し、スペンサー社会学がどのように集大成されていったのか、彼の主張が現代において読み解かれなければならない本質的な理由がどこにあるのかに論究したい。

スペンサーが『人間対国家』を手掛けた頃のヴィクトリア後期は「改革の時代」と呼ばれ、イギリス国内で数多くの内政・社会改革が実施された時代であった。[5] 特にこの「改革の時代」は自由党のウィリアム・E・グラッドストンを中心にして大規模に押し進められた。彼は『人間対国家』公刊時までに二度政権を執っている。第一次グラッドストン内閣は一八六八―七四年に、第二次グラッドストン内閣は一八八〇―一八八五年にそれぞれ組閣されている。

当時自由党はその名の通りリベラリズムを提唱し、保守党であるトーリー党と対立して政権抗争を繰り広げていたが、スペンサーは自由党が掲げるリベラリズムとイギリスが歴史的に経験してきた「リベラリズム」との間には大きな隔たりがあり、両者は「似て非なるもの」であると考えていた。[6] 以下に考察していく「リベラリズム」に対する主張から、彼の同時代に対する政府診断が鮮明に浮上してくる。「いずれにせよ、真のリベラルな変化とは、社会生活における強制的な協働を減少させ、自発的な協働を増大させるものであると想起されることがほとんどなくなった。また、その変化が政治的権威の範囲を減少させ、各市民が制限されずに活動する範囲を増大させるものであるということも忘れられてしまった。過去のリベラリズムが、慣習的に個人の自由と国家の強制を対立させる立場に立っていたという事実は看過されてしまっている」(7)。ヴィクトリア後期に展開されていたリベラリズムは、「真のリベラリズム」と呼ぶべきものではないとスペンサーは考えていた。彼において「リベラリズム」とは、決して名目上の主張ではなく、政府の権威によって人間の自発的協働が減少させられることがない社会状態を目指す政治的思想をこそ指していたからである。

一八六〇年以降に組閣された自由党内閣（ヘンリー・J・T・パーマストン内閣、ジャン・ラッセル内閣、第一次・第二次グラッドストン内閣）の制定した法令の多くが、労働者に対する国家（政府）干渉を拡大した結果の産物であり、名目上は労働者の保護立法ではあるものの、実際上は労働者階級の自由を奪っていると、スペンサーの目には映っていた。例えばパーマストン内閣時代には以下のような法令が制定されていた。「一八六一年には、レース工場に工場法の強制的な規定が拡大適用された。救貧監督官（poor-law guardians）などに予防接種を実施する権力が賦与された。地方委員会（local boards）に家屋、仔牛、ラバ、ロバ、帆船などの賃料に対する固定税を設定する権限が賦与された。その上地方自治体の中で、家畜への水を供給する目的の排水・潅漑に対する地方税を賦課する権限が賦与されたところもある」(8)。第一次グラッドストン内閣時代には以下のような法令が制定されていた。「一八七〇年には、公共事業委員会（the Board of Public Works）に地主制を改革し小作農の土地購入を可能にする権限を賦与する法令が制定された。学校用地を購入する学校委員会（school-boards）を設置する教育局（the Education Department）を設定する法令が制定された。この法令は地方税によって無料で〔委員会〕学校を提供することによって、学校委員会に児童の授業料を払わせ、両親に児童を通学させることを可能にするものであった。果物缶詰工場と魚の塩漬け工場（fruit-preserving and fish-curing works）での女性と児童の雇用に関し、さらなる制約が加えられた工場法が制定された」[9]。これらはスペンサーが列挙した法令のうちのごくわずかな例にすぎないが、さまざまな政府の機関が市民（労働者階級）に対する権限を徐々に強化していったことがわかる。

スペンサーが、「改革の時代」に提唱されていたリベラリズムの矛盾が特に噴出していると指摘したのは、上に引いた工場法の漸次的な改正と教育法であった。そもそも一八三三年に制定されていた工場法は当初は繊維工業だけを対象にしたものであったが、半世紀の間にさまざまな産業の労働時間や賃金などの面において改正・拡大されて適用されるようになっていた。「ある〔産業の労働〕階級の労働時間の規制は、工場法の継続的な適用拡大によって徐々に一般化されていっていたが、今日ではすでに広く一般化されてしまっている。すべての工場で働く労働者をこのように〔おしなべて〕規制する目的のために、この法令〔工場法〕は制定されている」[10]。スペンサーは、労働者が綿工業に従事しようが缶詰加工業に従事しようがその業種に一切関係なく、政府の権力によって単なる画一的な「労働者」に成り下がってしまうと憂慮していた。その労働者には「自発的な協働」を行なう余地はほとんど賦与されてはいない。こうした社会状況においては、彼が『社会静学』以来主張してきた人間個性が尊重されるはずはなかった。

他方スペンサーは教育法も問題視していた。問題点は二つあった。第一点は、すでに私立学校に子供を通学させている両親や、新設された委員会学校に子供を通学させ、〔授業料免除を適用されずに〕授業料を納めることになる両親から、次のような要求が必然的に発生すると予想されたからである。「(例えば税金の援助を受けて) 全児童の教育を無料にすべきだとする要求が発生してくる。授業料の支払いは好ましくないことであると非難され始めている。しかし、そうなると国家全体が疲弊してしまうに相違ない[11]」。第二点は、工場法改正同様、教育法そのものも国家が人間個性を抑制するという特質を備えた法令であったからである。「多くの人によって以下のことが提案されている。国家は疑うまでもなく貧者の (児童の) ために好ましい教育を構成する充分な基準をもっている。それゆえ、国家は中流階級の (児童の) ためにも好ましい教育を規定するべきである、と。すなわち国家は、独自に設定した模範に従って中流階級の児童を鋳型にはめ込むべきであるとされる。その模範は、中国人がかつて固定した模範よりもすぐれた長所をもっていると考えられている。……強制的に保証するシステムを組織すべきであるとするもっともらしい提案は、幼い頃の生活に、人間 (の特性) を無能力にするような時間を強制的に与えられることによって達成される[12]」。スペンサーは、児童が初等教育の段階から人間がそれぞれに備えている個性を潰すような画一的な教育を受けねばならないことに反対していた。彼にとっては工場法の改正および教育法はいずれも、国家が人間個性を抑制するというのと全く同様の弊害をもたらすだけの法令にすぎなかった。それゆえ、国家権力の下に内政改革を推進し人間を圧迫し続ける自由党のリベラリズムを、彼は本来的な「リベラリズム」と見なすことができなかった。

スペンサーは人間の個性を抑制する法令を制定し続ける政治的状況を、次のように考察していた。「人間が自らの自由を譲渡する方法によって自由を行使しているのならば、その時人間は奴隷にも劣る存在になっているのではないか。人間が国民投票 (plébiscite) で自分たちを支配する独裁者を選出すれば、自分たちが創出した独裁制（despotism）だからという理由によって人間は自由な状態のままでいられるのか。独裁者によって発せられた強制的な勅令は、自分たち自身が行なった投票の究極的な結果だからという理由によって合法的なものであると見なされるべきなのか。さらに、以下のように論議することもできよう。すなわち、東アフリカ人は他国の人間に対して自分で槍を折ったのだから、自分からすすんで奴隷になり、それゆえ自由である、と[13]」。スペンサーの政府批判は非常に厳しい。政府は独裁制と批判され、その下に置かれる人間は「奴隷にも劣る存在」と明言されている。彼が観た、名目上は労働者の保護立法として掲げられた内政改革が招来したものは、「自由」を事実上抑制された、「奴隷」と見まがうような待遇を受けている多数の人間（労働者）の存在であったからである。というのも、代議制がそのような政治的帰結を隠蔽し正当化する隠れ蓑として機能するからである。第八章で詳察したスペンサーの論理に照らすならば、「自由」を抑圧されている状況下でその人間が「幸福」でありえるはずがない。彼は労働者が社会の中で「幸福」な状態におかれていないと憂慮していた。

政府が自らの権力を行使する途上で労働者という「奴隷」を生み出している状況は、まさに「奴隷制の到来」を予感させるものであった。それゆえ、スペンサーはこうした政治状況を容認し看過することができなかった。彼はたとえ参政権が与えられようとも、労働者が意に反して政府の「奴隷」と化している事実を、まずは政府自身が強く認識する必要があると主張した。

二　政治家に対する不信

スペンサーの生きた時代は、人間個性の中にさえも国家権力が無遠慮に入り込むようになってしまっていた。それこそが「改革の時代」の隠された核心部分を突く社会状況であった。こうしたヴィクトリア時代の紛れもない政治状況が、辛辣なイロニーに富んだ比喩によって提示されている。これは、かつてロンドン・バーミンガム鉄道の鉄道技師として一一年間勤務したスペンサーならではの比喩である。[14]「スペインに鉄道が初めて開通した時、さまざまなことが取り沙汰された。人がいるはずのない線路に小作人が立っていて轢かれた。その責任は〔列車を〕停止しなかった列車の運転手がとらされた。片田舎の〔小作人の〕経験からは、高速で走ってくる大きな〔鉄の〕塊の威力を想像することができなかったのである。この事件から、いわゆる『現実的な（practical）』政治家について考えさせられる。彼は政治的威力〔の大きさ〕について考える人ではない。彼は、政治的威力が減少したり安定することなく増大していっているにもかかわらず、その威力が依然として小さすぎると考えている人である。彼が日頃押し進めている〔政治的〕論理では、彼の〔提案した〕政策が招来した〔社会的な〕変化は自分が止めようと思いさえすればその地点で止めることができるのである」[15]。スペンサーは鉄の塊（列車）に轢き殺される小作人を現今社会の労働者に、鉄の塊を政府に重ねて合わせていた。政府はいまや労働者が予想もつかないほど強大な権力をもち暴走し始めていた。しかし暴走する政府を機能させている当の政治家は、その暴走を喰い止めることが可能であると、ごく単純に考えていた。スペンサーと政治家の間には、当該社会の政治的威力に関する決定的な見解の相違があった。

一つの法令が制定され政治家（立法者）の手を離れるや、その法令が政治家の予想もしなかった事態を往々にして招くことがある。スペンサーは過去の法令を例に引き、その事実に論及している。「『弾丸の餌食』は人口の増大を奨励することによって準備されると言われたまさにその戦時中に、ピット氏は『屈辱や軽蔑を受けることなく多くの子供たちが健康と自尊心を保つことができるよう、私たちは救貧政策を採るべきなのであります』と論じていた。しかしこの時、救貧税がわずか一五年の間に四倍にも増額されることや、私生児を産んだ女性が慎み深い女性よりも妻として好まれることなどは全く予想すらされていなかった。なぜなら、彼女らは教区から収入を得ているために、その夫である納税者は〔課税のランクを〕貧者のランクに引き下げられるからである」[16]。ウィリアム・ピットが首相時代に端を発した救貧政策が火だるま式に大きな社会問題を生み出していく社会状況を、スペンサーは以下のように考察した[17]。まず救貧政策が貧者の数を増大することに拍車をかけた。事実一八三三年の法令で規定された、小学校校舎建設のための年間三万ポンドの援助金は、スペンサーの生きた時代には六〇〇万ポンドにまで膨れ上がっていた。というのも、先に考察した一八七〇年に制定された教育法によって、貧者の子供も授業料を免除されて小学校に通うことができるようになったからである。しかし、立法者である政治家には「Aという人間がBという人間の子供たちを教育する責任がある、という原理を確立したつもりはなかった」[18]。政治家は、一八三四年以降に女性や児童を適用対象に含めて工場法が改正されることや、やがて児童が若年の労働者に成長して雇用される事態すらも全く想定していなかった。「……（止まるところを知らない）検査をあれこれと個人的に行なった結果、この世には〔肉体の機能を〕無力化する病気も虚弱体質も存在しないと自己満足している外科医に、政治家の権威は〔その体質を〕保証されているに違いない[19]」。

スペンサーは当時の政府において、立法という政治的威力の絶大さに対する政治家自身の現状認識が、あまりにも不足している事態をも見抜いていた。彼には政治家が自らの任務を本質的に理解していると見なすことはとてもできなかった。スペンサーは強大化した政府の下で立法を繰り返す政治家を、以下のように厳しく糾弾した。分量的には非常に長いが、彼の主張を正確に捉えるために恐れることなく全文引用する。

「もっと端的に言うと、彼〔現実的政治家〕は特殊な社会組織を作り、もろもろの法令を制定し、おびただしい組織に変更を加え、その上でこのような変化を力づくで一般化しているということにさえ気づいていないのである。こうした変化は、ある限界を超えると逆らうことすらできなくなるものだ。昔ギリシアでスパルタとアテネが、どちらが自分の政治制度をギリシア中に採用させるかで激しく争った。またフランス革命時代には、ヨーロッパの絶対君主国はフランスに君主制を樹立させようと画策し、一方共和国側はヨーロッパ中に共和国を作らせようと躍起になった。このように、各国は自分の目的を折りあらば他国に押しつけ、自分にそっくりな組織（structure）を作ろうとするものである。それと同じように、ひとつの社会の中でも各組織が自己を増殖させようとする。企業、協会、組合の自発的共同組織の制度は、企業目的やその他の目的を達成しようとして社会の中に自己増殖してゆく。それと同じように、敵対的・強制的共同組織が、国家の手先である政府によって社会中に蔓延する。この増殖力は、拡大につれてはなはだしくなる。そこで、政治家が自問すべき究極の問いは、『自分は一体どのような社会組織を作ることになるのか』というものであるはずだ。だがこのような自問を歓迎するもの〔政治家〕はいないらしい[20]」。ここでいう「structure」とは、構造というよりはむしろ、まさに人工的な組織のことを指している。スペンサーにおいては政治家の作る社会組織のみならず、企業、協会、組合も人工的な組織に他ならなかった。一度法令が制定されるや、それを社会の中で完全に機能させるためには次々に法令を制定しつづけなければならない状態になっていることを、彼は何よりも懸念していたのである。

スペンサーはまた、自身が直面している政治状況が一刻の猶予もならないほど悪化の一途をたどっていると強く認識していた。というのも、彼にとって政治家は事実上無能である上に、その無能さに対する自覚がまったくない人間に映っていたからである。まさに政治家は「政治という空中楼閣（political air-castles）」の作り手であった[21]。スペンサーには、政治システムの中で大勢になんら影響を与えることなく、政治家が立法を繰り返すのは偽善にすぎなかった。しかし、彼において本質的に問題視すべき対象は政治家そのものの資質や特性や役割ではなかった。政治家自身も巻き込まれ、社会改良に貢献する有益な政策を機能させることができないほど強大な権力をもつようになった政府の機能こそが、スペンサーの批判すべき対象であった。

三　政府の機能の問題性

以上考察してきたように、政府の機能を考える上で立法を看過することはできない。スペンサーはこの問題に論及する上で、同時代の政治思想の根本原理に深く影響を与えたベンサムの論理に批判を加えている。その火を噴くような鋭い批判を考察することによって、スペンサーが近代政治体制に対して懐いていた批判が明確な形で浮上してくる。

スペンサーは、ベンサムが今日の代議制の基本原理でもある二つの原理を掲げていると指摘した。(22) 一方は主権在民の原理であり、他方は政府は「個人の安全の権利、名誉を保護する権利、財産の権利」といった権利を人間個人に賦与することによって、その任務を全うするという政府の機能に関する原理である。「私たちがこれら二つの原理を同時に設定した時に、一体何が起こるのかを明記しておこう。主権者は共同で代表者を指名し、政府を作る。そのように作られた政府は権利を作る。そして権利が作られると、政府はそもそもその権利を作った主権者である各人に権利を付与する。ここには驚くべき政治的まやかしが存在している」。(23) スペンサーは、詩人であり批評家でもあったマシュー・アーノルドの言葉を借りて、ベンサムのいうこの論理に従うならば、例えば「財産は〔権利という〕法の産物」として必然的に存在することになりかねないと述べている。(24) なぜならベンサムの主張するこの二つの原理には、次の三つの要素が明確にされないまま共存しているからである。すなわち、政府が獲得した権利が想定されているのか、政府が権利を生み出すことが想定されているのか、権利を生み出した主権者に権利が賦与されることが想定されているのか。ベンサムの論理ではこれらが曖昧性を帯びたまま便宜的に展開されていた。特にスペンサーが看過することができなかったのは、ベンサムが暗黙のうちに想定していた「政府が獲得した権利」であった。

「……あらゆる観点からみて、ベンサムの前提は想像を絶するものであることがわかる。彼が言うところによれば、政府は『権利を作ることによって』その任務を全うしている。『作る』という言葉には二つの意味が賦与されている。一方は、全く何も存在していなかったところからあるものを創造するという意味が想定されている。他方は、すでに存在していたあるものに形式や構造を賦与する意味が想定されている。次のように考える人が多いかもしれない。全く何も存在していなかったところからあるものを創造するということは、全能者によってさえ行なうことはできない、と。しかし次のように主張する人はおそらく誰もいないであろう。何も存在していなかったところからあるものを創造することは、人間の政府の権限内である、と[25]」。ベンサムの論理において、政府は神という全能者と同等の権利＝機能が賦与されている。政府は立法という権利を、無から有を生み出しうる機能として行使しているとスペンサーは指摘した。彼がそのように指摘する理由は、次の問題にベンサムの論理が一切何も答えてはいないことによる。すなわち、財産や権利は政府がまったく無の状態から人為的に産出することができる対象なのか、と。スペンサーは権利が発生する社会状態を想定し、この問題に論及していった。

「一〇〇万人の人口から成る共同体があり、もしその人々が居住地の共同所有者ではなく、〔個人的な〕行為や〔土地の〕専有といったあらゆる自由の共同所有者であるならば、唯一権利だけが共同体に斉一性をもたらすものとして認識されることになる。では、この状態はそれからどのようになっていくだろうか[26]」。スペンサーは次のように論理を展開している。この共同体において、各人は自らの労働の産物を所有することなく、「主権の一単位」として他人の労働の産物を一〇〇万分の一の量だけ所有している。ここでベンサムの論理に忠実に照らした権利を考えるならば、政府はそもそも主権者の信託によって権利を与えることができる一つの機関である。「もしそうであるならば、その権利〔政府が賦与された権利〕は政府が彼ら個々人に賦与する以前に、すでに信託によって実現されており、主権者全員によって共有されているに違いない。またもしそうであるならば、個々人は私的な権利は何もないが、これらの公的な権利の一〇〇万分の一の権利だけをもっていることになる」[27]。権利を共同体に斉一性をもたらすものとして機能させるためには次の場合が考えられる。すなわち共同体全員によってその権利を共有するか、それとも人口数で割った分の狭小な割合の権利を人間に賦与するか、この二つしかない。しかし前者においては、政府という存在そのものが不必要となる。後者においては主権者全員で行なう信託という形態に矛盾する。いずれにしてもベンサムにおける基本原理そのものに抵触する。「……どんなに解釈を加えようとも、ベンサムの前提は狂気の薮の中（in a plexus of absurdities）に私たちを取り残してしまうことになる」[28]。ベンサムの論理を理解するには私たちも狂気の世界に浸るしかない。

こうした奇妙な結論が導出されるのは、スペンサーによって、人間が居住地を共有していないという前提、およびそもそも個人には私的な財産はないという前提が置かれていたからである。これら二つの前提から彼の論理の核心部分が浮上してくることは強調するまでもない。なぜならスペンサーは、〈自然〉に根ざし居住地が共有される社会状態こそが人間社会の理想状態であり、そこにおいては私有財産の発想すら必要とされないと主張していたからである。しかし、前者の前提は資本主義経済を容認する功利主義思想においては自明のものであった。後者の前提は、政府が権利を人間に賦与することによって初めて財産を人為的に生み出すことができるとする、ベンサム自身の論理がその根本に置いていたものであった。つまりベンサムの論理は、自ら設定した前提を取り除かない限りその論理を貫徹することはできないことになる。スペンサーはこのベンサムの論理的な矛盾を示唆するために、上記二つの前提を置いていたのである。さらに彼は未開社会における慣習と財産の在り方を考察することによって、先に提示した問題——財産や権利は政府がまったく無の状態から人為的に産出することができる対象なのか——に論及し、ベンサムの過誤すなわち政府の機能に関する根本的な過誤を指摘しようとした。

「全世界の部族は、明確な政府が発生する以前から慣習によってそのふるまいが規定されていたことを示している。〔アフリカ南部の〕ベチュアナ人（the Bechuanas）は『古くから認められてきた慣習』によって統制されてきた。『首長に従うというよりはむしろ彼らを寛大に取り扱って』いる〔アフリカ南部の原住民〕ホテントット族の中のコラナ部族（the Koranna Hottentots）は、『祖先の慣習が効力を発揮しないような時には、すべての人間が自分自身の目で見て正しいと思う行為を行なっているように見える』[29]。スペンサーは〈自然〉に根ざす未開社会には政府が存在する以前から慣習が存在し、共同体の中で必要十分な機能を果たしてきたと考察している。そもそも、未開社会には政府や法そのものが存在する必要はなかった。なぜなら自生的な共同体は唯一〈自然〉に支配されているのであり、そこで人間が〈自然〉に生かされているという事実を認識させてくれるのが慣習にほかならないからである。このことは『社会静学』以来一貫して提示されているスペンサーの主張となんら矛盾することはないだろう。

しかし、従来慣習が法の先行形態として存在し、「慣習が充分に確立したその時に、その慣習が権威的な保証と明確な形式を取り込むことによって法となる」と考えられてきた[30]。また未開社会の首長に法的機能はなく、あったとしても名目上のものであると見なされてきた[31]。これらの誤った通俗的な観念によって、近代社会は政府の機能を直視することがないまま進展してきた。スペンサーは実に多くの未開社会の例を引いて、こうした観念をそのまま論理に取り込んだベンサムの決定的な過ちを追及しようとした。そこでは、南米インディアンのアラウカン族（the Araucanians）、中央アジアの遊牧民であるキルギス族（the

Kirghizes)、マダガスカル島やジャワ島やスマトラ島の原住民族、アフリカ西部のアシャンティ族(Ashantee)、北アメリカインディアン、アメリカ大陸のコマンチ族(the Comanches)、エスキモー族(the Esquimaux)、ブラジリアンインディアンなどの社会が考察されている。[32] その結果スペンサーは次のように結論づけた。「未開人の間では、慣習は土地からの恵みに対する要求を行なうものであるが、それは土地そのものを要求するものではない。政治的な組織をもたない〔インド南部のニルギリ高地人である〕トダ人(the Todas)は牛の所有と土地の所有を明確に区別している。……しかし未開人の事例からは何の証明がなされなくても、文明の初期段階にある人間のことを考えれば〔財産の観念が存在していたことは〕十分に証明される。ベンサムや彼の後継者らは、私たち自身の多くのコモン・ローが『土地(the realm)に根ざした慣習』を具現化したものであることを忘れてしまっている。……財産は法が存在する以前から十分に認識されていたのは事実であり、『財産は法の産物である』というのはフィクションである」。[33] ここにおいて財産や権利は、政府がまったく無の状態から人為的に産出することができる対象ではないことが明確になった。したがってベンサムの論理における二つの原理——主権在民の原理、政府の機能は権利を人間に賦与することによってその任務を全うするという原理——は、両者を政治思想として完全に併存させることはできない。以上の考察から、ベンサムがその論理において看過していた二つの観点が浮上してくる。㈠法以前に慣習が存在し、慣習は法的な機能も十分に果たしていること。㈡すべての人間は本来的に法ではなく慣習をもつ存在であること。スペンサーのベンサム流功利主義に対する強い批判理由は、これらの点にもあったのである。

上記の文言にはスペンサーの主張を深く読み込むための重要な観点が示唆されている。「コモン・ロー」

に言及することによって、同時代の政府が「エクイティ」の領域を侵し始めているという彼自身の現状認識がそれである。すでに第六章の註(38)に付記したが、「エクイティ」とはそもそも土地をめぐる自生的共同社会の既得権の救済を目的として設定された判例法体系であり、コモン・ロー成立以前から存在している慣習法体系である。広義に解釈するならば、「エクイティ」とは土地に根ざした慣習そのものを指す。スペンサーが数多くの未開社会の事例を挙げて論及していたことは、イギリスの「エクイティ」に相当する慣習が崩壊すると同時に法が必要となるということであった。すでに近代社会は「エクイティ」が崩壊されつつあった。人間が生物として〈自然〉の中に生き、個性を尊重される社会状態が崩壊されつつあった。それゆえ「改革の時代」という名を象徴するような矢継ぎ早な法制定が必要とされた。その拍車をかける推進力が、スペンサーが問題視していた政府の機能そのものに備えられていたのである。スペンサーが見抜いていた政府の機能が抱える問題性は切実なものであった。

政府が「エクイティ」に象徴される自生的共同体の自立性を浸食していくことによって、同時にその機能として徐々に付加されたものがある。「人間は性悪なものとして形作られた罪深いものであると見なされていることについての真偽はともかく、政府が外敵に侵略されることによって逆に侵略を生み出しているのは疑いもなく事実である。長い年月完全な平和を維持してきた小さな未開社会には、私たちが呼ぶような政府はまったく存在しない。強制的な機関はなく、あったとしても名誉上の首長がいるだけである。非侵略的であり特別な理由から侵略を受けることのないこの例外的な共同体では、信頼の念、誠実、正義、寛大といった徳からの逸脱はほとんど見られないし、非公式に集会を持つ長老らによって述べられる公的な意見が時折出される以上のことは何も必要とはされていない[34]」。「……エジプト、アッシリア、マケドニア、ローマなどの帝国にはじまってナポレオンにいたるまで、文明世界を追いかけるようにして完全征服しようとする圧制者の野望のために二〇〇万人の命が犠牲になった[35]」。歴史的に見ても、ローマ帝国の崩壊以来蔓延する独裁制は、簡潔に言うならば軍事機能が付加された政治体制といえる。未開社会には存在する必要のない「侵略」行為は、独裁制においては不可欠な行為であった。独裁制はまさに「軍事型社会」であった。

この観点からするならば、現代社会もまた政府に軍事機能が付加された「軍事型社会」であると言うことができる。国際社会における秩序という名目の下に、軍事費を国家予算から捻出することが、いずれの国家においても容易であるのは紛れもない事実である。むしろその軍事費によって軍事産業、コンピューター産業など産業全般が好転し始め、不景気から脱却することができると政府が考えている限り、現代社会こそ典型的な「軍事型社会」であると見なすことができる。第七章で考察した通り、スペンサーは近代社会が「産業型社会」には依然として到達していないと考察していた。その彼ならば、現代社会に対しても同じ判断を――いやさらに否定的な判断を下すに相違ない。スペンサーが提示した「軍事型社会」という社会類型の今日的意義はここにある。

後世、未開社会はあたかも「軍事型社会」のように捉えられてきた。その原因はスペンサーを社会進化論者とする偏見に起因している。しかし、スペンサーにおいては未開社会よりも彼の生きた近代社会の方がよほど「軍事型社会」の要素を備える社会であった。主権在民を建前に掲げた代議制の厭わしい偽善のもとに、政府の機能に絶大な立法機能が賦与され、市民が個性を抑圧され、「奴隷」と化しているヴィクトリア後期の社会状態は独裁制そのものであり、まさに「軍事型社会」の様相を呈していると彼の目には映っていた。事実、史上もてはやされる「改革の世紀」こそは、私的自由の名のもとに跋扈する市場経済が排濱する外部不経済の負担を政府が肩代わりし、次の二〇世紀における巨大政府への道が作られはじめた重要な転機であった。この転機の重大さを、スペンサーはおそらく同時代の誰よりも正確に把握していた。

四　人間の幸福と政治的正義

「『フランク・フェアマン』というペンネームで執筆している紳士は、私が『社会静学』の中で主張していた労働者階級に対する同情的な擁護から手を引いたと非難しているが、私は、彼が強く主張する自分のそのような変化を全く自覚していない。生活に窮している人間〔労働者階級〕の常軌を逸した状態に同情の目をもって見ることが、重ね重ねの政府の愚行（good-for-nothings）を見逃すなどということには決してならない[36]」。つまりスペンサーが労働者に同情的であったことには『社会静学』も『人間対国家』も変わりはない。しかし『人間対国家』においては彼が同情的かどうかが問題なのではなく、労働者を虐げる「改革の時代」の愚行を主張することに主眼が置かれていたのであった。

スペンサーは彼自身が生きた時代の労働者階級が、その個性を抑圧されていると痛切に感じていた。国家がさまざまな法令を制定して労働者という人間に多くの権利を賦与することで、逆にその人間は自由が奪われ、労働者という画一的な存在に成り下がっている。彼は当該社会がそのような構造になっていることに気づいていた。個性、自由を剝奪された労働者が「幸福」な状態に置かれているはずがなかったからである。

スペンサーにおいて、こうした社会状況の元凶は強大な権力を備えた政府であり、自生的な共同体の慣習に無遠慮に踏み込んでいく政府の機能そのものであると強く主張されている。社会の大部分を占める労働者が「幸福」であるためにはどうするべきなのか。名目上は労働者に対する保護立法であると主張することで、強大化した権力機構の中で偽善を働く政治家は何をするべきなのか。そもそも「幸福」であるためには人間はいかなる政府をもつべきなのか。『人間対国家』は「人間の幸福とは何か」「政治体制における正義とは何か」というまさにこの二つの観点から、ヴィクトリア後期の政治の機能について鋭く論じた作品である。スペンサー社会学はここに結実した。彼が提唱した社会有機体説という社会システム論は、この二つの観点を最終的な到達点とするために、生物学、社会学、倫理学、政治学といった異なる学問領域を踏まえて展開され続けてきたのである。

ここで第二部で考察したルーマンの社会システム論を想起してみよう。境界を維持することによってシステムの秩序を安定させる彼の社会システム論は、スペンサーの論理を踏まえて解釈するならば、現代法を適用した制度（代議制、市場経済）を基礎としてそれらを支えるための理論であったことがわかる。それが人為的に構築される制度を基礎としていることからしても、ルーマンとスペンサーは全く異質の社会システム論を展開していたことは言うまでもないだろう。

スペンサーの火を噴くような同時代の政治体制に対する批判を踏まえると、『人間対国家』というタイトルには「人間の個性」と「国家権力」の対立様相が込められていたことがわかる。しかし特にその「国家権力」の部分に関し、現代社会の政治状況を想起するならば、私たちは決して楽観的な気分ではいられなくなる。なぜならスペンサーの生きた時代からおよそ一〇〇年後の現代まで、「国家権力」が抱える問題性はなんら解決されていないからである。そればかりか解決の糸口さえも見つけられぬまま一〇〇年という月日を私たちは過ごしてきてしまった。それゆえ一世紀前にすでにスペンサーが懐いていた、政府の機能に関する問題意識は、現代社会にも十分に通用するものであったことを忘れてはならない。

ではスペンサーが理想とした政治体制はいかなるものであったのだろうか。彼がヴィクトリア後期の政治状況を入念に検討し、代議制によって国家が十全に成り立つとは考えてもいなかったことからするならば、人為的に構築されたものではないことは明らかである。スペンサー自身、理想とする政治体制については『人間対国家』の中で明確に述べていない。しかし彼が進化論的発想に立つ論理を展開していたことからするならば、〈自然〉の選択の中で首長が選ばれてきたり、今日の生物学的知見で言うところのアルファ遺伝子をもったサルがおのずとボスザルになることがあるということが、深く認識されていたことは明白である。そうであるならば、スペンサーは〈自然〉が作る政治体制をこそ理想としていたはずである。具体的には、ベチュアナ人、ホテントット族、スマトラ島の原住民族……といった慣習のみに従う未開社会が挙げられていた。このような自然社会を正しく視野におさめてスペンサーの論理を読み解くならば、彼がレッセ・フェールの擁護者ではなかったことが一目瞭然となる。なぜなら彼は近代社会だけを想定して、人間個性の抑圧されている状態を糾弾していたのではなかったのだから。自生的な自然社会の中で人間と民族・部族が繁栄していく、その社会状態そのものを理想とする限りにおいて、スペンサーは今日の政府や政治体制を必要と考えなかったのである。

結　論　スペンサー社会学の現代性

ひとつの素朴な問題提起から出発した議論を締め括る時がきた。その問題提起は「社会システム論は〈自然〉を理論化してきたか」、すなわち「社会システム論は進化論的発想に立って理論展開されてきたか」——であった。これまでの議論全体を振り返ってみてもわかる通り、この問題提起は実に素朴でありながらも、最終的に私たち現代人がいかなる理論的基盤の上に構築された社会（システム）に生きているのかを、正しく認識させる重要なものであった。

今日の社会システム論における自明な理論前提である「開放システム」の原型を社会学説史上真っ先に提唱したのはスペンサーであった。一九世紀半ばにおいて、すでに社会システムと〈自然〉環境との相互作用に注目した社会有機体説が彼によって提唱されていたことは第一部で述べた通りである。しかし、社会システム論が具体的に社会システムという術語を用いて理論展開されたのは、スペンサー以降一〇〇年経過してからであった。私たちはまず第二部において、スペンサー以降に社会システム論がどのように発展し、〈自然〉の理論化に関していかなる問題点を抱えてきたのかを考察した。

二〇世紀半ばパーソンズが「ＡＧＩＬ図式」を用いて理論化したのは、一個の社会システムが諸機能の組み合わせによって成立しうるということであった。四つの各システムは固有の機能を持ち、相互作用することによって社会システム全体を成立させている。パーソンズと同じ理論的視座から社会システム全体を観察するならば、それは一見精巧な機械のように見えるのは事実である。一つのシステムが欠損すると社会システム全体が十全に機能しないのは、一つの素子が欠損するとコンピュータが起動しないのと、理論上はあたかも同じ現象と見なすことができるからである。

しかし、コンピュータに象徴される精巧な機械が生きている人間と同定されることはありえない。たとえ人体そのままの形に作られたコンピュータが動いたり、話したりすることができたとしても、それは血の通った生きている人間ではないからである。そうであるにもかかわらず、パーソンズ以来の社会システム論に限っては、社会システムと生体システムは同定しうると何の躊躇もなく理論化されてきた。その象徴的な事例が、パーソンズ理論を批判継承したルーマンによる社会システム論であった。ルーマンは、マトゥラーナとヴァレラによって提唱された一個体の局所的な生体システムの特性である「オートポイエシス」を、人為的に構築した社会システム全体に転用することによって、生物学的事実に反する理論化を可能であるかのように考えてしまった。

つまりパーソンズ以降提唱されてきた社会システム論は、社会システムと生体システムを同定するという重大な理論的瑕疵を放置したまま理論展開されてきた。この理論的な瑕疵こそが、社会システム論に〈自然〉を正しく理論化させることを阻む最大の要因となっていた。特にパーソンズやルーマンの社会システム論に不足していた要素は〈生命〉と「時間」である。この二つの要素が「進化論的発想」に立つか否かを決定づける要素であることは言うまでもないであろう。前者の要素に関していうならば、パーソンズが晩年に提示した「人間の条件パラダイム」は、確かに人間が生存するために必要な条件を「ＬＩＧＡ図式」の中に網羅することにより、〈生命〉をもつ人間存在とそれを取り巻く環境を理論化しようと試みた貴重な理論図式ではあった。しかし第二部で入念に検討した通り、一個の人間を〈認識的な人間〉と

〈有機的な人間〉とに切断可能であると主張される理論図式に、〈生命〉という要素が反映されているはずはなかった。パーソンズは一個の〈生命〉現象を備えた人間存在を、その生存条件が網羅されさえすれば理論化しうる対象と見なしていた。それは、諸機能の相互作用だけに注目することによって、社会システムと生体システムを同定する論理のヴァリエーションのひとつに他ならなかった。他方ルーマンの提唱した社会システム論も〈生命〉という要素が欠落した理論であった。それは前述した通り、オタマジャクシの頃にメスを入れたカエルの眼だけに適用される「オートポイエシス」概念を社会システム全体に適用可能と断定し、社会システムと生体システムを〈生命〉の有無に関わらず同定してしまっていたからである。

後者の要素――「時間」に関しては、パーソンズ、ルーマン両者の社会システム論がともに社会システムの特性として、非破壊性を理論前提としていることに注目すると、逆にこの要素が欠落していることが浮上してくる。つまり両者の社会システムは「時間」という要素にさらされることなく、人間の知的構想力の範囲を超越することがない理論上の産物であるために、非破壊性という特異な性質を保持することが可能となった。特にルーマンの社会システム論では、無限に境界を設定し続けることで、永遠に秩序を維持することができるかのような特性が社会システムに賦与されていた。

本書がただその一点だけに焦点を合わせて議論してきた〈自然〉は、上述した〈生命〉と「時間」という要素なしには論じ尽くすことができない概念であることは言うまでもない。〈自然〉とは、生物個々の〈生命〉および生物全体から成る〈生命システム〉(生命系)を包摂する概念であると同時に、長い「時間」にさらされ変化する万物――進化する万物を包摂する概念だからである。第二部において精査したパーソンズやルーマンの提示した社会システム論は、特にこの〈生命〉「時間」を構成要素として組み込んでいないことからしても、実は〈自然〉と対立する論理から成る理論であり、進化論的発想に立つことのない理論であったことが判明する。

パーソンズ以降確立した社会システム論は〈自然〉を理論化してこなかった。またそれは、進化論的発想に立って理論展開されることもなかった。いやむしろ、〈自然〉の理論化を可能にし、進化論的発想に立脚する理論的基盤を重要視することのないままに、社会学自体が発展してきたと言う方が正しいだろう。「私たちはスペンサーの社会学を再発見するまでに膨大な時間を費やし、はっきり言えば無駄な時間を浪費してきた。これまでマルクスやヴェーバーやデュルケムに対して費やしてきたのと同じ程度の時間をかけてスペンサーの社会学を直接検討し、そこから〔社会学的な〕恩恵を受けるのは非常に有益なことであろう(1)」。過去の偉大な先人たちの理論の上に今日の社会学理論が構築されていることは紛れもない事実である。しかしターナーも指摘しているように、カール・マルクス、ヴェーバー、デュルケムらが提唱した諸理論と比較しても、従来スペンサーの提唱した理論が正確かつ十全に理解され、その後の社会学理論形成に反映されることはほとんどなかった。たとえ彼が社会学の黎明期にすでに〈自然〉を視野におさめた理論展開していようとも、それが社会システム論に直接生かされることはなかった。

パーソンズ以前、スペンサーこそが社会有機体説という社会システム論に〈自然〉の在り方を正しく位置づけていた。既存の科学観にとらわれることなく提示された進化論的発想が、彼にそのことを可能にさせた。スペンサーの主張していた進化論の核心部分は、今日まで十分通用する、いやまさに現代において各分野で最もその重要性が痛感されている理論的視座であった。

彼が正しく認識していた進化観を、今日の科学的知見を踏まえて考察するならば、熱力学の法則も射程に入れて論及されなければならない。そもそも生物はすべての物質に当てはまる熱力学の法則に逆らって生きていくことはできない。生物は「熱平衡」から遠く離れた「非平衡系」において存在している。[2] ただ熱の流れに逆らうのではなく、その流れの中にある定常状態——生物に特有の定常状態——を保っているその代表的な形がまさに〈生命〉なのである。この具体例としては、例えば恒温動物が外気温の高低に関わらず、〈生命〉を維持するためにその体温を一定に保っていることを想起するといい。もし恒温動物が完全に熱力学の法則に従いつつも、この生物に特有の定常状態を維持することができないならば、外気温の低下に伴い体温を低下させ、やがては死に至ることになる。そうならないのは恒温動物という生物が「非平衡開放系」の中で起こったある特異な「散逸構造」であると見なすことができるからである。[3]

こうした「非平衡開放系」において、生物は〈生命〉を維持するべく変化し続ける。その状態こそが「進化」なのである。第七章においても論及したが、その「進化」現象は「適者生存」という二元的な進化現象観によっては把握することができなかった。それは、「適用」「不適用」のいずれにも属さない「中立」の変異がDNAレベルにおいて確実に発生し、長い時間をかけて初めて可視的な変化を発現させる現象を理論化した、中立説を踏まえることによって正しく理解することができた。[4] 環境の影響を受け、ミクロレベルにおける変化を繰り返すことによって、生物は種としての〈生命〉を維持することが可能となる。中立説を踏まえそうすることによって生物は「非平衡開放系」の中で生きていくことができるのである。中立説を踏まえた進化論と熱力学が合流したところに定立された最新の進化理論を象徴的に表現しようとする命題が、第一部で言及した生物が変化しないために進化し続けるという「赤の女王仮説」であった。

以上考察した進化論的見地に立つならば、万物はすべて宇宙の法則に従って変化し、〈自然〉のみによって選択され、その存続如何が決定される。中立説を踏まえた進化論には人間や人間社会を特別視する発想も、人為的な方策を行使してそうした〈自然〉の力の及ばない人工的なシステムを構築しようとする発想もなかった。そこにおいては、人間も人間社会も一個の「有機体」であると見なされ、生物一般と同列に扱われていた。すなわち、スペンサーの主張した進化論は、近代社会の構成原理そのもの――啓蒙主義、功利主義、理性主義、発展法則など――を崩壊させなければ受容されえない、近代特有の思想に背反する論理を提示するものであった。スペンサーその人が助産した進化論は、今世紀を丸ごと包摂する新しい科学観・法則観を意味していた。彼はこの革新が人間社会にも及ぶものであること、いや正確には人間社会にこそ及ぼされなければならないものであることを、社会学者として明確にした。

こうしたスペンサーの論理に顕著に見られる法則観は、まさしく〈オルガニックな法則観〉と呼ぶべきものである。それは「人間―自然」「社会（システム）―自然」の関係を、〈自然〉を主体にして捉える進化論的法則観である。それに対し、スペンサーが強く批判した近代社会に蔓延する独特の法則観は〈メカニカルな法則観〉である。それは上記二つの関係を、人間を主体にして捉える西欧古来の理性に基づく法則観である。パーソンズ、ルーマン両者の社会システム論は〈メカニカルな法則観〉を濃厚に留めていたことは明らかである。それゆえパーソンズ以降の社会システム論が〈自然〉を理論化することのできなかった原因は、これら二つの法則観の差異の存在に求めることができる。

スペンサーが『社会静学』以来〈オルガニックな法則観〉を力説しなければならなかった理由は、近代人が風土に根ざした生業を捨てた結果〈群相〉から切り離されつつあったからである。近代人はもはや自生的共同体の中に培われてきた慣習にではなく、〈メカニカルな法則観〉に従って漸次的に設定される数多くの法令に拘束されていた。第九章でみた通り、スペンサーの目には、重ね重ねの愚行を繰り返す現実主義的な政治家は〈メカニカルな法則観〉の使い手として映っていた。こうした社会状況下において、かつて未開社会においては自明のこととして尊重されてきた人間個性が抑圧されないわけはなかった。近代社会は「改革の時代」に象徴されるように、個々の人間を法令に適用させることによって画一化し斉一性をもたせていたからである。それゆえスペンサーは自立的共同体の慣習を尊しとし、一九世紀末の人間に対して〈オルガニックな法則観〉に立つべきだと主張した。だから彼は『倫理学原理』の中でためらうことなくチュートン人の村落共同体である「マーク」を名指したのであった。

パーソンズ、ルーマンの社会システム論とスペンサーのそれとの決定的な差異は次の問題に論及すると明確になる。すなわち、両者は何を社会システムと考えていたのか、と。この設問は社会システムに適用された、〈メカニカルな法則観〉と〈オルガニックな法則観〉の具体的な差異と換言することができる。

パーソンズとルーマンは人為的に構築可能な、人間（社会学者など）によって目的を賦与された人間の集合体を社会システムと考えていた。この社会システムには秩序維持という目的が賦与されている。社会システムの構成員各々の功利的な行為も、最終的にはそのただひとつの目的に志向している。

それに対し、スペンサーは〈自然〉のみによって作られ、宇宙の法則（進化の法則）に従う人間を包摂する生物の集合体を社会システムと考えていた。宇宙の法則に従う限り、スペンサーにおける社会システムは条件次第では崩壊をも免れ得ないものである。彼の論理の中には、社会システムを人為的に構築しうる対象と見なす発想は皆無であった。

両者の社会システムにおける決定的な差異は、それぞれの社会システム論自体がいかなる特性を備えた人間を必要としていたかに論及するとさらに明らかになる。体系的な理論を考える場合、そこには必ず人間論が付随する。なぜなら、体系を成立させる人間を抜きにしてその体系は成立し得ないからである。

パーソンズ、ルーマンの体系では、西欧近代の構成原理を支える啓蒙主義、功利主義、理性主義、発展法則に則した人間本性をもつ、「個人」としての人間が提示されていた。この人間は理性を備え、明確な動機に基づいて行動し、手段を選択し、最終的に目的を達成する。この人間は知識を蓄積して産業を進展させていくことによって、社会が無限に発展していくと信奉している。またこの人間は個人の利益を最優先に追求していきさえすれば、社会全体の幸福が達成されると確信している。第二部で考察したように、パーソンズは晩期に手掛けた「人間の条件パラダイム」において初めて、本来的には行為論や社会システム論の基盤となるべき認識論を展開した。しかし彼がその生涯の全作品を「人間の条件パラダイム」からではなく、やはり初期の『構造』から書き出さなければならなかったのも、自分自身の体系におけるひとつの人間論を要求していたからであると考えられる。なぜなら目的―手段図式に完璧に従う人間でなければ、「AGIL図式」「LIGA図式」から成る社会システムが十全に機能することがなかったからである。

スペンサーの体系では、上述した近代人固有の特性を前提としない人間が提示されていた。この人間は〈自然〉の中で生き延びるために不可欠な「予知能力」を、生物同様に保持し、鍛錬しつつ生活している。この人間は風土に根付く生業を営み、祖先から受け継いだ慣習を尊重する共同体の中で暮らしている。またこの人間の個々人は「個人」という概念をもつことなく民族・部族の中に完全に溶かし込まれ、民族・

部族の存続・繁栄すなわち共同体（社会）全体の幸福の中に生きることをこそ重視している。スペンサーは自生的な未開社会に生きる人間を理想としていた。彼がその論理の中に想定していた人間は、まさに近代人が過去に喪失した特性を備えている人間であった。スペンサーが風土をもつ人間を想定していなければ、そもそも「総合哲学体系」の中に生物学や倫理学が組み込まれ展開されるはずもなかった。

スペンサーは初期の『社会静学』から晩期の『人間対国家』にいたるまで、一貫して人間個性を尊重する論理を主張していた。彼は近代社会に対して独自の人間論（人間本性論）を展開し、ベンサムに代表される、しかし決して彼だけに限られない、近代固有の人間論を痛烈に批判していたのである。しかし現代の私たちは明らかに、パーソンズやルーマンの社会システム論の中で展開された人間論を踏まえて生きることを強要されており、またその原理に基づく政府を擁している。すなわち、私たちはスペンサーが主張した人間論が根付くものとは異なる基盤の上に立って社会システムを形成している。もはやスペンサーが痛烈に批判を加えていた基盤の上でしか、この現代社会は成立しえないことを、私たちは十分に認識しなければならない。この意味においても、スペンサーの論理は現代社会の根源的な問題性を浮上させる切実な現代性を帯びたものであることがわかる。

〈自然〉と対立する論理から成るパーソンズ以来の社会システム論は、極めて深刻な問題性を抱えていた。これを人間論に引きつけて逆に考えるならば、次のように言うことができる。すなわち、現代の私たちはスペンサーが主張した人間論を十全に踏まえてこなかったために、限りなく解決不可能にも思える数多くの問題を社会（システム）内に抱えてしまった、と。その逼迫した問題のひとつが環境問題であった。スペンサー社会学は近代社会の弊害を一〇〇年以上そのまま持ち越してきた現代社会の問題性を、本質的に抉り出す非常に有益な体系である。ただしそれを正確に把握するためには、彼が突き詰めた人間の本質まで探求しなければならない。なぜなら、私たち自身がスペンサーの主張する人間論に逆らって生きているのだから。

最終的に人間論まで突きつめたスペンサー社会学は、上述した通り既存の科学観に拠らない新しい科学論によって基礎づけられていた。〈自然〉〈生命〉「時間」を自明の要素として包摂する進化論は、〈群相〉を尊重する科学であったと考えることもできる。ここでひとつの問いを考えてみたい。生物の群れの生活から切り離された科学には存在意義はあるのか、と。この問いを、またはスペンサーによってそう主張された科学観を、私たちは余りに常識的すぎると言うことができるのだろうか。もはや私たちはそのような立場には立たされてはいないのではないか。群れの生活から乖離した科学が暴走する事実を、カーソンの『沈黙の春』は雄弁に証言していたのではなかったか。

スペンサー社会学は進化論をその論理の基礎とすることで、非常に射程範囲の広い体系となっている。彼が深く追求した進化論は、〈生命〉の共通性と多様性を統合する科学である。スペンサーはそうした特質をもつ新たな科学論を「synthetic」という言葉に込め、「総合哲学体系」に着手し完成させた。スペンサー社会学はさながら一個の宇宙を形成しているようである。その空間には生物学、倫理学、政治学という各々の惑星群を備えた小宇宙がただ散在しているのではない。全体が有機的な大宇宙——社会学を形成しているのである。それゆえ私たちはスペンサー社会学に論及する際、たった一つの小宇宙を突き止めただけで満足をしてはならない。たとえ『第一原理』や『社会学原理』の一部分を削り取って彼の主張を読み取ることができたとしても、それは大宇宙全体のたった一部分でしかないからである。スペンサー社会学は広大な宇宙全体、深遠な〈生命システム〉全体を射程に入れていたからである。

「社会学が偏見をもつ余り、この偉大な思想家〔スペンサー〕の著作を再検討することができなくならないよう願ってやまない[5]」。悲惨なことに、すでに一〇数年前に発せられたターナーの懸念の声は、社会学理論研究の中ではほとんど掻き消されてしまった。本書は、今日各分野でその重要性が痛感されている進化論を基盤とした理論的視座において、誰よりも早く〈自然〉を正しく位置づけていた先人が社会学の中にこそいたという事実を主張するためにも書かれてきた。「究極的な人間とは、その個人の要求を公共の要求に一致させた人間のことであろう。彼は自発的に自らの個性を達成する中で、結果的に社会の単位としての機能も果たしている人間であろう。しかし、他のすべての人間が彼と同様にすることによってのみ、彼は独自の個性を達成することが可能になるのである[6]」。スペンサーは進化論的発想に立って社会システム論を論じてきたからこそ、一個の人間の個性が近代社会において抑圧されている社会状況を正確に見据えることができた。現代社会に生きる私たちにとって、彼のこの主張は再度熟読玩味すべきものである。

〈自然〉を介することで嫌が上にも浮上してくる、パーソンズ以降に成立・発展した社会システム論の問題性の精査を通して、私たちは社会システム論に関する考え方の転機に立たされていることがわかった。環境問題をはじめとする人類を取り巻くアポリアは月日を追うごとに混迷の度合いを深刻化させている。その本質を見極める上でも、今こそスペンサーの提示した社会システム論を切実に検討する必要がある。

註

第一章

（1）cf. 木村・大沢（1989）1989 : 78-83.

（2）cf. 木村・大沢 1989 : 5.

（3）cf. Ridley（1993）1993.

（4）「自然の本源的優位性」という命題について、人類学的見地から論述したものに松井健の著作がある［松井（1997）1997］。人類学は〈自然〉に直面することなく研究を進めることができない領野であるが、松井も本書同様〈自然〉が容易に定義することができない対象であると認識している。その前提にもとづき、松井は文化と〈自然〉、人間と〈自然〉の関わりを多面的に論述し、最終的に人為が〈自然〉を越えることは本質的に限りなく不可能である、との先の命題が浮上してくることを目指している。

（5）Colborn, Dumanoski & Myers（1996）1997.

（6）Cadbury（1997）1997.

（7）Sharpe & Skakkebaek 1993.

（8）cf. 伊藤（1995）1995 : 46, 99, 高岡 1998, 中島 1998.

（9）Carson（1962）1994.

（10）Cadbury 1997 : 60.

（11）Turner（1985）1985 : 7.

（12）Turner 1985 : 33-4.

（13）Turner 1985 : 34.

(14) cf. Turner 1985 : 39-42.
(15) Turner 1985 : 32.
(16) Turner 1985 : 32.

第二章

(1) cf. 谷田部 1982 : 112.
(2) Sciulli & Gerstein (1985) 1992.
(3) Warner 1981 : 715.
(4) Turner 1980 : 381.
(5) 高城 (1992) 1992 : 322.
(6) 谷田部 1982 : 114.
(7) cf. 田野崎 1981, 鯵坂 (1991) 1991.
(8) Münch 1979 : 388 = 1981 : 712.
(9) Münch 1980 : 40 = 1982 : 811.
(10) cf. 高城 1992 : 322.
(11) Parsons (1951) 1991 : 17.
(12) cf. Parsons (1956) 1956 : 53.
(13) cf. 谷田部 1981 : 118.
(14) Parsons 1978 : 353.
(15) 「行動有機体 (behavioral organism)」は『社会類型——進化と比較』において初めて提起されたが、明確な定義は何もなされていない。パーソンズは「行動有機体」という「行為システム」の下位システムに関し、二つの側面を強調している [cf. Parsons (1966) 1966 : 5-6]。一つは「種—型 (species-type)」としてみられる遺伝的要素を重視する側面、もう一つは行為における学習過程を重視する側面である。リッツ兄弟の具申に従い、後の「人間の条件パラダイム」において「G」領域の「人間有機体システム」に吸収されたのが前者の側面であり、「I」領域の「行為システム」の「I－a：行動システム」に集約されたのが後者の側面である。パーソンズに理論図式の改変を行なわせた、リッツ兄弟のパーソンズへの提言がいかなる意義をもっていたのかについては第四章第四節で詳察する。しかし、ここで私たちが確認しておくべきことが一つある。それは、そもそも初出以来、曖昧なままにされていた「行動有機体」という下位システムの理論的位置・意味こそが、第四章第四節で全貌を現す奇怪な人間像を生み出す端緒の一つとなっていたということである。

(16) cf. Parsons 1978：396.
(17) Parsons 1978：383.
(18) cf. Parsons 1978：415.
(19) Parsons 1978：360.
(20) Parsons 1978：357.
(21) Parsons 1978：357.
(22) Henderson (1917) 1971：180–211.
(23) Parsons 1978：355.
(24) Parsons 1978：361.
(25) Parsons 1978：364.
(26) cf. Parsons 1978：390–1.
(27) Parsons 1978：391.
(28) cf. Parsons 1978：356.
(29) Parsons 1978：382.
(30) パーソンズはこの「適応能力」と「環境の適合性」の矢印を逆向きに提示している［Parsons 1978：382］。しかし、これは意味を考えると明らかに間違いであると判断されるので、本書ではパーソンズが提示したものとは向きを変えている。特に「人間の条件パラダイム」に言及している研究者の大半は、この矢印にも注意を払い向きを訂正している[cf. 高城 1992 : 324,田野崎 1981 : 109]。

（31） Parsons 1978 : 407.

（32） Parsons 1978 : 362. 強調ママ。

（33） Parsons 1978 : 362.

（34） パーソンズによるこうした社会システム理論図式における「観察者の視点」の強調は「人間の条件パラダイム」が初めてではない。すでにAGIL図式の原型が発表された『行為理論作業論文集』の中でも提示されている。「象徴レベルにおける行為理論において、観察者が象徴的な経路を通し、自らの観察対象と直接的または間接的にコミュニケーションをとるのは不可欠なことである。それゆえ、行為プロセス下における観察者によるシステム分析の原点には、被分析システムの中に〔観察者〕自身を組み込まねばならないという問題がある。このことは、社会システムの見地において、観察者の役割がシステムの一部分として明示的に分析され取り扱われうることを意味している」[Parsons (1953) 1981 : 96. 強調ママ]。この文言に続き、パーソンズは社会システム論には自然科学とは異なり役割分析という理論的資源があるために、観察者がシステム内部に内包されるのは理論上の障害とはならないと強調している。しかし社会学が自然科学とは異なる「観察者の視点」を有しながらも、科学でありうるとする根拠に関してはこれ以上述べられていない。

（35） cf. Parsons 1978 : 355-6, 370, 389-90, 400, 408.

（36） 「understanding」に関し、最近のロック研究においては「知性」という訳語が用いられることが多い一方で、カント研究においては「悟性」という訳語が一貫して用いられている。本書ではカントの論理にきわめて密接に関連したパーソンズ「人間の条件パラダイム」他の論理を論究することを目的としているので、「悟性」という訳語を与えることにした。

（37） Parsons 1978 : 368.

（38） Parsons 1978 : 370.

（39） Parsons 1978 : 370.

(40) Einstein 1936 : 315 = 1936 : 351. 強調ママ。
(41) Parsons 1978 : 400, cf. 368.
(42) cf. Parsons 1978 : 398.
(43) cf. Parsons 1978 : 413.
(44) Parsons 1978 : 357. 強調ママ。
(45) cf. Parsons 1978 : 368.
(46) Parsons 1978 : 370-1.
(47) Parsons 1978 : 371-2.
(48) cf. 谷田部 1982 : 127-8.
(49) Parsons 1978 : 371.
(50) Parsons 1978 : 371. 強調ママ。
(51) Bellah (1970) 1971 : 271.
(52) Parsons 1978 : 371-2.
(53) Parsons 1978 : 357. 強調ママ。
(54) cf. Parsons (1937) 1949 : 11-2.
(55) Weber (1922) 1976 : 1 = 1994 : 8.
(56) Parsons 1978 : 389.
(57) Parsons 1978 : 390. 強調ママ。
(58) Parsons 1978 : 408. 強調ママ。
(59) Parsons 1978 : 408.
(60) Parsons 1978 : 403-4.
(61) Parsons 1978 : 404.

(1) Locke (1690) 1979 : 104.
(2) cf. Locke 1979 : 104-5.
(3) Locke 1979 : 91.
(4) cf. Locke 1979 : 90.
(5) Hume (1739-40) 1978 : 102.
(6) Hume 1978 : 102.
(7) Locke 1979 : 644.
(8) cf. Coleman (1995) 1995 : 13-22.
(9) Locke 1979 : 134.
(10) Kant (1781) 1997 : 45 = 1996 (1) : 57.
(11) Kant 1997 : 16 = 1996 (1) : 20.
(12) Kant 1997 : 69 = 1996 (1) : 86.
(13) Kant 1997 : 26 = 1996 (1) : 34. 補語は訳者。
(14) cf. Kant 1997 : 107 = 1996 (1) : 137-8.
(15) Kant 1997 : 30 = 1996 (1) : 41.
(16) cf. Russell (1945) 1972 : 717-8. ラッセルは、周囲の住民が時計代わりにしていたほど規則正しい生活を送っていたカントがジャン＝ジャック・ルソーの『エミール』を徹夜して読んだために翌日の生活が乱れ、住民も迷惑を蒙ってしまったという逸話を取り上げている [Russell 1972 : 704-5]。この逸話は、ラッセルのカント認識論に対する一流の皮肉である。というのも、そこには、カントの認識論が『エミール』さながらの外界から隔離された世界でしか通用しないものであるとの見識が潜在しているからである。ラッセルがカントの認識論に批判的であったことはいうまでもない。

(17) Kant 1997 : 529-555 = 1996 (2) : 259-294.
(18) Kant 1997 : 535 = 1996 (2) : 268.
(19) Kant 1997 : 542 = 1996 (2) : 277.
(20) Kant 1997 : 156 = 1996 (1) : 204.
(21) Kant 1997 : 157 = 1996 (1) : 204.
(22) Leslie (1989) 1996.
(23) Leslie 1996 : 128. 強調ママ。
(24) cf. Leslie 1966 : 132.
(25) Parsons 1978 : 361.
(26) Leslie 1996 : 3-6.
(27) Parsons 1978 : 357. 強調ママ。
(28) Windelband (1884) 1921 (2) : 145 : = 1926-7 (2) : 212.
(29) Rickert (1989) 1926 : 40-1, 115-6 = 1959 : 82, 192-3.
(30) Rickert 1926 : 40-1 = 1959 : 82. 強調ママ。
(31) Rickert 1926 : 117 = 1959 : 194-195.
(32) Rickert 1926 : 118 = 1959 : 196. 強調ママ。
(33) Rickert 1926 : 55 = 1959 : 104. 強調ママ。
(34) cf. Rickert 1926 : 78-9 = 1959 : 138-9.
(35) Rickert 1926 : 80 = 1959 : 140.
(36) Rickert 1926 : 78 = 1959 : 138.
(37) cf. Rickert 1926 : 98 = 1959 : 166.
(38) cf. 山口 1983.
(39) Weber 1976 : 1 = 1994 : 8. 強調引用者。

(40) 向井 (1997) 1997.
(41) Weber (1904) 1985 : 208 = 1997 : 146.
(42) 山之内 (1993) 1993 : xii, 138.
(43) Weber 1976 : 3-4 = 1994 : 14-5.
(44) Weber 1976 : 4 = 1994 : 16.
(45) Weber 1976 : 1 = 1994 : 8.
(46) Weber (1913) 1985 : 413 = 1993 : 19.
(47) Weber 1985 : 182 = 1997 : 89.
(48) Weber 1985 : 200, 203 = 1997 : 128-9, 136.
(49) Weber 1985 : 192 = 1997 : 111.
(50) Weber (1903-6) 1985 : 35-7 = 1988 : 73-5.
(51) Weber 1985 : 35 = 1988 : 74.
(52) Weber 1985 : 36 = 1988 : 74-5. 強調ママ。
(53) Weber 1985 : 44-6 = 1988 : 95-9.
(54) Parsons 1991 : 584-5.
(55) Weber 1985 : 44 = 1988 : 96.
(56) Weber 1985 : 45 = 1988 : 97.
(57) Weber 1985 : 46 = 1988 : 99.
(58) Weber 1985 : 157 = 1997 : 34. 強調ママ。
(59) Weber 1985 : 157 = 1997 : 34.
(60) Weber 1985 : 178 = 1997 : 81.
(61) Weber 1985 : 180 = 1997 : 85. 強調引用者。
(62) Weber 1985 : 180 = 1997 : 86. 強調ママ。

（63） cf. Weber 1985 : 208, 213 = 1997 : 147-8, 156-7.
（64） Weber 1976 : 11 = 1994 : 39.
（65） Weber 1976 : 2 = 1994 : 10, 1985 : 428 = 1993 : 13-4.
（66） Weber 1976 : 2 = 1994 : 11.
（67） Weber（1905）1963 = 1994.
（68） Parsons 1978 : 362. 強調ママ。
（69） Parsons 1978 : 357. 強調ママ。

第四章

（1） Münch 1979 : 388 = 1981 : 713.
（2） Münch 1979 : 387 = 1981 : 712.
（3） Münch 1979 : 388 = 1981 : 712.
（4） cf. Sciulli & Gerstein 1992.
（5） cf. Alexander（1982）1982, 山下 1983, 左古（1998）1998.
（6） 山下 1983 : 28-9.
（7） 山下 1983 : 30-1.
（8） 左古 1998 : 5.
（9） cf. 左古 1998 : 35.
（10） 左古 1998 : 173-82.
（11） 左古 1998 : 173.
（12） Hobbes（1651）1985 : 187.
（13） Parsons 1991 : 11.

(14) Parsons 1991: 37.
(15) cf. Parsons 1991: 36-8.
(16) Parsons 1949: 768.
(17) cf. Parsons 1991: 67,68-112.
(18) cf. 左古 1998: 26-31, 40-44.
(19) cf. 左古 1996: 3-8.
(20) Parsons 1949: 3.
(21) Parsons 1978: 404.
(22) Parsons 1978: 408. 強調ママ。
(23) Parsons 1978: 408-9.
(24) Parsons 1978: 379.
(25) Weber 1985: 431 = 1993: 18.
(26) Parsons 1978: 370.
(27) Parsons 1991: 488-9.
(28) Parsons 1991: 489-90. 強調引用者。
(29) ㈡と㈢のパーソンズの理論上の立場の狭間に位置する著作として『社会類型——進化と比較』がある。第二章冒頭でも述べた通り、この作品はパーソンズがＡＧＩＬ図式からＬＩＧＡ図式へと転身を図ったものであると同時に、サイバネティックスの知見を盛り込み、システムの理論化を試みたものでもあった。その論理によれば、「行為の環境」として、象徴的な宗教的構成要素からなる「究極的リアリティ（Ultimate Reality）」と「自然的―有機的環境（Physical-Organic Environment）」が提起され、前者が「高インフォメーション・低エネルギー」、後者が「低インフォメーション・高エネルギー」というサイバネティックス的発想にもとづいて想定されている [Parsons 1966: 28-9]。後年「人間の条件パラダイム」において、前者が「Ｌ」領域の「テリック・システム」、後者が「Ａ」領域の「物理的・化学的システム」に結実したことはいうまでもないだろう。

すなわち、㊂の理論的立場の原型が『社会類型――進化と比較』中に看て取れるのであるが、これは本書におけるパーソンズの理論的立場の三類型においては、㊁のシステム論を基盤とした立場に包摂されうる。というのも、この『社会類型――進化と比較』で展開されている論理には、生物学的見地に立つ要素（「自然的―有機的環境」）がかろうじて盛り込まれてはいるものの、その論拠が「人間の条件パラダイム」に比べて不完全かつ曖昧であると判断される余地を残しているからである。

（30） Parsons 1978 : 353.

（31） Lidz & Lidz（1976）1976.

（32） 高城 1992 : 326-7.

（33） 万物が神の摂理の下にあるとする典型的な教説は、初代キリスト教会の最大の教父であるアウレリウス・アウグスティヌスの『神の国』の中にみることができる。「神は善人にも悪人にも、岩石に与えると同じく、存在を与え、また樹木に与えると同じく、生物としての生命を、また動物に与えると同じく、感覚的生命を、また天使のみに与えるのと同じく、知性的生命を与えたもうた。すべての存在様相、すべての形相、すべての秩序はこの神から来ており、尺度、数、重さも神から来ている。すべての自然的存在は、その種類がどんなものであれ、またどんな評価を受けているものであれ、神から来ている。形相の種子〔つまり可能態〕、種子の形相〔つまり現実態〕、種子および形相の〔可能態から現実態への〕運動は神から来ている」[Augustinus（413-26）1990（1）: 340]。

古代ギリシア時代から中世を介して近代科学が誕生するまでの神学と科学の関係は、科学史家トーマス・S・クーンの『コペルニクス革命』の中で言及されている。クーンによれば、一六世紀半ばに天動説から地動説への大転換を行なったコペルニクス革命の主導者ニコラス・コペルニクスが誕生するまでの一三世紀もの間、科学はまったく存在しなかったのではなく、中世思想にも大きな役割を演じるものであった。ただし、特に中世およびルネサンス期においては、知的な支配力を有していたのは神学であったために科学と神学の融合が起こった。そのために、コペルニクスの天文学研究は事実上、紀元前四世紀に活躍したアリストテレスや二世紀の天文学者であるプトレマイオス・クラウディオスらが到達した地点付近から開始されることになった［cf. Kuhn（1957）1970 : 99-132］。

（34） Parsons 1978 : 357.

(35) Parsons 1978 : 357. 強調ママ。
(36) cf. Münch 1980 : 40 = 1982 : 811.
(37) cf. Münch 1979 : 387-8 = 1981 : 712.

第五章

(1) cf. 村中（1996）1996 : 8-9.
(2) 村中 1996 : 131. 強調ママ。
(3) cf. 橋爪（1994）1994 : 26-30, 佐藤（1997）1997 : 408, 清水（1997）1997 : 185.
(4) cf. 村中 1996 : 214-224.
(5) Luhmann（1984）1985 : 35 = 1993 : 24. 強調引用者。
(6) Luhmann 1985 : 37 = 1993 : 27.
(7) Luhmann 1985 : 45 = 1993 : 36.
(8) Luhmann 1985 : 53-4 = 1993 : 45. 強調引用者。
(9) Luhmann 1985 : 22 = 1993 : 9.
(10) 本質的に、秩序・規則だけではなく、秩序性・規則性も列挙すべきものであることは認識されていよう。ここで議論されるべき問題は、ヴェーバーによって緻密に展開された、法律（秩序・規則）と習慣・因習（秩序性・規則性）間の関係にまで遡ることはいうまでもない［cf. Weber 1976 = 1994］。しかしながら、秩序性および規則性が法則化可能かどうかの問題に決着がついていない以上、ここでは厳密に法則化可能である「秩序・規則」にのみ言及しておくことにする。
(11) Maturana & Varela（1973）1980.
(12) Maturana & Varela 1980 : 127-8.
(13) Maturana & Varela（1984）1988 : 125-7, cf. Sperry 1945.

(14) Maturana & Varela 1980 : 78.
(15) Maturana & Varela 1980 : 80-1.
(16) Maturana & Varela 1980 : xxiii, 75.
(17) Maturana & Varela 1980 : xxiii.
(18) Luhmann 1985 : 59 = 1993 : 52.
(19) Luhmann 1985 : 9-10 = 1993 : xii.
(20) cf. Luhmann（1981）1981 : 276 = 1993 : 149.
(21) cf. Luhmann 1981 : 277 = 1993 : 150.
(22) cf. Luhmann 1985 : 66 = 1993 : 60.
(23) Luhmann 1985 : 143 = 1993 : 151.
(24) cf. Luhmann 1985 : 93, 99 = 1993 : 93, 101.
(25) Luhmann 1985 : 194 = 1993 : 219. 強調ママ。
(26) Luhmann 1985 : 110 = 1993 : 113. 強調ママ。
(27) cf. Luhmann 1985 : 95 = 1993 : 96.
(28) Luhmann 1985 : 193 = 1993 : 217.
(29) cf. Luhmann 1985 : 409 = 1995 : 563.
(30) cf. Luhmann 1985 : 288-9 = 1993 : 334-5.
(31) Luhmann 1985 : 654 = 1995 : 881.
(32) cf. 村中 1996 : 128-132, 佐藤 1997 : 20-25.
(33) cf. Luhmann 1985 : 456-465, 654 = 1995 : 617-28, 881-2.
(34) Luhmann 1985 : 654 = 1995 = 821.
(35) Luhmann 1985 : 93-4 = 1993 : 93-4. 強調引用者。
(36) cf. Luhmann 1985 : 99 = 1993 : 101.

(37) cf. 村中 1996 : 40-2.「開放システム」というと、ベルタランフィの『一般システム理論』によって徹底されるようになった「インプット／アウトプット」図式にもとづくシステム論が想起されよう［Bertalanffy（1968）1969］。ルーマンは、この図式に詰め込むことのできないシステムと複合的な環境との関係が、自己準拠的システムには反映されていると主張した［Luhmann 1985 : 275-82 = 1993 : 318-28］。ルーマンは、インプットとアウトプットがシステムを起点とした秩序の一側面を指摘しているだけであり、環境を起点とする「複合性の縮減」からもたらされる秩序の別の側面を示唆していないと批判している。しかしながら、ベルタランフィによるシステム論の最大の論点をシステムと環境との密接な関わり、と集約するならば、ルーマンの主張する社会システム論においてもこの論点は確実に継承されていることはいうまでもない。彼自身が「『開放的』システムと『閉鎖的』システムの（そうこうするうちに古典的になった）区別は、いかにして自己準拠にもとづく閉鎖性が開放性を生み出しうるのかという問いに取って代わられることになる」［Luhmann 1985 : 25 = 1993 : 13］と述べているのが何よりの証左である。それゆえ、ルーマンの社会システム論は「開放システム」を根底に想定していると見なされうる。

(38) Luhmann 1981 : 275 = 1993 : 146.

(39) Luhmann（1986）1990 : 49 = 1992 : 38-9.

(40) Luhmann 1990 : 40 = 1992 : 30.

(41) cf. Luhmann 1990 : 41 = 1992 : 31.

(42) Luhmann 1990 : 47-8 = 1992 : 37.

(43) Luhmann 1985 : 286-345 = 1993 : 331-403.

(44) cf. Luhmann 1985 : 70-1, 77 = 1993 : 65-6, 75-6.

(45) cf. Parsons 1991 : 482, Cannon（1932）1967.

(46) 木村（1997）1997 : 52-3. 強調引用者。

(47) Lévi-Strauss（1958）1974.

(48) cf. 大澤（1994）1994 : 336.

(49) Kauffman & Johnsen 1991.

（50）cf. 黒石（1995）1995 : 200-1.
（51）cf. 今田（1986）1988 : 6.
（52）Luhmann 1985 : 9 = 1993 : xi. 強調ママ。
（53）Luhmann 1985 : 9-10 = 1993 : xxii.
（54）村中 1996 : 68.
（55）Luhmann 1985 : 647-61 = 1995 : 871-90.
（56）清水 1997 : 187.
（57）Luhmann 1985 : 654 = 1995 : 881.
（58）cf. Luhmann 1985 : 596 = 1995 : 801-2.
（59）中村・浜岡・山田（1987）1997 : 98.
（60）中村・浜岡・山田 1997 : 106-14.

第六章

（1）Weinstein（1998）1998 : 1, 9.
（2）テイラーによるヴィクトリア後期の政治状況を十分に踏まえた研究においては、スペンサーの論理がベンサマイトによる急進派の「個人主義」や、同時代に道徳的・政治的哲学を展開したヘンリー・シジウィックの保守主義的功利主義とは本質的に異なることだけが精緻な議論の上で追求されている［cf. Taylor 1992 : 38-70, 196-233］。スペンサーと前者との相違は、「公平な自由」の提唱に集約される。他方、後者との相違はその論理の中に存在する「スペンサーにおける絶対的〔な倫理〕と相対的な倫理との距離」にもとづいている［Taylor 1992 : 231］。テイラーによれば、例えば土地の所有権問題に関するスペンサーの絶対的な公平の主張は、女性の権利問題になると相対的な平等権利の主張へと変化し、急進的な色調が喪失してしまっている。この指摘は、彼自身も述べているように、スペンサーが「標準的な教科書が教えてくれるもの以上に、より複雑かつ微妙な思想家」であったことの端的な一つの表れである［Taylor

1992：1]。テイラーの研究からはさまざまな問題性を抱えた近代社会で翻弄するスペンサーの姿が浮上してくる。

テイラーと同じ理論的スタンスを採っているのが、グレイである。グレイもまたスペンサーの論理が一つの方向付けをもった単純なものではなかったと示唆している。ただしテイラーがそうしたスペンサーの論理の中で大きく揺れる、そうした揺れの様相を象徴的に論じていたのに対し、グレイはその揺れの両極端を論じることで、スペンサーの論理の複雑さおよび難解さを明確にしようとした。グレイが指摘するスペンサーの論理の幅は、「個人主義」と「有機体主義（organicism）」から成り、両者がその両極端に位置し対峙している。両者はそれぞれさらに二つのタイプに類型されている。「個人主義」は「否定的自由としての個人主義」と「自己決定としての個人主義」に分類される［Gray（1996）1996：220-4］。前者は人間の本性が不変であり、本質的にその個性には私欲が存在しているとする。それゆえ、その私欲を妨げる国家を悪と見なすことになる。後者には人間の社会政治的制度への自発性の強調と、計画的かつ人為的に作られたコミュニティに対するイデオロギー的概念の強調が併存している。他方、「有機体主義」は「産業型社会有機体」と「軍事型社会有機体」に分類される［Gray 1996：226-7］。前者の特徴にはスペンサーのいう「産業型社会」の論理を反映し、私欲を追求する個人の自発的な協働が存在する。後者の特徴には「軍事型社会」の論理を反映し、コミュニティには個人の自由意思を抑制するように必然的に作用する強制が働いている。グレイは、上記四類型のうち、スペンサーの論理の核心部分を成しているのは「否定的自由としての個人主義」と「産業型社会有機体」であると結論づけている［Gray 1996：232］。グレイによれば、それぞれ二種類の「個人主義」と「有機体主義」の併存はスペンサーの中で何ら矛盾することなく、一方が他方の鏡の役割を果たしている。

テイラーとグレイの理論的長所は、スペンサーの論理に対して多方面から考察を加え、最終的にその論理が複雑なものであることを看取させてくれる点にある。しかしながら、逆にそうした両者の理論的姿勢こそが、スペンサーの論理を不明瞭にしてしまっていることは否めない。テイラーの時代的背景を十全に考慮した研究は秀逸ではあるが、時代に翻弄されながらもスペンサーがどこに軸足をおいていたのかが明確化されていない。グレイの最終的に下した結論では、なぜ「個人主義」と「有機体主義」をスペンサーが採らざるを得なかったのかが曖昧なままである。テイラー、グレイ両者の研究に従うならば、スペンサーはただ時代に翻弄されて苦悩するだけの思想家だったことになる。

（3）　スペンサーの著作の順について詳しく述べるならば、『社会静学』の直後に『心理学原理』が一八五五年に公刊されている。しかしこれは「総合哲学体系」の中に組み込まれ、一八七〇―七二年に再度公刊されることになった。これは初版に手を加えたいわば拡大版の『心理学原理』である [cf. Spencer 1966 (21) : 220, 224]。

スペンサーは『心理学原理』において、特に精神と生命の関係に焦点を当てて論じている [cf. Spencer (1870-72) 1966 (4) : 3-142]。すなわち人間の精神が生き長らえるものであると主張されている。このことは心理学とはいえ、まさに文化を念頭において論じられているのであり、人間個人レベルでの心理を追求したものではないと判断することができる。スペンサーのこうした『心理学原理』での主張は、『社会学原理』を経由して『倫理学原理』にすべて集約されている。それゆえ本書では『心理学原理』に直接言及することはしていない。

なお『人間対国家』のタイトル訳についてであるが、この著作は『個人対国家』と訳出されることが多い。しかし本書では（以下第九章で明確になるが）スペンサーの論理を考察した結果、後者の訳出を採らなかった。その理由は以下の三つである。第一点は、彼が本質的に論及していた「人間」とは一個の個体レベルでの人間ではなく、人間の個体が集まって形成されている「民族」や「部族」という範疇における「人間」であったからである。第二点は、スペンサーがそのように「人間」を捉えることによって、個人が突出した近代社会に対して警鐘を鳴らしていたからである。第三点は、「個人対国家」という訳そのものが、スペンサーを功利主義者であると安直に判断したものであるからである。以上の理由から『人間対国家』と訳出した。この方が、人間には果たして国家が本当に必要なのか、という隠れた深刻な問いを表現するのにより適切と判断したからである。

（4） Spencer (1904) 1966 (20) : 353.

（5） cf. Bentham (1779) 1907.

（6） スペンサーは、ジョン・スチュアート・ミルが自分自身を功利主義者ではないと見なした『功利主義論』巻末の註 [Mill (1861b) 1891 : 93-4] に対して反論を行ない、ミルに対する私信の中で自らを「功利主義者」であると明言している。『自伝』にその手紙の一部が掲載されている。「問題の註の中で、暗黙のうちに私が非功利主義者として分類されていることに大変驚きました。私は自分を非功利主義者であると考えたことは一度もありません。一般に理解されている功利主義原理と私〔の論理〕との見解の相違は、人間が獲得するその対象にではなく、その対象の獲得方法に関係しています。私は幸福が熟考されるべき究極的な目的であることは認めていますが、それが直近の目的でなければならないとは思いません。……」[Spencer 1966 (21) : 88]。

ここでスペンサーの主張しようとしたことは、自分がベンサム流の功利主義者とは違うが、功利主義というイギリスの伝統に則って「人間の幸福とは何か」さらには「国家とは何か」という重大な問題を考えているのだということにあったのであろう。この意味において、功利主義者ではないと見なされるのをスペンサーは嫌っただけである。本書ではこの『自伝』におけるスペンサーによる文言は、いわゆる従来彼に付されてきた「功利主義者」という偏見とは異なる意味が込められている性質のものであると判断している。スペンサーの主張はベンサム以来の功利主義ではおさまりきらない、むしろそれとは全く異質の、人間を含む有機体世界全体を射程においた広大な思想にもとづくものだからである。そこで本文中で「功利主義者」と使用する場合は、ベンサムに由来する思想を提唱する人間を指している。しかし、先のスペンサー自身による文言が、後世彼を功利主義者というカテゴリーに押し込むひとつの要因になったことは言うまでもない。なおスペンサーとミルとの細かな意見のやりとりについては、スペンサーの秘書であったデイヴィッド・ダンカンの『ハーバート・スペンサーの人生と書簡（*The Life and Letters of Herbert Spencer*）』[Duncan (1908) 1996] に詳しく記録されている。

（7）Spencer 1996 : 3.
（8）Spencer 1996 : 3.
（9）Spencer 1996 : 3-4.
（10）Spencer 1996 : 5.
（11）cf. Spencer 1996 : 37.
（12）Spencer 1996 : 33-4.
（13）Spencer 1996 : 54. 強調ママ。
（14）Spencer 1996 : 55-6.
（15）Spencer 1996 : 56.
（16）Spencer 1996 : 55.
（17）Spencer 1996 : 56.

(18) Spencer 1996 : 57-8.
(19) Spencer 1996 : 57-8. 強調引用者。
(20) Spencer 1996 : 58.
(21) Spencer 1996 : 20.
(22) Spencer 1996 : 42. 強調ママ。
(23) Spencer 1996 : 67.
(24) Spencer 1996 : 31-2. 強調ママ。
(25) Spencer 1996 : 38.
(26) Spencer 1996 : 31-8.
(27) Spencer 1996 : 38-51.
(28) Spencer 1996 : 70.
(29) Spencer 1996 : 66. 強調ママ。
(30) Spencer 1996 : 5.
(31) Spencer 1996 : 103. 強調ママ。
(32) cf. Spencer 1996 : 126-205.
(33) Spencer 1996 : 154. 強調ママ。
(34) 本書では「the earth」という単語に、「地球」という訳語を当てている。それはこの『社会静学』第九章において、スペンサーが宇宙の法則性を理論的根拠として人間と社会を捉えようとしていたからである。そのためにこの章においてスペンサーは「the earth」と「land」を微妙に使い分けていた。特に、彼は当時の社会においてすでに所有権が容認されている社会的な事実を踏まえ、地球の表面に言及する時は「land」を用いている。逆に自らの主張を強く打ち出す時には「the earth」を用いている。宇宙法則に言及していたスペンサーならば、「地球」全体が射程に入っていてもなんら不思議はない。
(35) Spencer 1996 : 114.

(36) Spencer 1996 : 114.
(37) cf. Spencer 1996 : 114.
(38) 「equity」という言葉は、法律用語として用いられる場合には「エクイティ」「衡平法」と訳される。英米法において「エクイティ」とは、国王の裁判所における判例法体系であるコモン・ローとは別の、大法官の裁判所における判例法体系を指す［cf. 砂田・新井（1985）1992 : 3-7, 37-44］。一四世紀半ば以降、コモン・ロー裁判所において救済が十分になされない、土地をめぐる財産権などについての訴訟を取り扱ったのが大法官府裁判所であった。「エクイティ」という語は公正、公平、正義という意味が内包され、英米法すべての法制度における主要指導理念である［望月（1981）1997 : 24-30］。大法官府裁判所は一八七五年に廃止され、「エクイティ」は高等法院に引き継がれた。
本書では上記英米法における「エクイティ」を踏まえ、「equity」に「公平」という訳語を当てる。注目すべきは、そもそも「エクイティ」が土地をめぐる古来からの慣習を訴訟にあたって、救済することを目的として設定された判例法体系であったということである。スペンサーも当然こうした事実を踏まえて、土地から切り離される人間を念頭において「公平な自由」概念を提唱していたと判断する。
(39) Spencer 1996 : 114.
(40) Spencer 1996 : 114-5.
(41) Spencer 1996 : 121.
(42) Spencer 1996 : 123.
(43) Spencer 1996 : 123.
(44) Spencer 1996 : 123.
(45) Spencer 1996 : 125.
(46) Spencer 1996 : 124.
(47) Spencer 1996 : 124.
(48) Spencer 1996 : 57-8, cf. 128.
(49) Spencer 1996 : 131.

(50) Spencer 1996 : 131-2.
(51) Spencer 1996 : 131.
(52) Spencer 1996 : 132.
(53) Spencer 1996 : 133.
(54) Spencer 1996 : 133.
(55) Spencer 1996 : 133-4.
(56) Spencer 1996 : 134.
(57) Spencer 1996 : 72.
(58) Spencer 1996 : 68.
(59) Spencer 1966 (20) : 358.
(60) Spencer (1862) 1966 (1) : 13. 強調引用者。
(61) Spencer 1966 (1) : 13.
(62) Spencer 1966 (1) : 13-4.
(63) Spencer 1966 (1) : 13.
(64) Spencer 1966 (1) : 14.
(65) Spencer 1966 (1) : 64.
(66) Spencer 1966 (1) : 61.
(67) Spencer 1966 (1) : 61.
(68) Spencer 1966 (1) : 62.
(69) Spencer 1966 (1) : 63.
(70) Spencer 1966 (1) : 63.
(71) Spencer 1966 (1) : 92.
(72) Shakespeare (1610) : 4・4, cf. Paxton (1991) : 113-4.

(73) Spencer 1966 (1): 84.
(74) Spencer 1966 (1): 12.
(75) Spencer 1966 (1): 14-5. 強調引用者。
(76) Spencer 1966 (1): 222.
(77) Spencer 1966 (1): 222, cf. 223.

第七章

(1) Spencer (1898-9) 1966 (2): iv.
(2) Gray 1996: 24. 強調ママ。
(3) cf. Gray 1996: 10.
(4) Gray 1996: 14.
(5) Spencer 1966 (21): 103.
(6) Spencer 1966 (2): vi-vii.
(7) cf. 挾本 1997b.
(8) Spencer 1966 (1): 290.
(9) Spencer (1857) 1966 (13a): 9.
(10) Spencer 1966 (13a): 10.
(11) Spencer 1966 (2): 162. 強調ママ。
(12) Spencer 1966 (3): 3-235.
(13) Spencer 1966 (3): 239-408.
(14) Spencer 1966 (3): 384.
(15) Spencer 1996: 415. 強調ママ。

(16) Spencer 1966 (1) : 416.
(17) Spencer 1966 (13a) : 8-9. 強調ママ。
(18) Perrin 1976.
(19) cf. Spencer (1876-96) 1966 (7) : 568-602.
(20) cf. Spencer 1966 (7) : 603-42.
(21) Spencer 1966 (7) : 603.
(22) この文言中の「individual nature」「character」は、スペンサーの論理を踏まえるならば「個性」と訳出すべきものである。スペンサーにおいて、上記二語はいわゆる功利主義的発想や個人主義的発想に立脚する「個人」を意味する「individual」とは異なる次元で用いられている。第六章で十分に検討した通り、彼の論理には功利主義的発想がまったく存在していなかったことからするならば、同じ文言中にある「individuality」も「個性」と訳出すべきものである。それゆえ本書ではこれら三つの言葉に同じく「個性」という訳語を当てている。
(23) Spencer 1966 (7) : 639-40. 強調引用者。
(24) Spencer 1966 (8) : 601, 1996 : 442. 強調引用者。
(25) cf. 木村・大沢 1989 : 78-87.
(26) cf. Darwin (1859) 1985.
(27) Spencer 1966 (2) : 91.
(28) Spencer 1966 (2) : 92.
(29) cf. Spencer 1966 (13a) : 49.
(30) cf. Spencer 1966 (2) : 102.
(31) Spencer 1966 (6) : 454-5.
(32) cf. 挾本 1997a, 1997b.
(33) cf. Malthus (1798) 1986.
(34) cf. Peel (1971) 1971 : 138.

(35) Peel 1971 : 138.
(36) Spencer 1966 (3) : 416.
(37) cf. Spencer 1966 (3) : 503.
(38) Spencer 1996 : 65.
(39) Spencer 1966 (1) : 61.
(40) Spencer 1966 (3) : 399. 強調引用者。
(41) 井上 (1998) 1998 : 83.
(42) cf. Spencer 1966 (3) : 399, 406.
(43) cf. Spencer 1966 (3) : 403.
(44) Spencer 1966 (3) : 408.
(45) Spencer 1966 (3) : 406.
(46) Spencer 1966 (2) : 415. 強調ママ。
(47) Spencer 1966 (6) : 437.
(48) Spencer 1966 (6) : 436.
(49) cf. 井上 1998 : 106-18.
(50) 最近、時間概念に着目して社会学理論を検討し直す理論的な傾向がイギリスを中心にして興っている。雑誌『時間と社会（*Time & Society*）』の一九九二年における発刊もそうした流れの一つである。その中心人物となっているのが社会学者バーバラ・アダムである。彼女は社会学理論における時間概念を徹底的に解明するべく精力的に取り組んでいる。『時間と社会理論』はその集大成である［Adam (1990) 1990］。

この著作は社会学理論に対して一つの疑問を投げかけている。すなわち、社会学理論はこれまで時間概念の多様性に対する十分な検討・把握を怠ってきたのではないか、と。そこで『時間と社会理論』では、社会学理論と関連する「時間」を幅広く展開しているだけではなく、社会学者があえて取り扱わない物理学的、生物学的、化学的「時間」が展開されている。アダムの主張は、社会学者が主として論及する心理的な時間、ライフサイクルに関連した時間、社会変動に関連した時間など――彼女はこれらを総括して「人間的時間（human time）」［Adam 1990：91-103］と呼んでいる――だけではなく、物理学、生物学、化学などによって解明されつつある自然界がもつ「自然的時間（natural time）」［Adam 1990：48, 49-90］も合わせて概念化しなければ十全に時間は解明できないとするところにある。アダムのいう人間と時間との関係において、人間は「人間的時間」「自然的時間」という多様化した「時間」の係留点に位置している。「私たちが時間なのであり、この事実が私たちを、リズミカルに組織化されている別のあらゆる存在〔生物有機体〕と結び付けてくれている」［Adam 1990：161. 強調ママ］という文言はその現れである。

本書における人間と時間との関係は、上記アダムの構築した関係図式とは異なるものを設定している。本文中で述べた通り、人間を含む生物は等しく三つの重層的な「時間」の中に生き、近代人だけが「制度・システムの時間」の中でも生きている。人間はこれらの時間のいずれからも逃れることはできない。この点が、アダムとの決定的な差異である。というのも、アダムの論じる「時間」の係留点に位置する人間は、あたかも多様化した時間を選択しうる能力をもっていると予感させるからである。

（51） Spencer 1966（3）：77. 強調引用者。
（52） 挾本 1997b：68-9.
（53） Lévi-Strauss（1962）1962：230.
（54） Spencer 1966（2）：200.
（55） Turner 1985：50.
（56） cf. Spencer 1966（6）：486-536.
（57） Turner 1985：50.
（58） Spencer 1966（2）：196. 強調引用者。
（59） Spencer 1966（3）：242. 強調引用者。
（60） Aristoteles 1988（12）：983a.
（61） Aristoteles 1988（12）：1044b.
（62） Descartes（1649）1996：102.

(63) cf. Descartes (1637) 1997 : 125, 1996 : 102-4.
(64) Descartes 1996 : 102.
(65) Descartes 1997 : 115-24.
(66) Descartes 1997 : 124.
(67) Leslie 1996 : 100.
(68) Monod (1970) 1970 : 161.
(69) Monod 1970 : 127.
(70) Dawkins (1987) 1996 : 21.
(71) cf. 挾本 1997b : 65-8.
(72) Durkheim (1985) 1901 : 117.
(73) デュルケムにおける「意識」と「表象」の明確な差異を求めるのはきわめて困難である。作田啓一によれば、「……意識の方が広い概念であって、その意識が外部の存在に指向して作用している側面を、デュルケームは特に表象と呼んでいる、と解しておきたい。もっとも、自己意識を除くすべての場合、意識は外部の存在に向けられているから、意識は実際にはほとんどの場合表象として現れる。デュルケームが二つの用語のあいだの区別にこだわらなかったのはそのためであろう」[作田 (1983) 1983 : 8]。後に言及する『宗教生活の原初形態』(以下『原初形態』と略記)においては、次のように述べられている。「ところで、もし、各個人意識の中に生じる特殊な表象の諸総合がすでに、それら自身だけで、新たなものの生産者であるならば、諸社会すなわちそういった完全な意識の広漠たる諸総合ではどんなに効果的であろうか！」[Durkheim (1912) 1925 : 637]。また、以下に問題とする「心的生活」に関連しては、「……集合意識は、心的生活の最高の形態である。それは意識の中の意識だからである」と述べられてもいる [Durkheim 1925 : 633]。特に「心的生活」に着目する以上、このデュルケムの文言を看過するわけにはいかない。そこで本書では、「意識」「表象」間での差異が不明瞭であり曖昧であることを踏まえた上で、「集合意識」「集合表象」を意図する語を指示する場合には「集合意識」と表記する。

「有機的連帯」同様、デュルケムの論理において「有機体」を髣髴させる独特の概念に「集合意識」がある。彼が晩年に『原初形態』おいて、「集合意識」の象徴として未開宗教およびその宗教生活を研究対象として取り上げ、近代社会にも相通ずる儀礼や礼拝といった宗教活動を分析することを通して、その宗教生活の形態が個人意識から超越した「人間的心性の最高の形態」であることを論証しようとしていた、とすることに異論はなかろう［Durkheim 1925 : 637, 作田 1983 : 52-3］。『原初形態』は、いわばデュルケムにおける第二の『規準』ともいうべき著作である。

しかしこの著作において、デュルケムが〈機能〉概念を用いて未開宗教に関する本質的な議論を展開している部分はほとんどない。彼は〈機能〉概念に関連させて以下のように述べているだけである。「……宗教を合理的な言葉によって説明しようと試みた理論家たちは、まず第一にそれら〔聖、霊魂、神々といった諸観念〕を一定の対象に対応するある観念体系と見なした。……しかし、宗教生活を送っている信者、すなわちそういった〔宗教〕生活を作り上げているものに直接的な感情を抱いている人たちは、自分たちの日々の経験に対応しないこうした見方に反対する。なぜならば、彼らが、真の宗教の機能は私たち〔近代人〕を考えさせることでも、私たちの知識を豊かにすることでも、私たちが科学に負っている表象に別の根源をもち別の特徴を成す表象を付け加えることでもなく、むしろ私たちを行動させ、私たちが生きるのを助けてくれるものであると感じているからである」［Durkheim 1925 : 594-5］。

敷衍するならば、社会学者という理論家が未開宗教生活を観察・分析することによって獲得した「宗教の機能」は、必ずしも当の宗教生活を営んでいる未開人が実感しているものとは同じものにならない。この文言は、デュルケムが「宗教の機能」に対し細心の注意を払っていることがよくわかる部分である。彼は未開宗教生活の分析における〈機能〉概念の事実上の限界を察知していたために、そうせざるを得なかったのであろう。しかもそうした事実上の限界に対し、デュルケムは改めて〈機能〉概念の有効性を全面的に押し出して説得を試みることをしていない。晩年彼は、有機体と見なした「集合意識」を〈機能〉によって論及し尽くすことができないと、未開社会の考察を通し認識していたと思われる。

(74) Durkheim 1901 : 19.
(75) Durkheim (1893) 1960 : 11.
(76) Durkheim 1960 : 11.
(77) Durkheim 1960 : 3-4.

(78) cf. Durkheim 1960：393-4.
(79) Durkheim 1960：101. 強調引用者。
(80) Durkheim 1960：121-2. 強調引用者。
(81) cf. Durkheim 1960：24.
(82) 中（1979）1979.
(83) Spencer 1966（1）：61.
(84) cf. Durkheim 1960：182.
(85) Spencer 1996：453.
(86) 今井裕によれば、クローン技術を展開している最新の生物学において、最も関心の高い研究は、受精卵からどの段階まで分化した細胞が、「分化した細胞がまだ受精していない卵子（未受精卵）に導入（移植）されることによって、受精卵と同じく個体になる能力（全能性）を獲得する」か否かということにある［今井（1977）1977：8］。すなわち、周知のドリーの例でいうならば、乳腺の一部分の細胞が〈全能性〉を獲得し、見事に羊一匹に分化していったことがわかる。すなわち、この最新の生物学的知見の関心は生物体におけるある〈機能〉はどの段階までいくと一個体分になるのか、ならないのかということにあった。そこにおける問題の焦点は、〈機能〉の未分化の状態の模索なのであって、出来上がった〈機能〉の説明なのではない。
(87) Spencer 1966（2）：208-10.
(88) Spencer 1966（2）：210.
(89) cf. Durkheim 1960：28-9.
(90) Tönnies（1887）：14 = 1998（1）：51.
(91) Spencer 1966（8）：601, 1996：442. 強調引用者。

第八章

（1）Spencer 1966（21）: 478–84.

（2）「リベラルな」という形容詞をスペンサーの「功利主義」に対して付したのは、おそらくワインステインが初めてである。しかしスペンサーの「個人主義」に対しては、テイラーによるヴィクトリア後期の政治状況に裏付けをとった入念な研究からも分かるように、常に「リベラル」という形容詞がつきまとってきた〔cf. Taylor 1992: 1–35〕。デイヴィッド・ウィルトシャーが「スペンサーは第一にリベラルな個人主義者であり、第二に進化論者であった。個人主義は一般的にみても〔その論理的〕構造からみても、彼の思考の核心を成している」〔Wiltshire（1978）1978: 1〕と論じているのも、そうした政治的背景を考慮してのことであった。ワインステインが「リベラルな功利主義」と主張した理由の一つには、ヴィクトリア後期に活躍したスペンサーその人の政治的活動への配慮も明らかにあるのだろう。しかし以下に考察するように、ワインステインの本質的な主張はそこにはない。

（3）Weinstein 1998: 9.

（4）Weinstein 1998: 1.

（5）Weinstein 1998: 1–10.

（6）cf. Weinstein 67–8.

（7）Weinstein 1998: 9.

（8）Spencer（1879–93）1966（10）: 81.

（9）cf. Spencer 1966（10）: 82–4.

（10）Spencer 1966（10）: 84.

（11）Weinstein 1998: 214. 強調ママ。

（12）cf. Weinstein 1998: 185–8.

（13）Weinstein 1998: 214.

(14) Weinstein 1998 : 181.
(15) Taylor (1996) 1996 : xiv.
(16) Spencer (1892) 1966 (11a) : 63–5.
(17) Spencer 1966 (10) : 84–5.
(18) Spencer 1966 (10) : 85–6. 強調引用者。
(19) Weinstein 1998 : 212.
(20) Mill (1859) 1988 : 59, 63.
(21) Mill 1988 : 64.
(22) Mill 1988 : 163.
(23) Mill 1988 : 163.
(24) Mill 1988 : 120.
(25) cf. Mill 1988 : 119–21.
(26) Mill 1988 : 120.
(27) Mill 1988 : 144–5.
(28) Mill 1988 : 146–8.
(29) Mill 1988 : 70.
(30) Mill 1988 : 187.
(31) Weinstein 1998 : 100.
(32) Mill 1988 : 110.
(33) Mill 1988 : 137.
(34) Mill 1988 : 138.
(35) Mill 1988 : 180.
(36) Mill 1988 : 180–2.

（37） Mill 1988 : 180.

（38） ベンサムとミルは同様に功利主義を基底とする論理を展開していながらも、政府の機能に関する見解においては質的な差異が見られる [cf. Bentham 1907, Mill 1988]。ベンサムの論理において、社会唯一のエージェントは政府であった。その政府が快苦原理にもとづいて立法という機能を果たし、それによって個人の功利の最大化および社会の功利の最大化が図られ、社会の秩序が維持される。すなわち、個人の功利の判断基準は政府に一任されている。ベンサムにおいて社会における政府の機能の万全性が疑われることは全くなかった。

これに対し、ミルには、政府の機能の有用性は認めつつも、政府自体を全面的に信用することはできないという疑念が頭をもたげていた。その疑念の表れが「個人の自由」と「社会的統制」の明確な二分化の提起であった。またそれは個人に対する政府の干渉を回避しようとする主張としても明示されていた。ミルにおいて「個人の自由」は他人の自由・利害に抵触しない限り保証されるものであった。すなわち、「個人の自由」の判断基準は他人に属している。しかし、公的な自由すなわち「社会的統制」における判断基準は、先に考察した通り、最終的には政府に属していた。政府に対する全面的な信用を喪失していながらも、公的な自由の領域を政府に一任することができると見なしたミルの論拠は、前述した『自由論』冒頭の主張から導出される。すなわち、ミル以前において「個人の自由」と「社会的統制」の調整問題は問われることはなかったが、それは「社会的統制」が正しく機能されているとの錯覚を近代人が持っていたからであった。つまり、「社会的統制」が確かに存在しており、それが正しく機能しているかを確認するのは社会すべての人間であるとミルは主張していたのである。彼においてはすべての人間が「社会的統制」に対する認識を深めることによって、その主体である政府は間接的に抑制され、政府は暴走することができないと楽観視されていた。

（39） Mill (1861a) 1946.

（40） Mill (1861b) 1891 : 48–9.

（41） Spencer 1996 : 20. 強調引用者。

（42） Spencer 1996 : 87–8.

（43） Spencer 1996 : 88.

（44） Spencer 1966 (9) : 6.

(45) Spencer 1966 (9) : 72.
(46) Spencer 1966 (9) : 71-2. 強調引用者。
(47) Spencer 1966 (9) : 75. 強調引用者。
(48) Spencer 1966 (1) : 61.
(49) Spencer 1966 (9) : 87.
(50) Spencer 1966 (9) : 96. 強調引用者。
(51) cf. Spencer 1966 (9) : 100.
(52) cf. Spencer 1966 (9) : 100.
(53) Spencer 1966 (9) : 87.
(54) Spencer 1966 (9) : 79-80.
(55) Spencer 1966 (9) : 95.
(56) Spencer 1966 (9) : 131.
(57) Spencer 1966 (9) : 148.
(58) cf. Bentham 1907.
(59) Bentham 1907 : 6.
(60) cf. Spencer 1966 (9) : 555.
(61) Spencer 1966 (10) : 3. 一九九〇年代に入って、スペンサーが人間を含む生物の「ふるまい」の中に「道徳」「倫理」を見いだしていたのと同様の試みが、動物学側から生じている。マット・リドレーは『道徳の起源(*The Origins of Virtue*)』において、「道徳」が人間や人間社会に固有の規範ではなく、アリ、ミツバチ、魚、鳥、サルなどの行動(ふるまい)の中にすでに見られるものであるという事実に論及し、社会生活を営む人間の本質を動物行動学の見地から捉えようとしている[Ridley (1997) 1997]。
(62) Spencer 1966 (9) : 5.
(63) Spencer 1966 (9) : 5.

(64) Weinstein 1998 : 36. 強調引用者。
(65) Spencer (1864) 1966 (14b) : 122-4.
(66) Spencer 1966 (14b) : 125-6.
(67) Spencer (1854) 1966 (14a) : 65.
(68) Spencer 1996 : 434. 強調引用者。
(69) Weinstein 1998 : 107-8.
(70) Parsons 1949 : 5.
(71) Parsons 1949 : 4.
(72) Parsons 1949 : 346.
(73) Spencer 1966 (13b) : 266.
(74) Spencer 1966 (8) : 601, 1996 : 442. 強調引用者。

第九章

(1) Spencer 1996 : 37.
(2) cf. Weinstein 1998 : 166.
(3) cf. Spencer (1884) 1966 (11b) : 272, 1966 (21) : 410.
(4) cf. Spencer 1966 (11b) : 272.
(5) cf. 栄田 (1969) 1988 : 40-6, 飯田 (1996) 1996 : 3-18.
(6) Spencer 1966 (11b) : 279.
(7) Spencer 1966 (11b) : 279.
(8) Spencer 1966 (11b) : 285.
(9) Spencer 1966 (11b) : 286.

(10) Spencer 1966 (11b): 289.
(11) Spencer 1966 (11b): 289.
(12) Spencer 1966 (11b): 289.
(13) Spencer 1966 (11b): 291. 強調ママ。選挙に関し、当時の社会状況を踏まえるならば、「改革の時代」には二度選挙法が改正されている [cf. 栄田 1988: 46-61, 84-6]。第二次選挙法改正は一八六七年に実施され、都市の労働者が選挙権を獲得し有権者は約三〇〇万人になった。第三次選挙法改正は一八八四年に実施され、農業労働者にも選挙権が与えられ、有権者数は約五〇〇万人に増大した。労働者に参政権が与えられなかった一八三二年の第一次選挙法改正以来展開されてきたチャーティスト運動は、「改革の時代」に二度にわたる選挙法の改正という形において結実したといえる。しかしスペンサーの主張に従うならば、たとえ労働者に選挙権が与えられようとも、代議制という政治体制をとる限り、労働者は抑圧されつづける対象であることに変わりはなかった。
(14) cf. Spencer 1966 (20): 129.
(15) Spencer 1966 (11b): 302-3.
(16) Spencer 1966 (11b): 303.
(17) Spencer 1966 (11b): 303-4.
(18) Spencer 1966 (11b): 303.
(19) Spencer 1966 (11b): 304.
(20) Spencer 1966 (11b): 306.
(21) Spencer 1966 (11b): 310.
(22) Spencer 1966 (11b): 380-1.
(23) Spencer 1966 (11b): 381.
(24) Spencer 1966 (11b): 381.
(25) Spencer 1966 (11b): 381-2.
(26) Spencer 1966 (11b): 383. 強調引用者。

(27) Spencer 1966 (11b) : 383.
(28) Spencer 1966 (11b) : 383.
(29) Spencer 1966 (11b) : 383-4.
(30) Spencer 1966 (11b) : 292.
(31) Spencer 1966 (11b) : 330.
(32) Spencer 1966 (11b) : 384-5.
(33) Spencer 1966 (11b) : 385.
(34) Spencer 1966 (11b) : 328.
(35) Spencer 1966 (11b) : 329.
(36) Spencer 1966 (11b) : 327.

結論

(1) Turner 1985 : 153.
(2) cf. 八木・石井 (1988) 1988 : 115-32.
(3) 八木・石井 1988 : 132.
(4) cf. 木村・大沢 1989 : 78-87.
(5) Turner 1985 : 154.
(6) Spencer 1966 (8) : 601, 1996 : 442.

あとがき

ハーバート・スペンサーは功利主義者であり、社会進化論者であり、社会ダーウィニストであるという、いわれなき偏見や迷信がある。しかしそれらに一切惑わされることなく、スペンサーその人に近づくことのできる方法がある、と本書を書き終えて考えた。それは、『社会学原理』や『人間対国家』からではなく、まず『生物学原理』から読み出すことである。

スペンサーは人間社会に深く論及するために社会有機体説を提唱した。しかしその理論は、一個の生物〈動物〉の〈個相〉と社会の構造が酷似している、というこれまで解釈されてきたような単純なものではなかった。スペンサーは個々の人間から成る人間社会を生物社会の〈群相〉と同じものであると捉えていたからである。そうであるからこそ彼は生物学を必要とし、人間社会と生物社会を区別することをしなかった。スペンサーが生物を〈個相〉ではなく〈群相〉で捉えていたと理解するならば、彼の社会有機体説についての従来の誤解が解けると同時に、社会学第一世代の重要性も一層明確化するに相違ない。

このようなスペンサーの理論的な姿勢は、進化論という新たな科学を基盤とした社会科学を構築しようとする「社会学者」の宿命であると同時に、当然の選択でもあった。言うまでもなく、進化論とは生物の〈群相〉の変化をこそ理論化するものであるからである。彼の主張に静かに耳を傾けるならば、これまで言い古されてきたような偏見や迷信から一番遠く離れたスペンサー像が自ずと浮上してくる。マルサスに導かれるようにして、ほんの偶然から『生物学原理』を手にすることができた私は、実に幸運だったと思う。

本書は法政大学大学院に一九九九年度博士学位請求論文として提出し、学位授与された『社会システム論と自然――スペンサー社会学の現代性』がもとになったものである。公刊に際して、論旨を変えることなく表現の修正を行なったところがある。また本研究は平成十、十一年度文部省科学研究費補助金による研究成果の一部である。

ここにすべての方々のお名前を列挙することはできないが、本書はたくさんの方々の協力があってはじめてこの世に送り出されることができたことを記しておきたい。法政大学出版局の稲義人氏、平川俊彦氏には快く出版の機会をいただいた。また法政大学多摩図書館、市ヶ谷図書館の職員やアルバイトの方々には資料を探し出す上で、大変厚かましい無理も聞いていただき特別の配慮をいただいた。心から感謝している。

特に大学院の指導教授である法政大学社会学部教授・平野秀秋先生には、感謝の気持ちを伝える言葉が見つからない。一度社会人を経験してきたために、学部からストレートで大学院に入学してきた学生にどこか引け目を感じていた私を、先生はつねに励まし続けて下さった。社会学を研究していくにあたって実社会を経験してきたということを自分の長所だと思いなさい、と先生が叱咤して下さったからこそ、今日の私がある。

私という一個の人間、いや現代人が現在いかなる場所・位置に立っているのか、という大問題を無謀にも〈自然〉というキーワードから取り組もうとした私のつたない話に、始終付き合って下さった平野先生には深く頭が下がる思いである。スペンサーのように科学と文化双方の領野における豊富な知見をもたれ、すでに独自の世界を構築されている先生と早く「まともに」話ができるようになりたい、というのが修士課程の頃からの私の切なる願いであった。本研究は私独自の世界を構築するための出発点に過ぎないが、これによって平野先生の壮大な世界に一歩だけ近づくことができたと思っている。

二〇〇〇年早春

挾本佳代

●著者紹介　挾本佳代（はさもと かよ）

1964年生まれ．津田塾大学卒業．新潮社勤務を経て，1994年法政大学大学院修士課程入学．1995年度「人口問題と近代社会」により社会学修士学位取得（法政大学）．1998，99 年度日本学術振興会特別研究員．1999年度「社会システム論と自然——スペンサー社会学の現代性」により社会学博士学位取得（法政大学）．2000年４月より法政大学講師．論文：1997年「社会の時間内存在性指標としての人口」『経済社会学会年報』19号，同「スペンサーにおける社会有機体説の社会学的重要性」『社会学評論』48巻2号．

E-mail :〈kayoh@sepia. ocn. ne. jp〉

《叢書・現代の社会科学》
社会システム論と自然／スペンサー社会学の現代性

2000年４月19日　初版第１刷発行
2000年６月２日　　　　第２刷発行

著　者　挾　本　佳　代 ©

発行所　財団法人　法政大学出版局

〒102-0073 東京都千代田区九段北3-2-7
電話03（5214）5540／振替00160-6-95814
印刷／三和印刷　製本／鈴木製本
Printed in Japan

ISBN4-588-60029-X

総 索 引

あ 行

か 行

さ　行

た 行

な 行

ま　行

や　行

ら　行

わ　行

参考文献一覧

Adam, B. (1990) : *Time and Social Theory,* Temple University Press.『時間と社会理論』伊藤誓・磯山甚一訳，法政大学出版局，1997年.

Alexander, J. C. (1982) : *Positivism, Presuppositions, and Current Controversies, Theoretical Logic in Sociology* vol. 1, University of California Press.

Aristoteles :「形而上学」出隆訳，『アリストテレス全集』全17巻，岩波書店，1988年，第12巻.

Augustinus, A. (413-26) :「神の国」赤木善光・泉治典ほか訳『アウグスティヌス著作集』第11-15巻，教文館，1983-90年.

鰺坂学 (1991) :「現代社会学とT.パーソンズ」『転換期と社会学の理論』井上純一・谷口浩司・林弥富編，法律文化社，89-115頁.

Bellah, R. (1970) : "Between Religion and Social Science", *The Culture of Unbelife,* Caporale, R. and Grumelli, A. (ed.), The University of California Press, 1971, pp. 271-93.

Bentham, J. (1779) : *An Introduction to Principles of Moral and Legislation,* Clarendon Press, 1907.

Bertalanffy, L. v. (1968) : *General System Theory : Foundations, Development, Applications,* Grorge Braziller, 1969.『一般システム理論』長野敬・太田邦昌訳，みすず書房，1973年.

Cadbury, D. (1997) : *The Feminization of Nature : Our Future at Risk,* Penguin Books.『メス化する自然――環境ホルモン汚染の恐怖』古草秀子訳，集英社，1998年.

Cannon, W. B. (1932) : *The Wisdom of the Body,* W. W. Norton & Company, Inc., 1967.『からだの知恵』舘鄰・舘澄江訳，講談社，1996年.

Carson, R. L. (1962) : *Silent Spring*, Gore, A. (introd.), Houghton Mifflin Company, 1994.『沈黙の春』青樹簗一訳，新潮社，1996年.

Coleman, W. O. (1995) : *Rationalism and Anti-rationalism in the Origins of Economics : The Philosophical Roots of 18th Century Economic Though,* Edward Eigar.

Colborn, T. & Dumanoski, D. & Myers, J. P. (1996) : *Our Stolen Future : Are We Threatening Our Fertility, Intelligence, and Survival?—A Scientific Detective Story,* with a new epilogue by the authors, A Plume

Book, 1997.『奪われし未来』長尾力訳，翔泳社，1998年.
Darwin, C. (1859) : *The Origin of Species : By Means of Natural Selection,* Burrow, J. W. (ed. & introd.), Penguin Books, 1985.『種の起源』八杉龍一訳，全2冊，岩波書店，1995年.
Dawkins, R. (1987) : *The Blind Watchmaker : Why the Evidence of Evolution Reveals a Universe without Design,* with a new introduction, W. W. Norton & Company, Inc., 1996.『ブラインド・ウォッチメイカー』全2冊，中嶋康裕・遠藤彰ほか訳，早川書房，1993年.
Descartes, R. (1637) : *Discours de la méthode,* édition établie et présentée par Buzon, F. de, Gallimard, 1997.「方法序説」野田又夫訳，『デカルト』，中央公論社，1993年，161-222頁.
—— (1649) : *Les passions de l'Âme,* introduction, notes, bibliographie et chronologie par D'Arcy, P., Flammarion, 1996.「情念論」野田又夫訳，『デカルト』，409-519頁.
Duncan, D. (1908) : *The Life and Letters of Herbert Spencer,* in *Herbert Spencer : Collected Writings,* Taylor, M. W. (ed. & introd.), 12vols, Routledge/Thoemmes Press, vol. 2, 1996.
Durkheim, É. (1893) : *De la division du travail social,* bibliothèque de philosophie contemporaine fondée par Alcan, F., septième édition, Presses Universitaires de France, 1960.『社会分業論』井伊玄太郎訳，全2冊，講談社，1995年.
—— (1895) : *Les règles de la méthode sociologique,* duxième édition, Alcan, F. éditeur, Ancienne Librairie Germer Baillière et Cie, 1901.『社会学的方法の規準』宮島喬訳，岩波書店，1997年.
—— (1912) : *Les Formes élémentaires de la vie religieuse : le système totemique en australie,* deuxième édition, Librairie Félix Alcan, 1925.『宗教生活の原初形態』古野清人訳，全2冊，岩波書店，1995年.
栄田卓弘 (1969) :『十九世紀イギリス史』早稲田大学出版部，1988年.
Einstein, A. (1936) : „Physik und Realität", *Journal of the Franklin Institute* 221 (3), pp. 313-47. "Physics and Reality", do., pp. 349-82*.
Gray, T. S. (1996) : *The Political Philosophy of Herbert Spencer : Individualism and Organicism,* Averury.
挾本佳代 (1997a) :「社会の時間内存在性指標としての人口——マルサスにおける社会システム観」『経済社会学会年報』19，162-72頁.
—— (1997b) :「スペンサーにおける社会有機体説の社会学的重要性——群相としての社会と人口」『社会学評論』48 (2)，64-79頁.

橋爪大三郎（1994）:「構造とシステム」，正村俊之ほか著『社会システムと自己組織性』，岩波書店，2-32頁.
Henderson, L. J.（1917）: *The Order of Nature : An Essay,* Libraries Press, 1971.
Hume, D.（1739-40）: *A Treatise of Human Nature,* Selby-Bigge, L. A. (ed.), second edition, revised and notes by Nidditch, P. H., Clarendon Press, 1978.
Hobbes, T.（1651）: *Leviathan, or the Matter, Forme, and Power of a Common Wealth Ecclesiasticall and Civill,* Macpherson, C. B.（ed. & introd.）, Penguin Books, 1985.「リヴァイアサン」『ホッブズ』永井道雄・宗片邦義訳，中央公論社，1993年.
飯田鼎（1996）:『ヴィクトリア時代の社会と労働問題』，『飯田鼎著作集』全8巻，御茶の水書房，第1巻.
今田高俊（1986）:『自己組織性――社会理論の復活』創文社，1988年.
今井裕（1997）:『クローン動物はいかに創られるのか』岩波書店.
井上民二（1998）:『生命の宝庫・熱帯雨林』日本放送出版協会.
伊藤幸治（1995）:『環境問題としてのアレルギー』日本放送出版協会.
Kauffman, S. A. & Johnsen, S.（1991）: “Coevolution to the Edge of Chaos : Coupled Fitness Landscapes, Poised States, and Coevolutionary Avalanches”, *Journal of Theoretical Biology* 149, pp. 467-505.
Kant, I.（1781）: *Kritik der reinen Vernunft,* Hrsg. von Weischedel, W., Bde. 2., Suhrkamp Verlag, 1997.『純粋理性批判』篠田英雄訳，全3冊，岩波書店，1996年*.
木村秀雄（1997）:『熱帯雨林の世界7　水の国の歌』伊谷純一郎・大塚柳太郎編，東京大学出版会.
木村資生・大沢省三編（1989）:『生物の歴史』岩波書店.
Kuhn, T. S.（1957）: *The Copernican Revolution : Planetary Astronomy in the Development of Western Thought,* Harvard University Press, 1970.『コペルニクス革命』常石敬一訳，講談社，1995年.
黒石晋（1995）:「自己組織理論の現段階――パラダイム転換をめざして」，吉田民人・鈴木正仁編著『自己組織性とはなにか』，ミネルヴァ書房，197-223頁.
Leslie, J.（1989）: *Universes,* Routledge, 1996.
Lévi-Strauss, C.（1958）: *Anthropologie structural,* Plon, 1974.『構造人類学』荒川幾男ほか訳，みすず書房，1995年.
――（1962）: *La pensée sauvage,* Librairie Plon.『野生の思考』大橋保夫訳，

みすず書房，1995年.
Lidz, C. W. & Lidz, V. M.（1976）: "Piaget's Psychology of Intelligence and the Theory of Action", *Explorations in General Theory in Social Science : Essays in Honor of Talcott Parsons,* 2vols, Loubser, J. J. et al.（eds.）, Free Press, vol. 1, pp. 195-239.
Locke, J.（1690）: *An Essay Concerning Human Understanding,* Nidditch, P. H.（ed. & introd.）, Clarendon Press, 1979.『人間知性論』大槻春彦訳，全 4 巻，岩波書店，1997年.
Luhmann, N.（1981）: „Wie ist soziale Ordnung möglich?", aus *Gesellschaftsstruktur und Semantik,* Bde. 4., Suhrkamp Verlag, 1980-95, Bd. 2, S. 195-285.『社会システム論の視座』佐藤勉訳，木鐸社，1993年*.
——（1984）: *Soziale Systeme : Grundriß einer allgemeinen Theorie,* Suhrkamp Verlag, 1985.『社会システム理論』佐藤勉監訳，全 2 巻，恒星社厚生閣，1993-5年*.
——（1986）: *Ökologische Kommunikation : Kann die moderne Gesellschaft sich auf ökologische Gefährdungen einstellen?,* Westdeutscher Verlag, 1990.『改訂版エコロジーの社会理論』土方昭訳，新泉社，1992年*.
Malthus, T. R.（1798）: *An Essay on the Principle of Population,* 1st edition, in *The Works of Thoman Robert Malthus,* 8vols, Wrigley, E. A. and Souden, D.（ed.）, William Pickering, vol. 1, 1986.
松井健（1997）:『自然の文化人類学』東京大学出版会.
Maturana, H. R. & Varela, F. J.（1973）: "Autopoiesis : The Organization of the Living", *Autopoiesis and Cognition : The Realization of the Living,* Beer, S.（Introd.）, D. Reidel Publishing Company, 1980.『オートポイエシス——生命システムとはなにか』河本英夫訳，国文社，1996年.
——（1984）: *The Tree of Knowledge : The Biological Roots of Human Understanding,* Shambhala Publications Inc., 1988.『知恵の樹』菅敬次郎訳，筑摩書房，1997年.
Mill, J. S.（1859）: *On Liberty,* Himmelfarb, G.（ed. & introd.）, Penguin Books, 1988.「自由論」早坂忠訳，『ベンサム/J・S・ミル』中央公論社，1993年，211-348頁.
——（1861a）: *Considerations on Representative Government,* McCallum, R. B.（ed. & introd.）, Blackwell, 1946, pp. 104-324.「代議政治論」山下重一訳，『ベンサム/J・S・ミル』349-458頁.
——（1861b）: *Utilitarianism,* Longmans, Green and Co., 1891.「功利主義論」伊原吉之助訳，『ベンサム/J・S・ミル』459-528頁.

望月礼次郎（1981）:『英米法〔新版〕』青林書院，1997年.
Monod, J.（1970）: *Le hasard et la nécessité: essai sur la philosophie naturelle de la biologie moderne,* Seuil.『偶然と必然』渡辺格・村上光彦訳，みすず書房，1982年.
向井守（1997）:『マックス・ウェーバーの科学論——ディルタイからウェーバーへの精神史的考察』ミネルヴァ書房.
Münch, R.（1979）: „Talcott Parsons und die Theorie sozialen Handelns I : Die Konstitution des Kantianischen Kerns“, *Soziale Welt* 30（4）, S. 385-409. “Talcott Parsons and the Theory of Action. I. The Structure of the Kantian Core”, *American Journal of Sociology* 86（4）, 1981, pp. 709-39*.
——（1980）: „Talcott Parsons und die Theorie des Handelns II : Die Kontinuität der Entwicklung“, *Soziale Welt* 31（1）, S. 3-47. “Talcott Parsons and the Theory of Action. II. The Continuity of the Development”, *American Journal of Sociology* 87（4）, 1982, pp. 771-826*.
村中知子（1996）:『ルーマン理論の可能性』恒星社厚生閣.
中久郎（1979）:『デュルケームの社会理論』創文社.
中島重徳（1998）:「環境要因からの検討」『アレルギー』47（2, 3），第10回日本アレルギー学会春期臨床大会号，215頁.
中村嘉平・浜岡尊・山田新一（1987）:『新版システム工学通論』朝倉書店，1997年.
大澤真幸（1994）:「混沌と秩序——その相互累進」，正村俊之ほか著『社会システムと自己組織性』，岩波書店，289-345頁.
Parsons, T.（1937）: *The Structure of Social Action,* Free Press, 1949.『社会的行為の構造』全5巻，稲上毅・厚東洋輔・溝部明男訳，木鐸社，1976-89年.
——（1951）: *The Social System,* with a new preface by Turner, B. S., Routledge, 1991.『社会体系論』佐藤勉訳，青木書店，1974年.
—— & Bales, R. F. & Shils, E. A.（1953）: *Working Papers in the Theory of Action,* Greenwood Press, 1981.
—— & Smelser, N. J.（1956）: *Economy and Society,* Routledge and Kegan Paul Ltd..『経済と社会』富永健一訳，全2巻，岩波書店，1958-9年.
——（1966）: *Societies : Evolutionary and Comparative Perspectives,* Prentice-Hall. Inc..『社会類型——進化と比較』矢沢修次郎訳，至誠堂，1983年.
——（1978）: “A Paradigm of the Human Condition”, *Action Theory and*

the Human Condition, Free Press, pp. 352-433.
Paxton, N. L. (1991) : *George Eliot and Herbert Spencer : Feminism, Evolution, and the Reconstruction of Gender*, Princeton University Press.
Perrin, R. G. (1976) : "Herbert Spencer's Four Theories of Social Evolution", *American Journal of Sociology* 81 (6), pp. 1339-59.
Peel, J. D. Y. (1971) : *Herbert Spencer : The Evolution of a Sociologist,* Heinemann.
Rickert, H. (1898) : *Kulturwissenschaft und Naturwissenschaft,* Mohr, J. C. B., 1926.『文化科学と自然科学』佐竹哲雄・豊川昇訳，岩波書店，1959年*.
Ridley, M. (1993) : *The Red Queen : Sex and the Evolution of Human Nature,* Viking.『赤の女王』長谷川真理子訳，翔泳社，1994年.
—— (1997) : *The Origins of Virtue : Human Instincts and the Evolution of Cooperation,* Penguin Books Ltd..
Russell, B. (1945) : *A History of Western Philosophy,* A Touchstone Book, 1972.
左古輝人 (1996) :「行為概念の再検討」『ソシオロジ』40 (3)，3-20頁.
—— (1998) :『秩序問題の解明——恐慌における人間の立場』法政大学出版局，1998年.
作田啓一 (1983) :『人類の知的遺産57　デュルケーム』講談社.
佐藤勉 (1997) :「序論パーソンズとハーバーマスからルーマンへ」『コミュニケーションと社会システム』佐藤勉編，恒星社厚生閣，1-30頁.
—— (1997) :「『コミュニケーションと社会システム』への道——あとがきにかえて」『コミュニケーションと社会システム』，403-31頁.
Sciulli, D. & Gerstein, D. (1985) : "Social Theory and Talcott Parsons in the 1980s", *Talcott Parsons : Critical Assessments,* 4vols, Hamilton, P. (ed.), Routledge, 1992, vol. 4, pp. 296-313.
Shakespeare, W. (1610) : *The Winter's Tale* in *The Works of Mr. William Shakespeare*, 7vols, AMS Press, Inc., 1967, vol. 2, pp. 877-975.「冬物語」『シェイクスピア全集』小田島雄志訳，全7巻，白水社，1978年，第5巻，349-434頁.
Sharpe, R. M. & Skakkebaek, N. E. (1993) : "Are Oestrogens Involved in Falling Sperm Counts and Disorders of the Male Reproductive Tract?", *Lancet* 341, pp. 1392-95.
清水太郎 (1997) :「ルーマンの社会システム論」，厚東洋輔ほか著『現代社会

学の理論と方法』，岩波書店，185-200頁.
Spencer, H. (1851) : *Social Statics,* in *Herbert Spencer : Collected Writings,* 12vols, vol. 3, 1996.
── (1852) : "A Theory of Population", *The Westminster Review* 57, Leonard Scott & Co., pp. 250-68.
── (1854) : "The Genesis of Science", in *The Works of Herbert Spencer,* 21vols, Osnabrück/Otto Zeller, vol. 14, pp. 1-73, 1966 (14a).
── (1857) : "Progress: Its Law and Causes", in *The Works of Herbert Spencer,* vol. 13, pp. 8-62, 1966 (13a).
── (1860) : "The Social Organism", in *The Works of Herbert Spencer,* vol. 13, pp. 265-307, 1966 (13b).
── (1862) : *First Principles,* 6th edition, in *The Works of Herbert Spencer,* vol. 1, 1966 (1).
── (1864) : "Reasons for Dissenting from the Philosophy of M. Comte", in *The Works of Herbert Spencer,* vol. 14, pp. 118-44, 1966 (14b).
── (1864-7) : *The Principles of Biology,* revised and enlarged edition, 1898-9, in *The Works of Herbert Spencer,* vol. 2, 3, 1966 (2, 3).
── (1870-72) : *The Principles of Psychology,* in *The Works of Herbert Spencer,* vol. 4, 5, 1966 (4, 5).
── (1876-96) : *The Principles of Sociology,* in *The Works of Herbert Spencer,* vol. 6, 7, 8, 1966 (6, 7, 8).
── (1879-93) : *The Principles of Ethics,* in *The Works of Herbert Spencer,* vol. 9, 10, 1966 (9, 10).
── (1884) : *The Man versus the State,* 2nd edition, in *The Works of Herbert Spencer,* vol. 11, pp. 269-412, 1966 (11b).
── (1892) : *Social Statics, abridged and revised,* in *The Works of Herbert Spencer,* vol. 11, pp. 1-268, 1966 (11a).
── (1904) : *An Autobiography,* in *The Works of Herbert Spencer,* vol. 20, 21, 1966 (20, 21).
Sperry, R. W. (1945) : "Restoration of Vision after Crossing of Optic Nerves and after Contralateral Transplantation of Eye", *Journal of Neuro-physiology* 8, pp. 15-28.
砂田卓士・新井正男編 (1985) :『英米法原理〔増補版〕』青林書院，1992年.
高城和義 (1986) :『パーソンズの理論体系』日本評論社，1991年.
── (1992) :『パーソンズとアメリカ知識社会』岩波書店.
高岡正敏 (1998) :「アレルゲンからの視点：特にダニを中心として」『アレル

ギー』47 (2, 3), 214頁.
Taylor, M. W. (1992) : *Men versus the State : Herbert Spencer and Late Victorian Individualism,* Clarendon Press.
―― (1996) : "Introduction", in *Herbert Spencer : Collected Writings,* vol. 3, pp. v-xv.
Tönnies, F. (1887) : *Gemeinschaft und Gesellschaft : Grundbegriffe der reinen Soziologie,* Karl Curtius, 1922.『ゲマインシャフトとゲゼルシャフト――純粋社会学の基本概念』杉之原寿一訳, 全2冊, 岩波書店, 1998年*.
Turner, J. H. (1980) : "Parsons on the Human Condition", *Contemporary Sociology* 9 (3), pp. 380-83.
―― (1985) : *Herbert Spencer : A Renewed Appreciation,* Sage Publications.
田野崎昭夫 (1981) :「晩期パーソンズの理論的展開――人間的状態の範式の形成」『社会学研究』40, 東北社会学研究会, 93-119頁.
Warner, R. S. (1981) : "Review Essay : Parsons's Last Testament", *American Journal of Sociology* 87 (3), pp. 715-21.
Weber, M. (1903-6) : „Roscher und Knies und die logischen Probleme der historischen Nationalokonomie", aus *Gesammelte Aufsätze zur Wissenschaftslehre,* Mohr, J. C. B. (Siebeck, Paul), 1985, S. 1-145.『ロッシャーとクニース』松井秀親訳, 未來社, 1988年*.
―― (1904) : „Die »Objektivität« sozialwissenschaftlicher und sozialpolitischer Erkenntnis", aus *Gesammelte Aufsätze zur Wissenschaftslehre,* S. 146-214.『社会科学の方法』祇園寺信彦・祇園寺則夫訳, 講談社, 1997年*.
―― (1905) : „Die protestantische Ethik und der Geist des Kapitalismus", aus *Gesammelte Aufsätze zur Religionssoziologie,* Bde. 3, Mohr, J. C. B. (Siebeck, Paul), 1963, Bd. 1, S. 17-206.『プロテスタンティズムの倫理と資本主義の精神』大塚久雄訳, 岩波書店, 1994年*.
―― (1913) : „Über einige Kategorien der verstehenden Soziologie", aus *Gesammelte Aufsätze zur Wissenschaftslehre,* S. 427-74.『理解社会学のカテゴリー』林道義訳, 岩波書店, 1993年*.
―― (1922) : „Soziologische Grundbegriffe", aus *Wirtschaft und Gesellschaft,* Mohr, J. C. B., 1976, Bd. 1, Teil 1, Kapitel Ⅰ.『社会学の根本概念』清水幾太郎訳, 岩波書店, 1994年*.
Weinstein, D. (1998) : *Equal Freedom and Utility : Herbert Spencer's*

Liberal Utilitarianism, Cambridge University Press.
Wiltshire, D. (1978) : *The Social and Political Thought of Herbert Spencer,* Oxford University Press.
Windelband, W. (1884) : *Präludien,* Bde. 2., Mohr, J. C. B., 1921.『プレルーディエン（序曲)』全2巻，河東涓・篠田英雄訳，岩波書店，1926-7年*.
八木康一・石井信一（1988)：『生命現象と生化学――バイオの新しい考え方』北海道大学図書刊行会.
山口昌哉（1983)：「混沌と生物学」『化学と生物』21（12)，828－32頁.
山之内靖（1993)：『ニーチェとヴェーバー』未來社.
山下雅之（1983)：「行為理論と秩序問題」『ソシオロジ』28（2)，17-37頁.
谷田部武男（1982)：「晩期パーソンズの『社会学的認識論』――ヒューマン・コンディションのパラダイムをめぐって」『東海女子大学紀要』2，111-30頁.